OEUVRES

DE MOLIÈRE.

TOME V.

IMPRIMERIE D'HÆNER.

OEUVRES
DE
J.-B. POQUELIN
DE MOLIÈRE.

Nouvelle Édition.

TOME CINQUIÈME.

PARIS,
LEBIGRE FRÈRES, LIBRAIRES.
RUE DE LA HARPE, n° 26.

1832.

MONSIEUR DE POURCEAUGNAC,

COMÉDIE-BALLET EN TROIS ACTES,

Représentée à Chambord le 6 octobre; et à Paris, sur le théâtre du Palais-Royal, le 15 novembre 1669.

PERSONNAGES DE LA COMÉDIE.

MONSIEUR DE POURCEAUGNAC.
ORONTE, père de Julie.
JULIE, fille d'Oronte.
ÉRASTE, amant de Julie.
NÉRINE, femme d'intrigue, feinte Picarde.
LUCETTE, feinte Languedocienne.
SBRIGANI, Napolitain, homme d'intrigue.
PREMIER MÉDECIN.
SECOND MÉDECIN.
UN APOTHICAIRE.
UN PAYSAN.
UNE PAYSANNE.
PREMIER SUISSE.
SECOND SUISSE.
UN EXEMPT.
DEUX ARCHERS.

PERSONNAGES DU BALLET.

UNE MUSICIENNE.
DEUX MUSICIENS.
TROUPE DE DANSEURS.
   DEUX MAITRES A DANSER.
   DEUX PAGES dansans.
   QUATRE CURIEUX DE SPECTACLES, dansans.
   DEUX SUISSES dansans.

PERSONNAGES.

DEUX MÉDECINS GROTESQUES.
MATASSINS dansans.
DEUX AVOCATS chantans.
DEUX PROCUREURS dansans.
DEUX SERGENS dansans.
TROUPE DE MASQUES.
    UNE ÉGYPTIENNE chantante.
    UN ÉGYPTIEN chantant.
    UN PANTALON chantant.
    CHŒUR DE MASQUES chantans.
SAUVAGES dansans.
BISCAYENS dansans.

La scène est à Paris.

MONSIEUR DE POURCEAUGNAC.

ACTE PREMIER.

SCÈNE I.

ÉRASTE, UNE MUSICIENNE, DEUX MUSICIENS CHANTANS ; PLUSIEURS AUTRES JOUANT DES INSTRUMENS ; TROUPE DE DANSEURS.

ÉRASTE, *aux musiciens et aux danseurs.*

Suivez les ordres que je vous ai donnés pour la sérénade. Pour moi, je me retire, et ne veux point paraître ici.

SCÈNE II.

UNE MUSICIENNE, DEUX MUSICIENS, CHANTANS, PLUSIEURS AUTRES JOUANT DES INSTRUMENS ; TROUPE DE DANSEURS.

(Cette sérénade est composée de chants, d'instrumens, et de danses. Les paroles qui s'y chantent ont rapport à la situation où Éraste se trouve avec Julie, et expriment les sentimens de deux amans qui sont traversé dans leur amour par le caprice de leurs parens.)

UNE MUSICIENNE.

Répands, charmante nuit, répands sur tous les yeux
  De tes pavots la douce violence,
Et ne laisse veiller en ces aimables lieux
Que les cœurs que l'amour soumet à sa puissance.

Tes ombres et ton silence,
Plus beaux que le plus beau jour,
Offrent de doux momens à soupirer d'amour.

PREMIER MUSICIEN.

Que soupirer d'amour
Est une douce chose,
Quand rien à nos vœux ne s'oppose !
A d'aimables penchans notre cœur nous dispose ;
Mais on a des tyrans à qui l'on doit le jour.
Que soupirer d'amour
Est une douce chose,
Quand rien à nos vœux ne s'oppose !

SECOND MUSICIEN.

Tout ce qu'à nos vœux on oppose
Contre un parfait amour ne gagne jamais rien ;
Et pour vaincre toute chose
Il ne faut que s'aimer bien.

TOUS TROIS ENSEMBLE.

Aimons-nous donc d'une ardeur éternelle ;
Les rigueurs des parens, la contrainte cruelle,
L'absence, les travaux, la fortune rebelle,
Ne font que redoubler une amitié fidèle.
Aimons-nous donc d'une ardeur éternelle,
Quand deux cœurs s'aiment bien,
Tout le reste n'est rien.

PREMIÈRE ENTRÉE DE BALLET.

(Danse de deux maîtres à danser.)

DEUXIÈME ENTRÉE DE BALLET.

(Danse de deux pages.)

TROISIÈME ENTRÉE DE BALLET.

(Quatre curieux de spectacles, qui ont pris querelle pendant la danse des deux pages, dansent en se battant l'épée à la main.)

ACTE I, SCÈNE III.

QUATRIÈME ENTRÉE DE BALLET.

(Deux Suisses séparent les quatre combattans, et, après les avoir mis d'accord, dansent avec eux.)

SCÈNE III.

JULIE, ÉRASTE, NÉRINE.

JULIE.

Mon dieu! Éraste, gardons d'être surpris. Je tremble qu'on ne nous voie ensemble; et tout serait perdu, après la défense que l'on ma faite.

ÉRASTE.

Je regarde de tous côtés, et je n'aperçois rien.

JULIE, *à Nérine.*

Aie aussi l'œil au guet, Nérine; et prends bien garde qu'il ne vienne personne.

NÉRINE, *se retirant dans le fond du théâtre.*

Reposez-vous sur moi, et dites hardiment ce que vous avez à vous dire.

JULIE.

Avez-vous imaginé pour notre affaire quelque chose de favorable? et croyez-vous, Eraste, pouvoir venir à bout de détourner ce fâcheux mariage que mon père s'est mis en tête?

ÉRASTE.

Au moins y travaillons-nous fortement; et déjà nous avons préparé un bon nombre de batteries pour renverser ce dessein ridicule.

NÉRINE, *accourant à Julie.*

Par ma foi, voilà votre père.

JULIE.

Ah! séparons-nous vite.

NÉRINE.

Non, non, non, ne bougez; je m'étais trompée.

JULIE.

Mon dieu! Nérine, que tu es sotte de nous donner de ces frayeurs.

ÉRASTE.

Oui, belle Julie, nous avons dressé pour cela quantité de machines; et nous ne feignons point de mettre tout en usage, sur la permission que vous m'avez donnée. Ne nous demandez point tous les ressorts que nous ferons jouer, vous en aurez le divertissement; et, comme aux comédies, il est bon de vous laisser le plaisir de la surprise, et de ne vous avertir point de tout ce qu'on vous fera voir : c'est assez de vous dire que nous avons en main divers stratagèmes tout prêts à produire dans l'occasion, et que l'ingénieuse Nérine et l'adroit Sbrigani entreprennent l'affaire.

NÉRINE.

Assurément. Votre père se moque-t-il, de vouloir vous anger de son avocat de Limoges, monsieur de Pourceaugnac, qu'il n'a vu de sa vie, et qui vient par le coche vous enlever à notre barbe? Faut-il que trois ou quatre mille écus de plus, sur la parole de votre oncle, lui fassent rejeter un amant qui vous agrée? et une personne comme vous est-elle faite pour un Limosin? S'il a envie de se marier, que ne prend-il une Limosine, et ne laisse-t-il en repos les chrétiens? Le seul nom de monsieur de Pourceaugnac m'a mise dans une colère effroyable. J'enrage de monsieur de Pourceaugnac. Quand il n'y aurait que ce nom-là, monsieur de Pourceaugnac, j'y brûlerai mes livres, ou je romprai ce mariage, et vous ne serez point madame de Pourceaugnac. Pourceaugnac! cela se peut-il souffrir? Non, Pourceaugnac est une chose que je ne saurais supporter; et nous lui jouerons tant de pièces, nous lui ferons tant de niches, que nous renvoierons à Limoges monsieur de Pourceaugnac.

ÉRASTE.

Voici notre subtil Napolitain, qui nous dira des nouvelles.

SCÈNE IV.

JULIE, ÉRASTE, SBRIGANI, NÉRINE.

SBRIGANI.

Monsieur, votre homme arrive. Je l'ai vu à trois lieues d'ici, où a couché le coche; et, dans la cuisine, où il est descendu pour déjeûner, je l'ai étudié une bonne grosse demi-heure, et je le sais déjà par cœur. Pour sa figure, je ne veux point vous en parler; vous verrez de quel air la nature l'a dessiné, et si l'ajustement qui l'accompagne y répond comme il faut : mais pour son esprit, je vous avertis par avance qu'il est des plus épais qui se fassent; que nous trouvons en lui une matière tout-à-fait disposée pour ce que nous voulons, et qu'il est homme enfin à donner dans tous les panneaux qu'on lui présentera.

ÉRASTE.

Nous dis-tu vrai?

SBRIGANI.

Oui, si je me connais en gens.

NÉRINE.

Madame, voilà un illustre. Votre affaire ne pouvait être mise en de meilleures mains, et c'est le héros de notre siècle pour les exploits dont il s'agit; un homme qui vingt fois en sa vie, pour servir ses amis, a généreusement affronté les galères; qui, au péril de ses bras et de ses épaules, sait mettre noblement à fin les aventures les plus difficiles, et qui, tel que vous le voyez, est exilé de son pays pour je ne sais combien d'actions honorables qu'il a généreusement entreprises.

SBRIGANI.

Je suis confus des louanges dont vous m'honorez : et je pourrais vous en donner avec plus de justice sur les merveilles de votre vie, et principalement sur la gloire que vous acquîtes, lorsqu'avec tant d'honnêteté vous pipâtes au jeu, pour douze mille écus, ce jeune seigneur étranger que l'on mena chez vous ; lorsque vous fîtes galamment ce faux contrat qui ruina toute une famille ; lorsqu'avec tant de grandeur d'ame vous sûtes nier le dépôt qu'on vous avait confié, et que si généreusement on vous vit prêter votre témoignage à faire pendre ces deux personnes qui ne l'avaient pas mérité.

NÉRINE.

Ce sont petites bagatelles qui ne valent pas qu'en en parle ; et vos éloges me font rougir.

SBRIGANI.

Je veux bien épargner votre modestie ; laissons cela ; et, pour commencer notre affaire, allons vite joindre notre provincial, tandis que, de votre côté, vous nous tiendrez prêts au besoin les autres acteurs de la comédie.

ÉRASTE.

Au moins, madame, souvenez-vous de votre rôle ; et pour mieux couvrir notre jeu, feignez, comme on vous a dit, d'être la plus contente du monde des résolutions de votre père.

JULIE.

S'il ne tient qu'à cela, les choses iront à merveille.

ÉRASTE.

Mais, belle Julie, si toutes nos machines venaient à ne pas réussir ?

JULIE.

Je déclarerais à mon père mes véritables sentimens.

ÉRASTE.

Et si contre vos sentimens il s'obstinait à son dessein ?

JULIE.

Je le menacerais de me jeter dans un couvent.

ÉRASTE.

Mais si malgré tout cela il voulait vous forcer à ce mariage ?

JULIE.

Que voulez-vous que je vous dise ?

ACTE I, SCÈNE V.

ÉRASTE.

Ce que je veux que vous me disiez !

JULIE.

Oui.

ÉRASTE.

Ce qu'on dit quand on aime bien.

JULIE.

Mais quoi ?

ÉRASTE.

Que rien ne pourra vous contraindre, et que, malgré tous les efforts d'un père, vous me promettez d'être à moi.

JULIE.

Mon dieu ! Éraste, contentez-vous de ce que je fais maintenant, et n'allez point tenter sur l'avenir les résolutions de mon cœur ; ne fatiguez point mon devoir par les propositions d'une fâcheuse extrémité dont peut-être n'aurons-nous pas besoin ; et, s'il y faut venir, souffrez au moins que j'y sois entraînée par la suite des choses.

ÉRASTE.

Hé bien.., !

SBRIGANI.

Ma foi, voici notre homme ; songeons à nous.

NÉRINE.

Ah ! comme il est bâti !

SCÈNE V.

M. DE POURCEAUGNAC, SBRIGANI.

M. DE POURCEAUGNAC, *se retournant du côté d'où il est venu, et parlant à des gens qui le suivent.*

Hé bien ? quoi ? qu'est-ce ? qu'y a-t-il ? Au diantre soient la sotte ville et les sottes gens qui y sont ! Ne pouvoir faire un pas sans trouver des nigauds qui vous regardent et se mettent à rire ! Hé ! messieurs les badauds, faites vos affaires; et laissez passer les personnes sans leur rire au nez. Je me donne au diable, si je ne baille un coup de poing au premier que je verrai rire.

SBRIGANI, *parlant aux mêmes personnes.*

Qu'est-ce que c'est, messieurs? que veut dire cela? A qui en avez-vous? Faut-il se moquer ainsi des honnêtes étrangers qui arrivent ici?

M. DE POURCEAUGNAC.

Voilà un homme raisonnable, celui-là.

SBRIGANI.

Quel procédé est le vôtre! Et qu'avez-vous à rire?

M. DE POURCEAUGNAC.

Fort bien.

SBRIGANI.

Monsieur a-t-il quelque chose de ridicule en soi?

M. DE POURCEAUGNAC.

Oui...?

SBRIGANI.

Est-il autrement que les autres?

M. DE POURCEAUGNAC.

Suis-je tortu ou bossu?

SBRIGANI.

Apprenez à connaître les gens.

M. DE POURCEAUGNAC.

C'est bien dit.

SBRIGANI.

Monsieur est d'une mine à respecter.

M. DE POURCEAUGNAC.

Cela est vrai.

SBRIGANI.

Personne de condition.

M. DE POURCEAUGNAC.

Oui; gentilhomme limosir.

SBRIGANI.

Homme d'esprit.

ACTE I, SCÈNE V.

M. DE POURCEAUGNAC.

Qui a étudié en droit.

SBRIGANI.

Il vous fait trop d'honneur de venir dans votre ville.

M. DE POURCEAUGNAC.

Sans doute.

SBRIGANI.

Monsieur n'est point une personne à faire rire.

M. DE POURCEAUGNAC.

Assurément.

SBRIGANI.

Et quiconque rira de lui aura affaire à moi.

M. DE POURCEAUGNAC, *à Sbrigani.*

Monsieur, je vous suis infiniment obligé.

SBRIGANI.

Je suis fâché, monsieur, de voir recevoir de la sorte une personne comme vous, et je vous demande pardon pour la ville.

M. DE POURCEAUGNAC.

Je suis votre serviteur.

SBRIGANI.

Je vous ai vu ce matin, monsieur, avec le coche, lorsque vous avez déjeûné ; et la grace avec laquelle vous mangiez votre pain m'a fait naître d'abord de l'amitié pour vous : et comme je sais que vous n'êtes jamais venu en ce pays, et que vous y êtes tout neuf, je suis bien aise de vous avoir trouvé pour vous offrir mon service à cette arrivée, et vous aider à vous conduire parmi ce peuple, qui n'a pas parfois pour les honnêtes gens toute la considération qu'il faudrait.

M. DE POURCEAUGNAC.

C'est trop de grace que vous me faites.

SBRIGANI.

Je vous l'ai déjà dit ; du moment que je vous ai vu, je me suis senti pour vous de l'inclination.

M. DE POURCEAUGNAC.
Je vous suis obligé.

SBRIGANI.
Votre physionomie m'a plu.

M. DE POURCEAUGNAC.
Ce m'est beaucoup d'honneur.

SBRIGANI.
J'y ai vu quelque chose d'honnête.

M. DE PORRCEAUGNAC.
Je suis votre serviteur.

SBRIGANI.
Quelque chose d'aimable...

M. DE POURCEAUGNAC.
Ah ! ah !

SBRIGANI.
De gracieux...

M. DE POURCEAUGNAC.
Ah ! ah !

SBRIGANI.
De doux...

M. DE POURCEAUGNAC.
Ah ah !

SBRIGANI.
De majestueux...

M. DE POURCEAUGNAC.
Ah ! ah !

SBRIGANI.
De franc...

M. DE POURCEAUGNAC.
Ah ! ah !

SBRIGANI.
Et de cordial.

M. DE POURCEAUGNAC.
Ah ! ah !

SBRIGANI.
Je vous assure que je suis tout à vous.

ACTE I, SCÈNE V.

M. DE POURCEAUGNAC.
Je vous ai beaucoup d'obligation.

SBRIGANI.
C'est du fond du cœur que je parle.

M. DE POURCEAUGNAC.
Je le crois.

SBRIGANI.
Si j'avais l'honneur d'être connu de vous, vous sauriez que je suis un homme tout-à-fait sincère...

M. DE POURCEAUGNAC.
Je n'en doute point.

SBRIGANI.
Ennemi de la fourberie...

M. DE POURCEAUGNAC.
J'en suis persuadé.

SBRIGANI.
Et qui n'est pas capable de déguiser ses sentimens. Vous regardez mon habit, qui n'est pas fait comme les autres : mais je suis originaire de Naples, à votre service, et j'ai voulu conserver un peu la manière de s'habiller et la sincérité de mon pays.

M. DE POURCEAUGNAC.
C'est fort bien fait. Pour moi, j'ai voulu me mettre à la mode de la cour pour la campagne.

SBRIGANI.
Ma foi, cela vous va mieux qu'à tous nos courtisans.

M. DE POURCEAUGNAC.
C'est ce que m'a dit mon tailleur. L'habit est propre et riche, et il fera du bruit ici.

SBRIGANI.
Sans doute. N'irez-vous pas au Louvre ?

M. DE POURCEAUGNAC.
Il faudra bien aller faire ma cour.

SBRIGANI.
Le roi sera ravi de vous voir.

M. DE POURCEAUGNAC.
Je le crois.

SBRIGANI.
Avez-vous arrêté un logis ?

M. DE POURCEAUGNAC.
Non, j'allais en chercher un.

SBRIGANI.
Je serai bien aise d'être avec vous pour cela, et je connais tout ce pays-ci.

SCÈNE VI.
ÉRASTE, M. DE POURCEAUGNAC, SBRIGANI.

ÉRASTE.
Ah ! qu'est-ce ci ? que vois-je ? Quelle heureuse rencontre ! Monsieur de Pourceaugnac ! Que je suis ravi de vous voir ! Comment, il semble que vous ayez peine à me reconnaître !

M. DE POURCEAUGNAC.
Monsieur, je suis votre serviteur.

ÉRASTE.
Est-il possible que cinq ou six années m'aient ôté de votre mémoire, et que vous ne reconnaissiez pas le meilleur ami de toute la famille des Pourceaugnacs !

M. DE POURCEAUGNAC.
Pardonnez-moi. (*bas, à Sbrigani.*) Ma foi, je ne sais qui il est.

ÉRASTE.
Il n'y a pas un Pourceaugnac à Limoges que je ne connaisse, depuis le plus grand jusqu'au plus petit ; je ne fréquentais qu'eux dans le temps que j'y étais, et j'avais l'honneur de vous voir presque tous les jours.

M. DE POURCEAUGNAC.
C'est moi qui l'ai reçu, monsieur.

ÉRASTE.
Vous ne vous remettez point mon visage ?

ACTE I SCÈNE VI.

M. DE POURCEAUGNAC.

Si fait. (*à Sbrigani.*) Je ne le connais point.

ÉRASTE.

Vous ne vous ressouvenez pas que j'ai eu le bonheur de boire avec vous je ne sais combien de fois ?

M. DE POURCEAUGNAC.

Excusez-moi. (*à Sbrigani.*) Je ne sais ce que c'est.

ÉRASTE.

Comment appelez-vous ce traiteur de Limoges qui fait si bonne chère ?

M. DE POURCEAUGNAC.

Petit-Jean ?

ÉRASTE.

Le voilà. Nous allions le plus souvent ensemble chez lui nous réjouir. Comment est-ce que vous nommez à Limoges ce lieu où l'on se promène.

M. DE POURCEAUGNAC.

Le cimetière des Arènes ?

ÉRASTE.

Justement. C'est où je passais de si douces heures à jouir de votre agréable conversation. Vous ne vous remettez pas tout cela ?

M. DE POURCEAUGNAC.

Excusez-moi, je me le remets. (*à Sbrigani.*) Diable emporte si je m'en souviens.

SBRIGANI, *bas, à M. de Pourceaugnac.*

Il y a cent choses comme cela qui passent de la tête.

ÉRASTE.

Embrassez-moi donc, je vous prie, et resserrons les nœuds de notre ancienne amitié.

SBRIGANI, *à M. de Pourceaugnac.*

Voilà un homme qui vous aime fort.

ÉRASTE.

Dites-moi un peu des nouvelles de toute la parenté. Comment se porte monsieur votre... là... qui est si honnête homme ?

2*

M. DE POURCEAUGNAC.
Mon frère le consul ?

ÉRASTE.
Oui.

M. DE POURCEAUGNAC.
Il se porte le mieux du monde.

ÉRASTE.
Certes, j'en suis ravi. Et celui qui est de si bonne humeur ? là... monsieur votre...

M. DE POURCEAUGNAC.
Mon cousin l'assesseur ?

ÉRASTE.
Justement.

M. DE POURCEAUGNAC.
Toujours gai et gaillard.

ÉRASTE.
Ma foi, j'en ai beaucoup de joie. Et monsieur votre oncle, le... ?

M. DE POURCEAUGNAC.
Je n'ai point d'oncle.

ÉRASTE.
Vous aviez pourtant en ce temps-là...

M. DE POURCEAUGNAC.
Non, rien qu'une tante.

ÉRASTE.
C'est ce que je voulais dire ; madame votre tante, comment se porte-t-elle ?

M. DE POURCEAUGNAC.
Elle est morte depuis six mois.

ÉRASTE.
Hélas ! la pauvre femme ! Elle était si bonne personne !

M. DE POURCEAUGNAC.
Nous avons aussi mon neveu le chanoine, qui a pensé mourir de la petite vérole.

ÉRASTE.
Quel dommage c'aurait été ?
M. DE POURCEAUGNAC.
Le connaissez-vous aussi ?
ÉRASTE.
Vraiment si je le connais ! Un grand garçon bien fait.
M. DE POURCEAUGNAC.
Pas des plus grands.
ÉRASTE.
Non, mais de taille bien prise.
M. DE POURCEAUGNAC.
Hé ! oui.
ÉRASTE.
Qui est votre neveu...
M. DE POURCEAUGNAC.
Oui.
ÉRASTE.
Fils de votre frère ou de votre sœur.
M. DE POURCEAUGNAC.
Justement.
ÉRASTE.
Chanoine de l'église de... Comment l'appellez-vous ?
M. DE POURCEAUGNAC.
De Saint-Étienne.
ÉRASTE.
Le voilà ; je ne connais autre.
M. DE POURCEAUGNAC, *à Sbrigani.*
Il dit toute la parenté.
SBRIGANI.
Il vous connaît plus que vous ne croyez.
M. DE POURCEAUGNAC.
A ce que je vois, vous avez demeuré long-temps dans notre ville ?
ÉRASTE.
Deux ans entiers.

M. DE POURCEAUGNAC.

Vous étiez donc là quand mon cousin l'élu fit tenir son enfant à monsieur notre gouverneur ?

ÉRASTE.

Vraiment oui, j'y fus convié des premiers.

M. DE POURCEAUGNAC.

Cela fut galant.

ÉRASTE.

Très-galant.

M. DE POURCEAUGNAC.

C'était un repas bien troussé.

ÉRASTE.

Sans doute.

M. DE POURCEAUGNAC.

Vous vîtes donc aussi la querelle que j'eus avec ce gentilhomme périgordin ?

ÉRASTE.

Oui.

M. DE POURCEAUGNAC.

Parbleu ! il trouva à qui parler.

ÉRASTE.

Ah ! ah !

M. DE POURCEAUGNAC.

Il me donna un soufflet ; mais je lui dis bien son fait.

ÉRASTE.

Assurément. Au reste, je ne prétends pas que vous preniez d'autre logis que le mien.

M. DE POURCEAUGNAC.

Je n'ai garde de...

ÉRASTE.

Vous moquez-vous ? Je ne souffrirai point du tout que mon meilleur ami soit autre part que dans ma maison.

M. DE POURCEAUGNAC.

Ce serait vous...

ÉRASTE.

Non ; le diable m'emporte ! vous logerez chez moi.

ACTE I, SCÈNE VI.

SBRIGANI, *à M. de Pourceaugnac.*

Puisqu'il le veut obstinément, je vous conseille d'accepter l'offre.

ÉRASTE.

Où sont vos hardes?

M. DE POURCEAUGNAC.

Je les ai laissées avec mon valet où je suis descendu.

ÉRASTE.

Envoyons-les querir par quelqu'un.

M. DE POURCEAUGNAC.

Non, je lui ai défendu de bouger, à moins que j'y fusse moi-même, de peur de quelque fourberie.

SBRIGANI.

C'est prudemment avisé.

M. DE POURCEAUGNAC.

Ce pays-ci est un peu sujet à caution.

ÉRASTE.

On voit les gens d'esprit en tout.

SBRIGANI.

Je vais accompagner monsieur, et le ramenerai où vous voudrez.

ÉRASTE.

Oui. Je serai bien aise de donner quelques ordres, et vous n'avez qu'à revenir à cette maison-là.

SBRIGANI.

Nous sommes à vous tout-à-l'heure.

ÉRASTE, *à M. de Pourceaugnac.*

Je vous attends avec impatience.

M. DE POURCEAUGNAC, *à Sbrigani.*

Voilà une connaissance où je ne m'attendais point.

SBRIGANI.

Il a la mine d'être honnête homme.

ÉRASTE, *seul.*

Ma foi, monsieur de Pourceaugnac, nous vous en donnerons de toutes les façons: les choses sont préparées, et je n'ai qu'à frapper. Holà!

SCÈNE VII.

UN APOTHICAIRE, ÉRASTE.

ÉRASTE.

Je crois, monsieur, que vous êtes le médecin à qui l'on est venu parler de ma part?

L'APOTHICAIRE.

Non, monsieur, ce n'est pas moi qui suis le médecin; à moi n'appartient pas cet honneur; et je ne suis qu'apothicaire, apothicaire indigne, pour vous servir.

ÉRASTE.

Et monsieur le médecin est-il à la maison?

L'APOTHICAIRE.

Oui. Il est là embarrassé à expédier quelques malades, et je vais lui dire que vous êtes ici.

ÉRASTE.

Non, ne bougez; j'attendrai qu'il ait fait. C'est pour lui mettre entre les mains certain parent que nous avons, dont on lui a parlé, et qui se trouve attaqué de quelque folie que nous serions bien aises qu'il pût guérir avant que de le marier.

L'APOTHICAIRE.

Je sais ce que c'est, je sais ce que c'est, et j'étais avec lui quand on lui a parlé de cette affaire. Ma foi, ma foi, vous ne pouviez pas vous adresser à un médecin plus habile; c'est un homme qui sait la médecine à fond, comme je sais ma croix de par dieu; et qui, quand on devrait crever, ne démordrait pas d'un *iota* des règles des anciens. Oui, il suit toujours le grand chemin, le grand chemin, et ne va pas chercher midi à quatorze heures; et, pour tout l'or du monde, il ne voudrait pas avoir guéri une personne avec d'autres remèdes que ceux que la faculté permet.

ÉRASTE.

Il fait fort bien. Un malade ne doit point vouloir guérir, que la faculté n'y consente.

ACTE I, SCÈNE VII.

L'APOTHICAIRE.

Ce n'est pas parce que nous sommes grands amis que j'en parle ; mais il y a plaisir d'être son malade : et j'aimerais mieux mourir de ses remèdes, que de guérir de ceux d'un autre ; car quoi qu'il puisse arriver, on est assuré que les choses sont toujours dans l'ordre; et quand on meurt sous sa conduite, vos héritiers n'ont rien à vous reprocher.

ÉRASTE.

C'est une grande consolation pour un défunt.

L'APOTHICAIRE.

Assurément. On est bien aise au moins d'être mort méthodiquement. Au reste, il n'est pas de ces médecins qui marchandent les maladies : c'est un homme expéditif, expéditif, qui aime à dépêcher ses malades, et quand on a à mourir, cela se fait avec lui le plus vite du monde.

ÉRASTE.

En effet, il n'est rien tel que de sortir promptement d'affaire.

'APOTHICAIRE.

Cela est vrai. A quoi bon tant barguigner, et tant tourner autour du pot ? Il faut savoir vitement le court ou le long d'une maladie.

ÉRASTE.

Vous avez raison.

L'APOTHICAIRE.

Voilà déjà trois de mes enfans dont il m'a fait l'honneur de conduire la maladie, qui sont morts en moins de quatre jours, et qui, entre les mains d'un autre, auraient langui plus de trois mois.

ÉRASTE.

Il est bon d'avoir des amis comme cela.

L'APOTHICAIRE.

Sans doute. Il ne me reste plus que deux enfans dont il prend soin comme des siens ; il les traite et gouverne à sa fantaisie, sans que je me mêle de rien ; et le plus souvent, quand je reviens de la ville, je suis tout étonné que je les trouve saignés ou purgés par son ordre.

ÉRASTE.

Voilà des soins fort obligeans.

L'APOTHICAIRE.

Le voici, le voici, le voici qui vient.

SCÈNE VIII.

ÉRASTE, PREMIER MÉDECIN, L'APOTHICAIRE, UN PAYSAN, UNE PAYSANNE.

LE PAYSAN, *au médecin*.

Monsieur, il n'en peut plus; et il dit qu'il sent dans la tête les plus grandes douleurs du monde.

PREMIER MÉDECIN.

Le malade est un sot; d'autant plus que, dans la maladie dont il est attaqué, ce n'est pas la tête, selon Galien, mais la rate, qui lui doit faire mal.

LE PAYSAN.

Quoi que c'en soit, monsieur, il a toujours avec cela son cours de ventre depuis six mois.

PREMIER MÉDECIN.

Bon, c'est signe que le dedans se dégage. Je l'irai visiter dans deux ou trois jours : mais s'il mourait avant ce temps-là, ne manquez pas de m'en donner avis, car il n'est pas de la civilité qu'un médecin visite un mort.

LA PAYSANNE AU MEDECIN.

Mon père, monsieur, est toujours malade de plus en plus.

PREMIER MEDECIN.

Ce n'est pas ma faute. Je lui donne des remèdes; que ne guérit-il? Combien a-t-il été saigné de fois?

LA PAYSANNE.

Quinze, monsieur, depuis vingt jours.

PREMIER MEDECIN.

Quinze fois saigné ?

ACTE I SCÈNE IX.

LA PAYSANNE.

Oui.

PREMIER MÉDECIN.

Et il ne guérit point ?

LA PAYSANNE.

Non, monsieur.

PREMIER MÉDECIN.

C'est signe que la maladie n'est pas dans le sang. Nous le ferons purger autant de fois, pour voir si elle n'est pas dans les humeurs ; et, si rien ne nous réussit, nous l'enverrons aux bains.

L'APOTHICAIRE.

Voilà le fin cela, voilà le fin de la médecine.

SCÈNE IX.

ÉRASTE, PREMIER MÉDECIN, L'APOTHICAIRE.

ÉRASTE, *au médecin.*

C'est moi, monsieur, qui vous ai envoyé parler ces jours passés pour un parent un peu troublé d'esprit que je veux vous donner chez vous, afin de le guérir avec plus de commodité, et qu'il soit vu de moins de monde.

PREMIER MÉDECIN.

Oui, monsieur ; j'ai déjà disposé tout, et promets d'en avoir tous les soins imaginables.

ÉRASTE.

Le voici.

PREMIER MÉDECIN.

La conjoncture est tout-à-fait heureuse, et j'ai ici un ancien de mes amis avec lequel je serai bien aise de consulter sa maladie.

SCÈNE X.

M. DE POURCEAUGNAC, ÉRASTE, PREMIER MÉDECIN, L'APOTHICAIRE.

ÉRASTE, *à M. de Pourceaugnac.*

Une petite affaire m'est survenue, qui m'oblige à vous quitter ; (*montrant le médecin.*) Mais voilà une personne entre les mains de qui je vous laisse, qui aura soin pour moi de vous traiter du mieux qu'il lui sera possible.

PREMIER MÉDECIN.

Le devoir de ma profession m'y oblige ; et c'est assez que vous me chargiez de ce soin.

M. DE POURCEAUGNAC, *à part.*

C'est son maître d'hôtel, sans doute; et il faut que ce soit un homme de qualité.

PREMIER MÉDECIN, *à part.*

Oui, je vous assure que je traiterai monsieur méthodiquement, et dans toutes les régularités de notre art.

M. DE POURCEAUGNAC.

Mon dieu ! il ne faut point de cérémonies ; et je ne viens pas ici pour incommoder.

PREMIER MÉDECIN.

Un tel emploi ne me donne que de la joie.

ÉRASTE, *au médecin.*

Voilà toujours dix pistoles d'avance, en attendant ce que j'ai promis.

M. DE POURCEAUGNAC.

Non, s'il vous plaît, je n'entends pas que vous fassiez de dépense, et que vous envoyiez rien acheter pour moi.

ÉRASTE.

Mon dieu ! laissez faire ; ce n'est pas pour ce que vous pensez.

M. DE POURCEAUGNAC.

Je vous demande de ne me traiter qu'en ami.

ÉRASTE.

C'est ce que je veux faire. (*bas, au médecin.*) Je vous recommande surtout de ne le point laisser sortir de vos mains ; car parfois il veut s'échapper.

PREMIER MÉDECIN.

Ne vous mettez pas en peine.

ÉRASTE, *à M. de Pourceaugnac.*

Je vous prie de m'excuser de l'incivilité que je commets.

M. DE POURCEAUGNAC.

Vous vous moquez, et c'est trop de grace que vous me faites.

SCÈNE XI.

M. DE POURCEAUGNAC, PREMIER MÉDECIN, SECOND MÉDECIN, L'APOTHICAIRE.

PREMIER MÉDECIN.

Ce m'est beaucoup d'honneur, monsieur, d'être choisi pour vous rendre service.

M. DE POURCEAUGNAC.

Je suis votre serviteur.

PREMIER MÉDECIN.

Voici un habile homme, mon confrère, avec lequel je vais consulter la manière dont nous vous traiterons.

M. DE POURCEAUGNAC.

Il ne faut point tant de façons, vous dis-je ; je suis homme à me contenter de l'ordinaire.

PREMIER MÉDECIN.

Allons, des sièges.

(*Des laquais entrent et donnent des sièges.*)

M. DE POURCEAUGNAC, *à part.*

Voilà pour un jeune homme des domestiques bien lugubres.

PREMIER MÉDECIN.

Allons, monsieur ; prenez votre place, monsieur.

(*Les deux médecins font asseoir M. de Pourceaugnac entre eux deux.*)

M. DE POURCEAUGNAC, *s'asseyant.*

Votre très-humble valet.

(*Les deux médecins lui prennent chacun une main pour lui tâter le pouls.*

Que veut dire cela ?

PREMIER MÉDECIN.

Mangez-vous bien, monsieur ?

M. DE POURCEAUGNAC.

Oui, et bois encore mieux.

PREMIER MÉDECIN.

Tant pis. Cette grande appétition du froid et de l'humide est une indication de la chaleur et sécheresse qui est au-dedans. Dormez-vous fort ?

M. DE POURCEAUGNAC.

Oui, quand j'ai bien soupé.

PREMIER MÉDECIN.

Faites-vous des songes ?

M. DE POURCEAUGNAC.

Quelquefois.

PREMIER MÉDECIN.

De quelle nature sont-ils ?

M. DE POURCEAUGNAC.

De la nature des songes. Quel diable de conversation est-ce là ?

PREMIER MÉDECIN.

Vos déjections, comment sont-elles ?

M. DE POURCEAUGNAC.

Ma foi, je ne comprends rien à toutes ces questions; et je veux plutôt boire un coup.

PREMIER MÉDECIN.

Un peu de patience : nous allons raisonner sur votre affaire devant vous; et nous le ferons en français pour être plus intelligibles.

M. DE POURCEAUGNAC.

Quel grand raisonnement faut-il pour manger un morceau ?

ACTE I, SCÈNE XI.

PREMIER MÉDECIN.

Comme ainsi soit qu'on ne puisse guérir une maladie qu'on ne la connaisse parfaitement, et qu'on ne la puisse parfaitement connaître sans en bien établir l'idée particulière et la véritable espèce par ses signes diagnostiques et pronostiques, vous me permettrez, monsieur notre ancien, d'entrer en considération de la maladie dont il s'agit, avant que de toucher à la thérapeutique, et aux remèdes qu'il nous conviendra faire pour la parfaite curation d'icelle. Je dis donc, monsieur, avec votre permission, que notre malade ici présent est malheureusement attaqué, affecté, possédé, travaillé de cette sorte de folie que nous nommons fort bien mélancolie hypocondriaque; espèce de folie très-fâcheuse, et qui ne demande pas moins qu'un Esculape comme vous, consommé dans notre art; vous, dis-je, qui avez blanchi, comme on dit, sous le harnais, et auquel il en a tant passé par les mains de toutes les façons. Je l'appelle mélancolie hypocondriaque, pour la distinguer des deux autres; car le célèbre Galien établit doctement, à son ordinaire, trois espèces de cette maladie que nous nommons mélancolie, ainsi appelée non seulement par les Latins, mais encore par les Grecs; ce qui est bien à remarquer pour notre affaire : la première, qui vient du propre vice du cerveau; la seconde, qui vient de tout le sang fait et rendu atrabilaire; la troisième, appelée hypocondriaque, qui est la nôtre, laquelle procède du vice de quelque partie du bas-ventre, et de la région inférieure, mais particulièrement de la rate, dont la chaleur et l'inflammation portent au cerveau de notre malade beaucoup de fuligines épaisses et crasses dont la vapeur noire et maligne cause dépravation aux fonctions de la faculté princesse, et fait la maladie dont, par notre raisonnement, il est manifestement atteint et convaincu. Qu'ainsi ne soit : pour diagnostique incontestable de ce que je dis, vous n'avez qu'à considérer ce grand sérieux que vous voyez, cette tristesse accompagnée de crainte et de défiance ; signes pathognomoniques et individuels de cette maladie, si bien marquée chez le divin vieillard Hippocrate ; cette physionomie, ces yeux rouges et hagards, cette grande barbe, cette habitude du corps menue, grêle, noire, et velue ; lesquels signes le dénotent très-affecté de cette maladie, procédant du vice des hypocondres ; laquelle maladie, par laps de temps naturalisée, envieillie, habituée, et ayant pris droit de bourgeoisie chez lui, pourrait bien dégénérer ou en manie, ou en phthisie, ou en apoplexie, ou même en fine frénésie et fureur. Tout ceci supposé, puisqu'une maladie bien connue est à demi guérie, car *ignoti nulla est curatio morbi*, il ne vous sera pas difficile de convenir des remèdes que nous devons faire à monsieur. Premièrement, pour remédier à cette pléthore obturante, et à cette cacochymie luxuriante par tout le corps, je suis d'avis qu'il soit phlébotomisé libéralement, c'est-à-dire, que les saignées soient fréquentes et plantureuses, en premier lieu de la basilique, puis de la céphalique, et même, si le mal est opiniâtre, de lui ouvrir la veine du front, et que l'ouverture soit large, afin que le gros sang puisse sortir, et en même temps de le purger, désopiler, et évacuer par purgatifs propres et convenables, c'est-à-dire, par cholagogues, mélanagogues, *et cætera* : et comme la véritable source de tout le mal est, ou une humeur crasse et féculente, ou une vapeur noire et grossière qui obscurcit, infecte, et salit les esprits animaux, il est à propos ensuite qu'il prenne un bain d'eau pure et nette, avec force petit-lait clair, pour purifier par l'eau la féculence de l'humeur crasse, et éclaircir par le lait clair la noirceur de cette vapeur ; mais, avant toute chose, je trouve qu'il est bon de le réjouir par agréables conversations, chants et instrumens de musique ; à quoi il n'y a pas d'inconvénient de joindre des danseurs, afin que leurs mouvemens, disposition et agilité, puissent exciter et réveiller la paresse de ses esprits engourdis, qui occasionne l'épaisseur de son sang, d'où procède la maladie. Voilà les remèdes que j'imagine, auxquels pourront être ajoutés beaucoup d'autres meilleurs, par monsieur notre maître et ancien, suivant l'expérience, jugement, lumière et insuffisance qu'il s'est acquis dans notre art. *Dixi.*

SECOND MÉDECIN.

A dieu ne plaise, monsieur, qu'il me tombe en pensée d'ajouter rien à ce que vous venez de dire ! Vous avez si bien discouru sur tous les signes, les symptômes et les causes de la maladie de monsieur ; le raisonnement que vous en avez fait est si docte et si beau, qu'il est impossible qu'il ne soit pas fou et mélancolique hypocondriaque ; et, quand il ne le serait pas, il faudrait qu'il le devînt pour la beauté des choses que vous avez dites, et la justesse du raisonnement que vous avez fait. Oui, monsieur, vous avez dépeint fort graphiquement, *graphicè depinxisti*, tout ce qui appartient à cette maladie : il ne se peut rien de plus doctement, sagement et ingénieusement conçu, pensé, imaginé, que ce que vous avez prononcé au sujet de ce mal, soit pour la diagnose, ou la prognose, ou la thérapie ; et il ne me reste rien ici que de féliciter monsieur d'être tombé entre vos mains, et de lui dire qu'il est trop heureux d'être fou, pour éprouver l'efficace et la douceur des remèdes que vous avez si judicieusement proposés. Je les approuve tous, *manibus et pedibus descendo in tuam sententiam*. Tout ce que j'y voudrais, c'est de faire les saignées et les purgations en nombre impair, *numero deus impare gaudet*, de prendre le lait clair avant le bain ; de lui composer un fronteau où il entre du sel, le sel est symbole de la sagesse ; de faire blanchir les murailles de sa chambre, pour dissiper les ténèbres de ses esprits, *album est disgregativum visus*; et de lui donner tout à l'heure un petit lavement, pour servir de prélude et d'introduction à ces judicieux remèdes, dont, s'il a à guérir, il doit recevoir du soulagement. Fasse le ciel que ces remèdes, monsieur, qui sont les vôtres, réussissent au malade selon notre intention !

M. DE POURCEAUGNAC.
Messieurs, il y a une heure que je vous écoute. Est-ce que nous jouons ici une comédie ?
PREMIER MÉDECIN.
Non, monsieur, nous ne jouons point.
M. DE POURCEAUGNAC.
Qu'est-ce que tout ceci ? et que voulez-vous dire avec votre galimatias et vos sottises ?
PREMIER MÉDECIN.
Bon. Dire des injures, voilà un diagnostique qui nous manquait pour la confirmation de son mal ; et ceci pourrait bien tourner en manie.
M. DE POURCEAUGNAC, *à part.*
Avec qui m'a-t-on mis ici ? (*Il crache deux ou trois fois.*)
PREMIER MÉDECIN.
Autre diagnostique, la sputation fréquente.
M. DE POURCEAUGNAC.
Laissons cela, et sortons d'ici.
PREMIER MÉDECIN.
Autre encore, l'inquiétude de changer de place.
M. DE POURCEAUGNAC.
Qu'est-ce donc que toute cette affaire ? et que me voulez-vous ?
PREMIER MÉDECIN.
Vous guérir selon l'ordre qui nous a été donné.
M. DE POURCEAUGNAC.
Me guérir !
PREMIER MÉDECIN.
Oui.
M. DE POURCEAUGNAC.
Parbleu ! je ne suis pas malade.
PREMIER MÉDECIN.
Mauvais signe, lorsqu'un malade ne sent pas son mal.
M. DE POURCEAUGNAC.
Je vous dis que je me porte bien.

PREMIER MÉDECIN.

Nous savons mieux que vous comment vous vous portez, et nous sommes médecins qui voyons clair dans votre constitution.

M. DE POURCEAUGNAC.

Si vous êtes médecins, je n'ai que faire de vous, et je me moque de la médecine.

PREMIER MÉDECIN.

Hon ! hon ! voici un homme plus fou que nous ne pensons.

M. DE POURCEAUGNAC.

Mon père et ma mère n'ont jamais voulu de remèdes ; et ils sont morts tous deux sans l'assistance des médecins.

PREMIER MÉDECIN.

Je ne m'étonne pas s'ils ont engendré un fils qui est insensé. (*Au second médecin.*) Allons, procédons à la curation ; et, par la douceur exhilarante de l'harmonie, adoucissons, lénifions, et accoisons l'aigreur de ses esprits, que je vois prêts à s'enflammer.

SCÈNE XII.
M. DE POURCEAUGNAC.

Que diable est-ce là ? Les gens de ce pays-ci sont-ils insensés ? je n'ai jamais rien vu de tel, et je n'y comprends rien du tout.

SCÈNE XIII.
M. DE POURCEAUGNAC, DEUX MÉDECINS GROTESQUES.

(*Ils s'asseyent d'abord tous trois, les médecins se lèvent à différentes reprises pour saluer M. de Pourceaugnac, qui se lève autant de fois pour les saluer.*)

LES DEUX MÉDECINS.

Buon di, buon di, buon di.
Non vi lasciate uccidere
Dal dolor malinconico :
Noi vi faremo ridere

Col nostro canto armonico ;
Sol' per guarirvi
Siamo venuti qui.
Buon di, buon di, buon di.

PREMIER MÉDECIN.

Altro non è la pazzia
Che malinconia.
Il malato
Non è disperato !
Se vol pigliar un poco d'allegria.
Altro non è la pazzia
Che malinconia.

SECOND MÉDECIN.

Sù, cantate, ballate, ridete ;
E, se far meglio voléte,
Quanto sentite il deliro vicino,
Pigliate del vino,
E qualche volta un poco di tabac,
Allegramente, monsu Pourceaugnac.

SCÈNE XIV.

M. DE POURCEAUGNAC, DEUX MÉDECINS GROTESQUES, MATASSINS.

ENTRÉE DE BALLET.

(Danse des matassins autour de M. de Pourceaugnac.)

SCÈNE XV.

M. DE POURCEAUGNAC, UN APOTHICAIRE
tenant une seringue.

L'APOTHICAIRE.

Monsieur, voici un petit remède, un petit remède qu'il vous faut prendre, s'il vous plaît, s'il vous plaît.

M. DE POURCEAUGNAC.

Comment ! je n'ai que faire de cela.

ACTE I, SCÈNE XVI.

L'APOTHICAIRE.

Il a été ordonné, monsieur, il a été ordonné.

M. DE POURCEAUGNAC.

Ah ! que de bruit !

L'APOTHICAIRE.

Prenez-le, monsieur, prenez-le; il ne vous fera point de mal, il ne vous fera point de mal.

M. DE POURCEAUGNAC.

Ah !

L'APOTHICAIRE.

C'est un petit clystère, un petit clystère, bénin, bénin ; il est bénin, bénin ; là, prenez, prenez, monsieur; c'est pour déterger, pour déterger, déterger.

SCÈNE XVI.

M. DE POURCEAUGNAC, L'APOTHICAIRE, LES DEUX MÉDECINS GROTESQUES, ET LES MATASSINS AVEC DES SERINGUES.

LES DEUX MÉDECINS.

Piglia lo sù,
Signor monsu ;
Piglia lo, piglia lo, piglia lo sù,
Che non ti fara male.
Piglia lo sù questo servizziale ;
Piglia lo sù,
Signor monsu ;
Piglia lo, piglia lo, piglia lo sù.

M. DE POURCEAUGNAC.

Allez-vous-en au diable.

(*M. de Pourceaugnac, mettant son chapeau pour se garantir des seringues, est suivi par les deux médecins et par les matassins ; il passe par derrière le théâtre, et revient se mettre sur sa chaise, auprès de laquelle il trouve l'apothicaire qui l'attendait : les deux médecins et les matassins rentrent aussi.*)

LES DEUX MÉDECINS.

Piglia lo sù,
Signor monsu;
Piglia lo, piglia lo, piglia lo sù,
Che non ti fara male.

Piglia lo sù questo servizziale;
Piglia lo sù,
Signor monsu;
Piglia lo, piglia lo, piglia lo sù.
(*M. de Poorceaugnac s'enfuit avec la chaise, l'apothicaire appute sa seringue contre, et les médecins et les matassins le suivent.*)

FIN DU PREMIER ACTE.

ACTE SECOND.

SCÈNE I.
PREMIER MÉDECIN, SBRIGANI.

PREMIER MÉDECIN.

Il a forcé tous les obstacles que j'avais mis, et s'est dérobé aux remèdes que je commençais de lui faire.

SBRIGANI.

C'est être bien ennemi de soi-même que de fuir des remèdes aussi salutaires que les vôtres.

PREMIER MÉDECIN.

Marque d'un cerveau démonté et d'une raison dépravée, que de ne vouloir pas guérir.

SBRIGANI.

Vous l'auriez guéri haut la main.

PREMIER MÉDECIN.

Sans doute, quand il y aurait eu complication de douze maladies.

SBRIGANI.

Cependant voilà cinquante pistoles bien acquises qu'il vous fait perdre.

PREMIER MÉDECIN.

Moi, je n'entends point les perdre, et je prétends le guérir en dépit qu'il en ait. Il est lié et engagé à mes remèdes; et je veux le faire saisir où je le trouverai, comme déserteur de la médecine, et infracteur de mes ordonnances.

SBRIGANI.

Vous avez raison. Vos remèdes étaient un coup sûr; et c'est de l'argent qu'il vous vole.

PREMIER MÉDECIN.

Où puis-je en avoir des nouvelles?

SBRIGANI.

Chez le bon homme Oronte, assurément, dont il vient épouser la fille, et qui ne sachant rien de l'infirmité de son gendre futur, voudra peut-être se hâter de conclure le mariage.

PREMIER MÉDECIN.

Je vais lui parler tout à l'heure.

SBRIGANI.

Vous ne ferez point mal.

PREMIER MÉDECIN.

Il est hypothéqué à mes consultations; et un malade ne se moquera pas d'un médecin.

SBRIGANI.

C'est fort bien dit à vous; et, si vous m'en croyez, vous ne souffrirez point qu'il se marie que vous ne l'ayez pensé tout votre soûl.

PREMIER MÉDECIN.

Laissez-moi faire.

SBRIGANI, *à part, en s'en allant.*

Je vais, de mon côté, dresser une autre batterie; et le beau-père est aussi dupe que le gendre.

SCÈNE II.

ORONTE, PREMIER MÉDECIN.

PREMIER MÉDECIN.

Vous avez, monsieur, un certain monsieur de Pourceaugnac qui doit épouser votre fille.

ORONTE.

Oui; je l'attends de Limoges, et il devrait être arrivé.

PREMIER MÉDECIN.

Aussi l'est-il, et il s'est enfui de chez moi après y avoir été mis: mais je vous défends, de la part de la médecine, de procéder au mariage que vous avez conclu, que je ne l'aie dûment préparé pour cela, et mis en état de procréer des enfans bien conditionnés et de corps et d'esprit.

ORONTE.

Comment donc?

PREMIER MÉDECIN.

Votre prétendu gendre a été constitué mon malade : sa maladie, qu'on m'a donné à guérir, est un meuble qui m'appartient, et que je compte entre mes effets ; et je vous déclare que je ne prétends point qu'il se marie, qu'au préalable il n'ait satisfait à la médecine, et subi les remèdes que je lui ai ordonnés.

ORONTE.

Il a quelque mal ?

PREMIER MÉDECIN.

Oui.

ORONTE.

Et quel mal, s'il vous plaît ?

PREMIER MÉDECIN.

Ne vous en mettez pas en peine.

ORONTE.

Est-ce quelque mal... ?

PREMIER MÉDECIN.

Les médecins sont obligés au secret. Il suffit que je vous ordonne, à vous et à votre fille, de ne point célébrer sans mon consentement vos noces avec lui, sur peine d'encourir la disgrace de la faculté, et d'être accablés de toutes les maladies qu'il nous plaira.

ORONTE.

Je n'ai garde, si cela est, de faire le mariage.

PREMIER MÉDECIN.

On me l'a mis entre les mains, et il est obligé d'être mon malade.

ORONTE.

A la bonne heure.

PREMIER MÉDECIN.

Il a beau fuir, je le ferai condamner par arrêt à se faire guérir par moi.

ORONTE.

J'y consens.

PREMIER MÉDECIN.

Oui, il faut qu'il crève, ou que je le guérisse.

ORONTE.

Je le veux bien.

PREMIER MÉDECIN.

Et si je ne le trouve, je m'en prendrai à vous; et je vous guérirai au lieu de lui.

ORONTE.

Je me porte bien.

PREMIER MÉDECIN.

Il n'importe; il me faut un malade, et je prendrai qui je pourrai.

ORONTE.

Prenez qui vous voudrez; mais ce ne sera pas moi. (*seul.*) Voyez un peu la belle raison!

SCÈNE III.

ORONTE, SBRIGANI, *en marchand flamand.*

SBRIGANI.

Montsir, avec le fostre permission, je suis un trancher marchend flamane qui foudrait bienne fous demandair un petit nouvel.

ORONTE.

Quoi, monsieur!

SBRIGANI.

Mettez le fostre chapeau sur le tête, montsir, si ve plait.

ORONTE.

Dites-moi, monsieur, ce que vous voulez.

SBRIGANI.

Moi le dire rien, montsir; si vous le mettre pas le chapeau sur le tête.

ACTE II, SCÈNE III.

ORONTE.

Soit. Qu'y a-t-il, monsieur?

SBRIGANI.

Fous connaître point en sti file un certe montsir Oronte.

ORONTE.

Oui, je le connais.

SBRIGANI.

Et quel homme est-il, montsir, si ve plaît?

ORONTE.

C'est un homme comme les autres.

SBRIGANI.

Je fous temande, montsir, s'il est un homme riche, qui a du bienne.

ORONTE.

Oui.

SBRIGANI.

Mais riche beaucoup grandement, montsir?

ORONTE.

Oui.

SBRIGANI.

J'en suis aise beaucoup, montsir.

ORONTE.

Mais pourquoi cela?

SBRIGANI.

L'est, montsir, pour un petit raisonne de conséquence pour nous.

ORONTE.

Mais encore, pourquoi?

SBRIGANI.

L'est, montsir, que sti montsir Oronte donne son fille en mariage à un certe montsir de Pourceugnac.

ORONTE.

Hé bien?

SBRIGANI.

Et sti montsir de Pourcegnac, montsir, l'est un homme qui doive beaucoup grandement à dix ou douze marchanes flamanes qui être venus ici.

ORONTE.

Ce monsieur de Pourceaugnac doit beaucoup à dix ou douze marchands?

SBRIGANI.

Oui, montsir; et depuis huite mois nous afoir obtenir un petit sentence contre lui; et lui a remettre à payer tout ce créancier de sti mariage que sti montsir Oronte donne pour son fille.

ORONTE.

Hon, hon, il a remis là à payer ses créanciers?

SBRIGANI.

Oui, montsir; et avec un grant défotion nous tous attendre sti mariage.

ORONTE, *à part.*

L'avis n'est pas mauvais. (*haut.*) Je vous donne le bon jour.

SBRIGANI.

Je remercie montsir de la faveur grande.

ORONTE.

Votre très-humble valet.

SBRIGANI.

Je le suis mousir obliger plus que beaucoup du bon nouvel que montsir m'avoir donné.

(*seul, après avoir ôté sa barbe et dépouillé l'habit de flamand qu'il a par-dessus le sien.*)

Cela ne va pas mal. Quittons notre ajustement de flamand pour songer à d'autres machines; et tâchons de semer tant de soupçons et de division entre le beau-père et le gendre, que cela rompe le mariage prétendu. Tous deux également sont propres à gober les hameçons qu'on leur veut tendre; et, entre nous autres fourbes de la première classe, nous ne faisons que nous

ACTE II, SCÈNE IV.

jouer lorsque nous trouvons un gibier aussi facile que celui-là.

SCÈNE IV.
M. DE POURCEAUGNAC, SBRIGANI.

M. DE POURCEAUGNAC, *se croyant seul.*
Piglia lo sù, piglia lo sù,
Signor monsu...
Que diable est-ce la ? (*apercevant Sbrigani.*) Ah !

SBRIGANI.
Qu'est-ce, monsieur ! qu'avez-vous ?

M. DE POURCEAUGNAC.
Tout ce que je vois me semble lavement.

SBRIGANI.
Comment ?

M. DE POURCEAUGNAC.
Vous ne savez pas ce qui m'est arrivé dans ce logis à la porte duquel vous m'avez conduit ?

SBRIGANI.
Non, vraiment. Qu'est-ce que c'est ?

M. DE POURCEAUGNAC.
Je pensais y être régalé comme il faut.

SBRIGANI.
Hé bien ?

M. DE POURCEAUGNAC.
Je vous laisse entre les mains de monsieur. Des médecins habillés de noir. Dans une chaise. Tâter le pouls. Comme ainsi soit. Il est fou. Deux gros jouflus. Grands chapeaux. *Buon dì, buon dì.* Six pantalons. Ta, ra, ta, ta; ta, ra, ta, ta; *allegramente, monsu Pourceaugnac.* Apothicaire. Lavement. Prenez, monsieur, prenez, prenez. Il est bénin, bénin, bénin. C'est pour déterger, pour déterger, déterger. *Piglia lo sù, signor monsu; piglia lo, piglia lo, piglia lo su.* Jamais je n'ai été si soûl de sottises.

SBRIGANI.

Qu'est-ce que tout cela veut dire ?

M. DE POURCEAUGNAC.

Cela veut dire que cet homme-là, avec ses grandes embrassades, est un fourbe, qui m'a mis dans une maison pour se moquer de moi et me faire une pièce.

SBRIGANI.

Cela est-il possible ?

M. DE POURCEAUGNAC.

Sans doute. Ils étaient une douzaine de possédés après mes chausses ; et j'ai eu toutes les peines du monde à m'échapper de leurs pattes.

SBRIGANI.

Voyez un peu ; les mines sont bien trompeuses ! Je l'aurais cru le plus affectionné de vos amis. Voilà un de mes étonnemens, comme il est possible qu'il y ait des fourbes comme cela dans le monde.

M. DE POURCEAUGNAC.

Ne sens-je point le lavement ? Voyez, je vous prie.

SBRIGANI.

Hé ! il y a quelque petite chose qui approche de cela.

M. DE POURCEAUGNAC.

J'ai l'odorat et l'imagination tout remplis de cela ; et il me semble toujours que je vois une douzaine de lavemens qui me couchent en joue.

SBRIGANI.

Voilà une méchanceté bien grande ! et les hommes sont bien traîtres et scélérats !

M. DE POURCEAUGNAC.

Enseignez-moi, de grace, le logis de monsieur Oronte, je suis bien aise d'y aller tout à l'heure.

SBRIGANI.

Ah ! ah ! vous êtes donc de complexion amoureuse ; et vous avez ouï parler que ce monsieur Oronte a une fille...

ACTE II, SCÈNE IV.

M. DE POURCEAUGNAC.

Oui, je viens l'épouser.

SBRIGANI.

L'é... l'épouser ?

M. DE POURCEAUGNAC.

Oui.

SBRIGANI.

En mariage ?

M. DE POURCEAUGNAC.

De quelle façon donc ?

SBRIGANI.

Ah ! c'est une autre chose ; je vous demande pardon.

M. DE POURCEAUGNAC.

Qu'est-ce que cela veut dire ?

SBRIGANI.

Rien.

M. DE POURCEAUGNAC.

Mais encore ?

SBRIGANI.

Rien, vous dis-je. J'ai un peu parlé trop vite.

M. DE POURCEAUGNAC.

Je vous prie de me dire ce qu'il y a là-dessous.

SBRIGANI.

Non, cela n'est pas nécessaire.

M. DE POURCEAUGNAC.

De grace.

SBRIGANI.

Point : je vous prie de m'en dispenser.

M. DE POURCEAUGNAC.

Est-ce que vous n'êtes point de mes amis ?

SBRIGANI.

Si fait ; on ne peut pas l'être davantage.

M. DE POURCEAUGNAC.

Vous devez donc ne me rien cacher.

SBRIGANI.

C'est une chose où il y va de l'intérêt du prochain.

M. DE POURCEAUGNAC.

Afin de vous obliger à m'ouvrir votre cœur, voilà une petite bague que je vous prie de garder pour l'amour de moi.

SBRIGANI.

Laissez-moi consulter un peu si je le puis faire en conscience. (*après s'être un peu éloigné de M. de Pourceaugnac.*) C'est un homme qui cherche son bien, qui tâche de pourvoir sa fille le plus avantageusement qu'il est possible; et il ne faut nuire à personne : ce sont des choses qui sont connues à la vérité; mais j'irai les découvrir à un homme qui les ignore, et il est défendu de scandaliser son prochain, cela est vrai. Mais d'autre part voilà un étranger qu'on veut surprendre, et qui, de bonne foi, vient se marier avec une fille qu'il ne connaît pas, et qu'il n'a jamais vue; un gentilhomme plein de franchise, pour qui je me sens de l'inclination, qui me fait l'honneur de me tenir pour son ami, prend confiance en moi, et me donne une bague à garder pour l'amour de lui. (*à M. de Pourceaugnac.*) Oui, je trouve que je puis vous dire les choses sans blesser ma conscience; mais tâchons de vous les dire le plus doucement qu'il nous sera possible, et d'épargner les gens le plus que nous pourrons. De vous dire que cette fille-là mène une vie déshonnête, cela serait un peu trop fort; cherchons, pour nous expliquer, quelques termes plus doux. Le mot de galante aussi n'est pas assez, celui de coquette achevée me semble propre à ce que nous voulons, et je m'en puis servir pour vous dire honnêtement ce qu'elle est.

M. DE POURCEAUGNAC.

L'on me veut donc prendre pour dupe ?

SBRIGANI.

Peut-être dans le fond n'y a-t-il pas tant de mal que tout le monde croit; et puis il y a des gens après tout qui se mettent au-dessus de ces sortes de choses, et qui ne croient pas que leur honneur dépende...

M. DE POURCEAUGNAC.

Je suis votre serviteur, je ne me veux point mettre sur la tête un chapeau comme celui-là, et l'on aime à aller le front levé dans la famille des Pourceaugnacs.

SBRIGANI.

Voilà le père.

M. DE POURCEAUGNAC.

Ce vieillard-là ?

SBRIGANI.

Oui. Je me retire.

SCÈNE V.

ORONTE, M. DE POURCEAUGNAC.

M. DE POURCEAUGNAC.

Bon jour, monsieur, bon jour.

ORONTE.

Serviteur, monsieur, serviteur.

M. DE POURCEAUGNAC.

Vous êtes monsieur Oronte, n'est-ce pas !

ORONTE.

Oui.

M. DE POURCEAUGNAC.

Et moi, monsieur de Pourceaugnac.

ORONTE.

A la bonne heure.

M. DE POURCEAUGNAC.

Croyez-vous, monsieur Oronte, que les Limosins soient des sots ?

ORONTE.

Croyez-vous monsieur de Pourceaugnac, que les Parisiens soient des bêtes ?

M. DE POURCEAUGNAC.

Vous imaginez-vous, monsieur Oronte, qu'un homme comme moi soit si affamé de femme ?

ORONTE.

Vous imaginez-vous, monsieur de Pourceaugnac, qu'une fille comme la mienne soit si affamée de mari?

SCÈNE VI.
JULIE, ORONTE, M. DE POURCEAUGNAC.

JULIE.

On vient de me dire, mon père, que monsieur de Pourceaugnac est arrivé. Ah! le voilà sans doute, et mon cœur me le dit. Qu'il est bien fait! Qu'il a bon air! Et que je suis contente d'avoir un tel époux! Souffrez que je l'embrasse, et que je lui témoigne...

ORONTE.

Doucement, ma fille, doucement.

M. DE POURCEAUGNAC, *à part.*

Tudieu! quelle galante! Comme elle prend feu d'abord!

ORONTE.

Je voudrais bien savoir, monsieur de Pourceaugnac, par quelle raison vous venez...

JULIE, *s'approche de M. de Pourceaugnac, le regarde d'un air languissant, et lui veut prendre la main.*

Que je suis aise de vous voir! et que je brûle d'impatience...

ORONTE.

Ah! ma fille, ôtez-vous de là, vous dis-je.

M. DE POURCEAUGNAC.

Oh! oh! quelle égrillarde!

ORONTE.

Je voudrais bien, dis-je, savoir par quelle raison, s'il vous plaît, vous avez la hardiesse de...

(*Julie continue le même jeu.*)

M. DE POURCEAUGNAC, *à part.*

Vertu de ma vie!

ACTE II, SCÈNE VI.

ORONTE, *à Julie.*

Encore ! qu'est-ce à dire, cela ?

JULIE.

Ne voulez-vous pas que je caresse l'époux que vous m'avez choisi ?

ORONTE.

Non. Rentrez là-dedans.

JULIE.

Laissez-moi le regarder.

ORONTE.

Rentrez-vous, dis-je.

JULIE.

Je veux demeurer là, s'il vous plaît.

ORONTE.

Je ne veux pas, moi ; et, si tu ne rentres tout à l'heure ; je...

JULIE.

Hé bien ! je rentre.

ORONTE.

Ma fille est une sotte, qui ne sait pas les choses.

M. DE POURCEAUGNAC.

Comme nous lui plaisons !

ORONTE, *à Julie qui est restée après avoir fait quelques pas pour s'en aller.*

Tu ne veux pas te retirer ?

JULIE.

Quand est-ce donc que vous me marierez avec monsieur ?

ORONTE.

Jamais ; et tu n'es pas pour lui.

JULIE.

Je le veux avoir, moi, puisque vous me l'avez promis.

ORONTE.

Si je te l'ai promis, je te le dépromets.

M. DE POURCEAUGNAC, *à part*.

Elle voudrait bien me tenir.

JULIE.

Vous avez beau faire, nous serons mariés ensemble en dépit de tout le monde.

ORONTE.

Je vous en empêcherai bien tous deux, je vous assure. Voyez un peu quel vertigo lui prend !

SCÈNE VII.

ORONTE, M. DE POURCEAUGNAC.

M. DE POURCEAUGNAC.

Mon dieu ! notre beau-père prétendu, ne vous fatiguez point tant ; on n'a pas envie de vous enlever votre fille, et vos grimaces n'attraperont rien.

ORONTE.

Toutes les vôtres n'auront pas grand effet.

M. DE POURCEAUGNAC.

Vous êtes-vous mis dans la tête que Léonard de Pourceaugnac soit un homme à acheter chat en poche, et qu'il n'ait pas là-dedans quelque morceau de judiciaire pour se conduire, pour se faire informer de l'histoire du monde, et voir, en se mariant, si son honneur a bien toutes ses sûretés ?

ORONTE.

Je ne sais pas ce que cela veut dire : mais vous êtes-vous mis dans la tête qu'un homme de soixante et trois ans ait si peu de cervelle, et considère si peu sa fille, que de la marier avec un homme qui a ce que vous savez, et qui a été mis chez un médecin pour être pansé ?

M. DE POURCEAUGNAC.

C'est une pièce que l'on m'a faite, et je n'ai aucun mal.

ORONTE.

Le médecin me l'a dit lui-même.

ACTE II, SCÈNE VIII.

M. DE POURCEAUGNAC.

Le médecin en a menti. Je suis gentilhomme, et je le veux voir l'épée à la main.

ORONTE.

Je sais ce que j'en dois croire; et vous ne m'abuserez pas là-dessus, non plus que sur les dettes que vous avez assignées sur le mariage de ma fille.

M. DE POURCEAUGNAC.

Quelles dettes ?

ORONTE.

La feinte ici est inutile; et j'ai vu le marchand flamand qui, avec les autres créanciers, a obtenu depuis huit mois sentence contre vous.

M. DE POURCEAUGNAC.

Quel marchand flamand ? Quels créanciers ? Quelle sentence obtenue contre moi ?

ORONTE.

Vous savez bien ce que je veux dire.

SCÈNE VIII.

LUCETTE, ORONTE, M. DE POURCEAUGNAC.

LUCETTE, *contrefaisant une Languedocienne.*

Ah ! tu es assi, et à la fi yeu te trobi après abé fait tant de passés ! Podes-tu, scélérat, podes-tu sousteni ma bisto ?

M. DE POURCEAUGNAC.

Qu'est-ce que veut cette femme-là ?

LUCETTE.

Qui te boli, infâme ? Tu fas semblan de nou me pas connouisse, et nou rougisses pas, impudint que tu sios, tu ne rougissé pas de me beyre? (*à Oronte.*) Non sabi pas, moussur, sequos bous dont m'an dit que bouillo espousa la fillo; may yeu bous déclari que yeu soun sa fenno, et que y a set ans, moussur, qu'en pasant à Pézénas, el auguet l'adresse, dambé sas mignardisos, commo saptabla fayre, de me gagna lou cor, et m'oubligel pra quel moueyen à ly donna la man per l'espousa.

ORONTE.

Oh ! oh !

M. DE POURCEAUGNAC.

Que diable est-ce ceci ?

LUCETTE.

Lou trayté me quitel trés ans après, sul préteste de qualques affayres que l'apelabon dins soun pays, et des pey noun l'y rescau put quaso de noubelo ; may dins lou tens qu'y soungeabi lous mens, m'an dounat abist que begnio dins aquesto billo per se remarida dambé un autro jouenà fillo, que sous parens ly an procurado, sénsse saupré res de soun premier mariatge. Yeu ai tout quittat en diligensso, et me souy rendudo dins aqueste loc, lou pu leu qu'ay pouscut, per m'oupousa en aquel criminel mariatge, et confondre as elys de tout le mounde lou plus méchant day hommes.

M. DE POURCEAUGNAC.

Voilà une étrange effrontée !

LUCETTE.

Impudint, n'a pas honte de m'injuria, alloc d'être confus day reproches secrets que ta conssiensso te deu fayre ?

M. DE POURCEAUGNAC.

Moi, je suis votre mari ?

LUCETTE.

Infâme, gausos-tu dire lou coutrairi ? Hé ! tu sabes bé, per ma penno, que n'es que trop bertat ; et plaguesso al cel qu'aco nous fougusso pas, et que m'auquesso layssado dins l'état d'innouessenço et dins la tranquillirat oun moun amo bibio daban que tous charmes et tas tromparies oun m'en benguesson malheurousomen fayre sourti ! yeu nou serio pas réduito à fayré lou tristé persounatge que yeu fave présentemen ; à beyre un marit cruel mespresa touto l'ardou que yeu ay per

ACTE II, SCÈNE IX.

el, et me laissa sensse cap de piétat abandounado à las mourtéles doulous que yeu ressenti de sas perfidos accius.

ORONTE.

Je ne saurais m'empêcher de pleurer. (*à M. de Pourceaugnac.*) Allez, vous êtes un méchant homme.

M. DE POURCEAUGNAC.

Je ne connais rien à tout ceci.

SCÈNE IX.

NÉRINE, LUCETTE, ORONTE, M. DE POURCEAUGNAC.

NÉRINE, *contrefaisant une Picarde.*

Ah! je n'en pis plus, je suis tout essoflée. Ah! finfaron, tu m'as bien fait courir, tu ne m'écaperas mie. Justiche! justiche! je boute empêchement au mariage. (*à Oronte.*) Chés mon méri, monsieu, et je veux faire peindre ché bon pendard là.

M. DE POURCEAUGNAC.

Encore!

ORONTE, *à part.*

Quel diable d'homme est-ce ci?

LUCETTE.

Et que boulez-bous dire ambé bostre empachomen et bostro pendarie? qu'aquel homo est bostre marit?

NÉRINE.

Oui, médéme, et je sis sa femme.

LUCETTE.

Aquo es faus, aquos yeu que soun sa fenno; et se denstre pendut, aquo sera yeu que lou ferai penjat.

NÉRINE.

Je n'entains mie che baragoin-là.

LUCETTE.

Yeu bous disi que yeu soun sa fenno.

NÉRINE.

Sa femme ?

LUCETTE.

Oy.

NÉRINE.

Je vous di que chest mi, encore in coup, qui le sis.

LUCETTE.

Et yeu bous sousteni, yeu, qu'aquos yeu.

NÉRINE.

Il y a quetre ans qu'il m'a éposée.

LUCETTE.

Et yeu set ans y a que m'a preso per fenno.

NÉRINE.

J'ai des gairans de tout ce que je di.

LUCETTE.

Tout mon pays lo sap.

NÉRINE.

No ville en est témoin.

LUCETTE.

Tout Pézénas a bist notre mariatge.

NÉRINE.

Tout Chin-Quentin a assisté à nos noches.

LUCETTE.

Nou y a res de tant de béritable.

NÉRINE.

Il gu'y a rien de plus chertain.

LUCETTE, *à M. de Pourceaugnac.*

Gausos-tu dire lou contrari, valisquos ?

NÉRINE, *à M. de Pourceaugnac.*

Est-che que tu me démentiras, méchaint homme?

M. DE POURCEAUGNAC.

Il est aussi vrai l'un que l'autre.

LUCETTE.

Quaingu impudensso ! Et coussy, misérable, nou

ACTE II, SCÈNE X.

te soubennes plus de la pauro Françon et del pauré Jeannet, que soun lous fruits de nostre mariatge ?

NÉRINE.

Bayez un peu l'insolence ! Quoi, tu ne te souviens mie de chette pauvre ainfain, no petite Madelaine, que tu m'as laichée pour gaige de ta foi ?

M. DE POURCEAUGNAC.

Voilà deux impudentes carognes.

LUCETTE.

Beni, Françon ; béni, Jeannet ; beni touston, beni toustaine, beni fayre beyre à un payre dénaturat la duretat qu'el a per nostres.

NÉRINE.

Venez, Madelaine ; mon ainfain, venez-ves-en içhi faire honte à vo père de l'impudainche qu'il a.

SCÈNE X.

ORONTE, M. DE POUCEAUGNAC, LUCETTE, NÉRINE, PLUSIEURS ENFANS.

LES ENFANS.

Ah ! mon papa ! mon papa ! mon papa !

M. DE POURCEAUGNAC.

Diantre soit des petits fils de putains !

LUCETTE.

Coussy, trayte, tu oou sios pas dins la derniare confusin de ressaupre tal tous enfans, et de ferma l'oreillo à la tendresso paternello ? Tu nou m'escaperas pas, infâme ; yeu te boly seguy pertout, et te reproucha ton crime, jusquos à tant que me sio beniando, et que t'ayo fayt penjat : couquy, te boly fayre penjat.

NÉRINE.

Ne rougis-tu mie de dire ches mots-là, et d'être insainsible aux cairesses de chette pauvre ainfain ? Tu ne te sauveras mie de mes pattes ; et, en dépit de tes dains, je ferai bien voir que sis ta femme, et je te ferai pindre.

LES ENFANS.

Mon papa! mon papa! mon papa!

M. DE POURCEAUGNAC.

Au secours! au secours! Où fuirai-je? Je n'en puis plus.

ORONTE, *à Lucette et à Nérine.*

Allez, vous ferez bien de le faire punir ; et il mérite d'être pendu.

SCÈNE XI.

SBRIGANI.

Je conduis de l'œil toutes choses, et tout cela ne va pas mal. Nous fatiguerons tant notre provincial, qu'il faudra, ma foi, qu'il déguerpisse.

SCÈNE XII.

M. DE POURCEAUGNAC, SBRIGANI.

M. DE POURCEAUGNAC.

Ah! je suis assommé. Quelle peine! quelle maudite ville! Assassiné de tous côtés!

SBRIGANI.

Qu'est-ce, monsieur? Est-il encore arrivé quelque chose?

M. DE POURCEAUGNAC.

Oui ; il pleut en ce pays des femmes et des lavemens.

SBRIGANI.

Comment donc?

M. DE POURCEAUGNAC.

Deux carognes de baragouineuses me sont venues accuser de les avoir épousées toutes deux, et me menacent de la justice.

ACTE II, SCÈNE XII.

SBRIGANI.

Voilà une méchante affaire; et la justice en ce pays-ci est rigoureuse en diable contre cette sorte de crime.

M. DE POURCEAUGNAC.

Oui; mais quand il y aurait information, ajournement, décret et jugement obtenu par surprise, défaut et contumace, j'ai la voix du conflit de juridiction pour temporiser et venir aux moyens de nullité qui seront dans les procédures.

SBRIGANI.

Voilà en parler dans tous les termes; et l'on voit bien, monsieur, que vous êtes du métier.

M. DE POURCEAUGNAC.

Moi ! point du tout; je suis gentilhomme.

SBRIGANI.

Il faut bien, pour parler ainsi, que vous ayez étudié la pratique.

M. DE POURCEAUGNAC.

Point; ce n'est que le sens commun qui me fait juger que je serai toujours reçu à mes faits justificatifs, et qu'on ne me saurait condamner sur une simple accusation, sans un récolement et confrontation avec mes parties.

SBRIGANI.

En voilà du plus fin encore.

M. DE POURCEAUGNAC.

Ces mots-là me viennent sans que je les sache.

SBRIGANI.

Il me semble que le sens commun d'un gentilhomme peut bien aller à concevoir ce qui est du droit et de l'ordre de la justice, mais non pas à savoir les vrais termes de la chicane.

M. DE POURCEAUGNAC.

Ce sont quelques mots que j'ai retenus en lisant les romans.

SBRIGANI.

Ah ! fort bien.

M. DE POURCEAUGNAC.

Pour vous montrer que je n'entends rien du tout à la chicane, je vous prie de me mener chez quelque avocat pour consulter mon affaire.

SBRIGANI.

Je le veux, et vais vous conduire chez deux hommes fort habiles : mais j'ai auparavant à vous avertir de n'être point surpris de leur manière de parler; ils ont contracté du barreau certaine habitude de déclamation, qui fait que l'on dirait qu'ils chantent, et vous prendrez pour musique tout ce qu'ils vous diront.

M. DE POURCEAUGNAC.

Qu'importe comme ils parlent, pourvu qu'ils me disent ce que je veux savoir?

SCÈNE III.

M. DE POURCEAUGNAC, SBRIGANI, DEUX AVOCATS, DEUX PROCUREURS, DEUX SERGENS.

PREMIER AVOCAT, *traînant ses paroles en chantant.*

    La polygamie est un cas,
    Est un cas pendable.

SECOND AVOCAT, *chante fort vite en bredouillant.*

    Votre fait
    Est clair et net,
    Et tout le droit,
    Sur cet endroit,
    Conclut tout droit.
Si vous consultez nos auteurs,
Législateurs et glossateurs,
Justinian, Papinian,
Ulpian et Tribonian,
Fernand, Rebuffe, Jean Imole,
Paul Castre, Julian, Barthole,

ACTE II, SCÈNE XIII.

Jason, Alciat, et Cujas
Ce grand homme si capable,
La polygamie est un cas,
Est un cas pendable.

ENTRÉE DE BALLET.

(Danse de deux procureurs et deux sergens. Pendant que le second avocat chante les paroles qui suivent.)

Tous les peuples policés,
Et bien sensés,
Les Français, Anglais, Hollandais,
Danois, Suédois, Polonais,
Portugais, Espagnols, Flamands,
Italiens, Allemands,
Sur ce fait tiennent loi semblable;
Et l'affaire est sans embarras.
La polygamie est un cas,
Est un cas pendable.

LE PREMIER AVOCAT *chante celle-ci.*
La polygamie est un cas,
Est un cas pendable.

(M. de Pourceaugnac, impatienté, les chasse.)

FIN DU SECOND ACTE.

ACTE TROISIÈME.

SCÈNE I.
ÉRASTE, SBRIGANI.

SBRIGANI.

Oui, les choses s'acheminent où nous voulons ; et comme ses lumières sont fort petites, et son sens le plus borné du monde, je lui ai fait prendre une frayeur si grande de la sévérité de la justice de ce pays, et des apprêts qu'on faisait déjà pour sa mort, qu'il veut prendre la fuite : et, pour se dérober avec plus de facilité aux gens que je lui ai dit qu'on avait mis pour l'arrêter aux portes de la ville, il s'est résolu à se déguiser, et le déguisement qu'il a pris est l'habit d'une femme.

ÉRASTE.

Je voudrais bien le voir en cet équipage.

SBRIGANI.

Songez de votre part à achever la comédie ; et tandis que je jouerai mes scènes avec lui, allez-vous-en. *(Il lui parle à l'oreille.)* Vous entendez bien ?

ÉRASTE.

Oui.

SBRIGANI.

Et lorsque je l'aurai mis où je veux... *(Il lui parle à l'oreille.)*

ÉRASTE.

Fort bien.

SBRIGANI.

Et quand le père aura été averti par moi... *(Il lui parle encore à l'oreille.)*

ÉRASTE.

Cela va le mieux du monde.

SBRIGANI.

Voici notre demoiselle. Allez vite, qu'il ne nous voie ensemble.

SCÈNE II.

M. DE POURCEAUGNAC, *en femme*, SBRIGANI.

SBRIGANI.

Pour moi, je ne crois pas qu'en cet état on puisse jamais vous connaître ; et vous avez la mine comme cela d'une femme de condition.

M. DE POURCEAUGNAC.

Voilà qui m'étonne, qu'en ce pays-ci les formes de la justice ne soient point observées.

SBRIGANI.

Oui, je vous l'ai déjà dit, ils commencent ici par faire pendre un homme, et puis ils lui font son procès.

M. DE POURCEAUGNAC.

Voilà une justice bien injuste.

SBRIGANI.

Elle est sévère comme tous les diables, particulièrement sur ces sortes de crimes.

M. DE POURCEAUGNAC.

Mais quand on est innocent ?

SBRIGANI.

N'importe ; ils ne s'enquêtent point de cela : et puis ils ont en cette ville une haine effroyable pour les gens de votre pays, et ils ne sont pas plus ravis que de voir pendre un Limosin.

M. DE POURCEAUGNAC.

Qu'est-ce que les Limosins leur ont donc fait ?

SBRIGANI.

Ce sont des brutaux, ennemis de la gentillesse et du mérite des autres villes. Pour moi, je vous avoue que je suis pour vous dans une peur épouvantable ; et je ne me consolerais de ma vie si vous veniez à être pendu.

M. DE POURCEAUGNAC.

Ce n'est pas tant la peur de la mort qui me fait fuir, que de ce qu'il est fâcheux à un gentilhomme d'être pendu, et qu'une preuve comme celle-là ferait tort à nos titres de noblesse.

SBRIGANI.

Vous avez raison ; on vous contesterait après cela le titre d'écuyer. Au reste, étudiez-vous, quand je vous menerai par la main, à bien marcher comme une femme, et à prendre le langage et toutes les manières d'une personne de qualité.

M. DE POURCEAUGNAC.

Laissez-moi faire ; j'ai vu les personnes du bel air. Tout ce qu'il y a, c'est que j'ai un peu de barbe.

SBRIGANI.

Votre barbe n'est rien ; il y a des femmes qui en ont autant que vous. Çà, voyons un peu comme vous ferez. (*Après que M. de Pourceaugnac a contrefait la femme de condition.*) Bon.

M. DE POURCEAUGNAC.

Allons donc, mon carrosse ; où est-ce qu'est mon carrosse ? Mon dieu ! qu'on est misérable d'avoir des gens comme cela ! Est-ce qu'on me fera attendre toute la journée sur le pavé, et qu'on ne me fera point venir mon carrosse ?

SBRIGANI.

Fort bien.

M. DE POURCEAUGNAC.

Holà ! ho ! cocher, petit laquais. Ah ! petit fripon, que de coups de fouet je vous ferai donner tantôt ! Petit laquais, petit laquais. Où est-ce donc qu'est ce petit laquais ? ce petit laquais ne se trouvera-t-il point ? ne me fera-t-on point venir ce petit laquais ? Est-ce que e n'ai point un petit laquais dans le monde ?

SBRIGANI.

Voilà qui va à merveille. Mais je remarque une chose :

ACTE III, SCÈNE III.

...ette coiffe est un peu trop déliée ; j'en vais quérir une plus épaisse, pour vous mieux cacher le visage en cas de quelque rencontre.

M. DE POURCEAUGNAC.

Que deviendrai-je cependant ?

SBRIGANI.

Attendez-moi là, je suis à vous dans un moment ; vous n'avez qu'à vous promener.

(*M. de Pourceaugnac fait plusieurs tours sur le théâtre, en continuant à contrefaire la femme de qualité.*)

SCÈNE III.

M. DE POURCEAUGNAC, DEUX SUISSES.

PREMIER SUISSE, *sans voir M. de Pourceaugnac.*

Allons, dépêchons, camerade ; ly faut allair tous deux nous à la Crève, pour regarter un peu choustieier sti montsir de Porcegnac, qui l'a été coutané per ortounance à l'être pendu par son cou.

SECOND SUISSE, *sans voir M. de Pourceaugnac.*

Ly faut nous loër un fenestre pour foir sti choustice.

PREMIER SUISSE.

Ly disent que l'on fait téjà planter un grand potence, toute neuve, pour ly accrocher sti Porcegnac.

SECOND SUISSE.

Ly sira, ma foi, un grand plaisir d'y regarter pendre sti Limossin.

PREMIER SUISSE.

Oui, te l'y foir gambiller les pieds en haut tefant tout le monde.

SECOND SUISSE.

Ly est un plaisant trôle, oui : ly disent que s'être marié troy foie.

PREMIER SUISSE.

Sti diable ly foulais troy femmes à ly tout seul ; ly être bien assez t'une.

SECOND SUISSE, *en apercevant M. de Pourceaugnac.*
Ah ! pon chour, mameselle.
PREMIER SUISSE.
Que faire fous là tout seul.
M. DE POURCEAUGNAC.
J'attends mes gens, messieurs.
SECOND SUISSE.
Ly être belle, par mon foi.
M. DE POURCEAUGNAC.
Doucement, messieurs.
PREMIER SUISSE.
Fous, mameselle, fouloir finir rechouir fous à la Crève ? Nous foire foir à vous un petit pendement pien choli.
M. DE POURCEAUGNAC.
Je vous rends grace.
SECOND SUISSE.
L'être un gentilhomme limossin, qui sera pendu chantiment à un grand potence.
M. DE POURCEAUGNAC.
Je n'ai pas de curiosité.
PREMIER SUISSE.
Ly être là un petit téton qui l'est trôle.
M. DE POURCEAUGNAC.
Tout beau.
PREMIER SUISSE.
Mon foi, moi couchair pien afec fous.
M. DE POURCEAUGNAC.
Ah ! c'en est trop ; et ces sortes d'ordures-là ne se disent point à une femme de ma condition.
SECOND SUISSE.
Laisse, toi ; l'être moi qui veux couchair afec elle.
PREMIER SUISSE.
Moi, ne fouloir pas laisser.

ACTE III, SCÈNE IV.

SECOND SUISSE.

Moi, l'y fouloir, moi.

(*Les deux Suisses tirent M. de Pourceaugnac avec violence.*)

PREMIER SUISSE.

Moi, ne faire rien.

SECOND SUISSE.

Toi, l'afoir pien menti.

PREMIER SUISSE.

Parti, toi, l'afoir menti toi-même.

M. DE POURCEAUGNAC.

Au secours, à la force!

SCÈNE IV.

M. DE POURCEAUGNAC, UN EXEMPT, DEUX ARCHERS, DEUX SUISSES.

L'EXEMPT.

Qu'est-ce? Quelle violence est-ce là? Et que voulez-vous faire à madame? Allons, que l'on sorte de là, si vous ne voulez que je vous mette en prison.

PREMIER SUISSE.

Parti, pon, toi ne l'afoir point.

SECOND SUISSE.

Parti, pon aussi, toi ne l'afoir point encore.

SCÈNE V.

M. DE POURCEAUGNAC, UN EXEMPT.

M. DE POURCEAUGNAC.

Je vous suis obligée, monsieur, de m'avoir délivrée de ces insolens.

L'EXEMPT.

Ouais! voilà un visage qui ressemble bien à celui que l'on m'a dépeint.

M. DE POURCEAUGNAC.

Ce n'est pas moi, je vous assure.

6*

L'EXEMPT.

Ah! ah! qu'est-ce que veut dire...?

M. DE POURCEAUGNAC.

Je ne sais pas.

L'EXEMPT.

Pourquoi donc dites-vous cela?

M. DE POURCEAUGNAC.

Pour rien.

L'EXEMPT.

Voilà un discours qui marque quelque chose; et je vous arrête prisonnier.

M. DE POURCEAUGNAC.

Hé! monsieur, de grace!

L'EXEMPT.

Non, non; à votre mine et à vos discours, il faut que vous soyez ce monsieur de Pourceaugnac que nous cherchons, qui se soit déguisé de la sorte; et vous viendrez en prison tout à l'heure.

M. DE POURCEAUGNAC.

Hélas!

SCÈNE VI.

M. DE POURCEAUGNAC, SBRIGANI, UN EXEMPT, DEUX ARCHERS.

SBRIGANI, *à M. de Pourceaugnac.*

Ah ciel! que veut dire cela?

M. DE POURCEAUGNAC.

Ils m'ont reconnu.

L'EXEMPT.

Oui, oui; c'est de quoi je suis ravi.

SBRIGANI, *à l'exempt.*

Hé! monsieur, pour l'amour de moi, vous savez que nous sommes amis depuis long-temps, je vous conjure de ne le point mener en prison.

ACTE III, SCÈNE VII.

L'EXEMPT.

Non, il m'est impossible.

SBRIGANI.

Vous êtes homme d'accommodement. N'y a-t-il pas moyen d'ajuster cela avec quelques pistoles ?

L'EXEMPT, *à ses archers.*

Retirez-vous un peu.

SCÈNE VII.

M. DE POURCEAUGNAC, SBRIGANI, UN EXEMPT.

SBRIGANI, *à M. de Pourceaugnac.*

Il faut lui donner de l'argent pour vous laisser aller. Faites vite.

M. DE POURCEAUGNAC, *donnant de l'argent à Sbrigani.*

Ah ! maudite ville !

SBRIGANI.

Tenez, monsieur.

L'EXEMPT.

Combien y a-t-il ?

SBRIGANI.

Un, deux, trois, quatre, cinq, six, sept, huit, neuf, dix.

L'EXEMPT.

Non ; mon ordre est trop exprès.

SBRIGANI, *à l'exempt qui veut s'en aller.*

Mon dieu ! attendez. (*à M. de Pourceaugnac.*) Dépêchez, donnez-lui-en encore autant.

M. DE POURCEAUGNAC.

Mais...

SBRIGANI.

Dépêchez-vous, vous dis-je, et ne perdez point de

temps. Vous auriez un grand plaisir quand vous seriez pendu !

M. DE POURCEAUGNAC.

Ah ! (*Il donne encore de l'argent à Sbrigani.*)

SBRIGANI, *à l'exempt.*

Tenez, monsieur.

L'EXEMPT, *à Sbrigani.*

Il faut donc que je m'enfuie avec lui, car il n'y aurait point ici de sûreté pour moi. Laissez-le-moi conduire, et ne bougez d'ici.

SBRIGANI.

Je vous prie donc d'en avoir un grand soin.

L'EXEMPT.

Je vous promets de ne le point quitter que je ne l'aie mis en lieu de sûreté.

M. DE POURCEAUGNAC, *à Sbrigani.*

Adieu. Voilà un seul honnête homme que j'aie trouvé en cette ville.

SBRIGANI.

Ne perdez point de temps. Je vous aime tant, que je voudrais que vous fussiez déjà bien loin. (*seul.*) Que le ciel te conduise ! Par ma foi, voilà une grande dupe. Mais voici...

SCÈNE VIII.

ORONTE, SBRIGANI.

SBRIGANI, *feignant de ne point voir Oronte.*

Ah ! quelle étrange aventure ! Quelle fâcheuse nouvelle pour un père ! Pauvre Oronte, que je te plains ! Que diras-tu ? et de quelle façon pourras-tu supporter cette douleur mortelle ?

ORONTE.

Qu'est-ce ? Quel malheur me présages-tu ?

SBRIGANI.

Ah ! monsieur, ce perfide Limosin, ce traître de monsieur de Pourceaugnac vous enlève votre fille !

ACTE III, SCÈNE IX. 73
ORONTE.
Il m'enlève ma fille?
SBRIGANI.
Oui. Elle en est devenue si folle qu'elle vous quitte pour le suivre ; et l'on dit qu'il a un caractère pour se faire aimer de toutes les femmes.
ORONTE.
Allons vite à la justice. Des archers après eux.

SCÈNE IX.
ORONTE, ÉRASTE, JULIE, SBRIGANI.
ÉRASTE, *à Julie*.
ALLONS, vous viendrez malgré vous, et je veux vous remettre entre les mains de votre père. Tenez, monsieur, voilà votre fille que j'ai tirée de force d'entre les mains de l'homme avec qui elle s'enfuyait : non pas pour l'amour d'elle, mais pour votre seule considération ; car, après l'action qu'elle a faite, je dois la mépriser, et me guérir absolument de l'amour que j'avais pour elle.
ORONTE.
Ah ! infâme que tu es !
ÉRASTE, *à Julie*.
Comment ! me traiter de la sorte après toutes les marques d'amitié que je vous ai données ! Je ne vous blâme point de vous être soumise aux volontés de monsieur votre père ; il est sage et judicieux dans les choses qu'il fait ; et je ne me plains point de lui de m'avoir rejeté pour un autre. S'il a manqué à la parole qu'il m'avait donnée, il a ses raisons pour cela. On lui a fait croire que cet autre est plus riche que moi de quatre ou cinq mille écus ; et quatre ou cinq mille écus est un denier considérable, et qui vaut bien la peine qu'un homme manque à sa parole. Mais oublier en un moment toute l'ardeur que je vous ai montrée, vous laisser d'abord enflammer d'amour pour un nouveau venu, et le suivre honteusement, sans la consente-

ment de monsieur votre père, après les crimes qu'on lui impute, c'est une chose condamnée de tout le monde, et dont mon cœur ne peut vous faire d'assez sanglans reproches.

JULIE.

Hé bien ! oui. J'ai conçu de l'amour pour lui, et je l'ai voulu suivre, puisque mon père me l'avait choisi pour époux. Quoi que vous me disiez, c'est un fort honnête homme ; et tous les crimes dont on l'accuse sont faussetés épouvantables.

ORONTE.

Taisez-vous, vous êtes une impertinente, et je sais mieux que vous ce qui en est.

JULIE.

Ce sont sans doute des pièces qu'on lui fait, et c'est peut-être lui *(montrant Éraste.)* qui a trouvé cet artifice pour vous en dégoûter.

ÉRASTE.

Moi, je serais capable de cela ?

JULIE.

Oui, vous.

ORONTE.

Taisez-vous, vous dis-je ; vous êtes une sotte.

ÉRASTE.

Non, non, ne vous imaginez pas que j'ai aucune envie de détourner ce mariage, et que ce soit ma passion qui m'ait forcé à courir après vous. Je vous l'ai déjà dit, ce n'est que la seule considération que j'ai pour monsieur votre père ; et je n'ai pu souffrir qu'un honnête homme comme lui fût exposé à la honte de tous les bruits qui pourraient suivre une action comme la vôtre.

ORONTE.

Je vous suis, seigneur Éraste, infiniment obligé.

ÉRASTE.

Adieu ! monsieur. J'avais toutes les ardeurs du monde d'entrer dans votre alliance, j'ai fait tout ce

ACTE III, SCÈNE IX.

que j'ai pu pour obtenir un tel honneur ; mais j'ai été malheureux, et vous ne m'avez pas jugé digne de cette grace. Cela n'empêchera pas que je ne conserve pour vous les sentimens d'estime et de vénération où votre personne m'oblige ; et, si je n'ai pu être votre gendre, au moins serai-je éternellement votre serviteur.

ORONTE.

Arrêtez, seigneur Éraste ; votre procédé me touche l'ame, et je vous donne ma fille en mariage.

JULIE.

Je ne veux point d'autre mari que monsieur de Pourceaugnac.

ORONTE.

Et je veux, tout à l'heure, que tu prennes le seigneur Éraste. Ça, la main.

JULIE.

Non, je n'en ferai rien.

ORONTE.

Je te donnerai sur les oreilles.

ÉRASTE.

Non, non, monsieur ; ne lui faites point de violence, je vous en prie.

ORONTE.

C'est à elle à m'obéir, et je sais me montrer le maître.

ÉRASTE.

Ne voyez-vous pas l'amour qu'elle a pour cet homme-là ? et voulez-vous que je possède un corps dont un autre possèdera le cœur.

ORONTE.

C'est un sortillège qu'il lui a donné ; et vous verrez qu'elle changera de sentiment avant qu'il soit peu. Donnez-moi votre main. Allons.

JULIE.

Je ne...

ORONTE.

Ah! que de bruit! Ça, votre main, vous dis-je.

ÉRASTE, *à Julie.*

Ne croyez pas que ce soit pour l'amour de vous que je vous donne la main; ce n'est que monsieur votre père dont je suis amoureux, et c'est lui que j'épouse.

ORONTE.

Je vous suis beaucoup obligé; et j'augmente de dix mille écus le mariage de ma fille. Allons, qu'on fasse venir le notaire pour dresser le contrat.

ÉRASTE.

En attendant qu'il vienne, nous pouvons jouir du divertissement de la saison, et faire entrer les masques que le bruit des noces de monsieur de Pourceaugnac a attirés ici de tous les endroits de la ville.

SCÈNE X.

TROUPE DE MASQUES, DANSANS ET CHANTANS.

UN MASQUE, *en Égyptienne.*

Sortez, sortez de ces lieux,
Soucis, chagrins, et tristesse;
Venez, venez, ris et jeux,
Plaisirs, amours et tendresse.
Ne songeons qu'à nous réjouir,
La grande affaire est le plaisir.

CHOEUR DE MASQUES CHANTANS.

Ne songeons qu'à nous réjouir,
La grande affaire est le plaisir.

L'ÉGYPTIENNE.

A me suivre tous ici
Votre ardeur est non commune;

ACTE III, SCENE X.

Et vous êtes en souci
De votre bonne fortune :
Soyez toujours amoureux,
C'est le moyen d'être heureux.

UN MASQUE, *en Egyptien.*

Aimons jusques au trépas ;
La raison nous y convie.
Hélas ! si l'on n'aimait pas,
Que serait-ce de la vie !
Ah ! perdons plutôt le jour
Que de perdre notre amour.

L'ÉGYPTIEN.

Les biens,

L'ÉGYPTIENNE.

La gloire,

L'ÉGYPTIEN.

Les grandeurs,

L'ÉGYPTIENNE.

Les sceptres, qui font tant d'envie,

L'ÉGYPTIEN.

Tout n'est rien, si l'amour n'y mêle ses ardeurs.

L'ÉGYPTIENNE.

Il n'est point, sans l'amour, de plaisirs dans la vie.

TOUS DEUX ENSEMBLE.

Soyons toujours amoureux,
C'est le moyen d'être heureux.

CHOEUR.

Sus, sus, chantons tous ensemble,
Dansons, sautons, jouons tous ;

UN MASQUE, *en Pantalon.*

Lorsque pour rire on s'assemble,
Les plus sages, ce me semble,
Sont ceux qui sont les plus fous.

TOUS ENSEMBLE.
Ne songeons qu'à nous réjouir,
La grande affaire est le plaisir.

PREMIÈRE ENTRÉE DE BALLET.
(*Danse de sauvages.*)

DEUXIÈME ENTRÉE DE BALLET.
(*Danse de Biscayens.*)

FIN DE M. DE POURCEAUGNAC.

LES AMANS

MAGNIFIQUES,

COMÉDIE-BALLET EN CINQ ACTES,

Représentée à Saint-Germain-en-Laye, au mois de février 1670, sous le titre de *Divertissement royal*; et à Paris, sur le théâtre de la rue Guénégaud, le 15 octobre 1688.

PERSONNAGES DE LA COMÉDIE.

ARISTIONE, princesse, mère d'Ériphile.
ÉRIPHILE, fille de la princesse.
IPHICRATE, prince, amant d'Ériphile.
TIMOCLÈS, prince, amant d'Ériphile.
SOSTRATE, général d'armée, amant d'Ériphile.
CLÉONICE, confidente d'Ériphile.
ANAXARQUE, astrologue.
CLÉON, fils d'Anaxarque.
CHORÈBE, suivant d'Aristione.
CLITIDAS, plaisant de cour.
UNE FAUSSE VÉNUS, d'intelligence avec Anaxarque.

PERSONNAGES DES INTERMÈDES.

PREMIER INTERMÈDE.

ÉOLE.
TRITONS chantans.
FLEUVES chantans.
AMOURS chantans.
PÊCHEURS DE CORAIL dansans.
NEPTUNE.
SIX DIEUX MARINS dansans.

DEUXIÈME INTERMÈDE.

TROIS PANTOMIMES dansans.

PERSONNAGES.

TROISIÈME INTERMÈDE.

LA NYMPHE DE LA VALLÉE DE TEMPÉ.

PERSONNAGES DE LA PASTORALE EN MUSIQUE.

TIRCIS, berger, amant de Caliste.
CALISTE, bergère.
LICASTE, berger, ami de Tircis.
MÉNANDRE, berger, ami de Tircis.
PREMIER SATYRE, amant de Caliste.
SECOND SATYRE, amant de Caliste.
SIX DRYADES dansantes.
SIX FAUNES dansans.
CLIMÈNE, bergère.
PHILINTE, berger.
TROIS PETITES DRYADES, dansantes.
TROIS PETITS FAUNES, dansans.

QUATRIÈME INTERMÈDE.

HUIT STATUES qui dansent.

CINQUIÈME INTERMÈDE.

QUATRE PANTOMIMES dansans.

SIXIÈME INTERMÈDE.

Fête des jeux pythiens.

LA PRÊTRESSE.

PERSONNAGES.

DEUX SACRIFICATEURS chantans.

SIX MINISTRES DU SACRIFICE, portant des haches, dansans.

CHOEUR DE PEUPLES.

SIX VOLTIGEURS, sautant sur des chevaux de bois.

QUATRE CONDUCTEURS D'ESCLAVES, dansans.

HUIT ESCLAVES dansans.

QUATRE HOMMES ARMÉS A LA GREC-QUE.

QUATRE FEMMES ARMÉES A LA GREC-QUE.

UN HÉRAUT.

SIX TROMPETTES.

UN TIMBALIER.

APOLLON.

SUIVANS D'APOLLON dansans.

La scène est en Thessalie, dans la vallée de Tempé.

LES AMANS MAGNIFIQUES.

PREMIER INTERMÈDE.

(Le théâtre représente une vaste mer, bordée de chaque côté de quatre grands rochers, dont le sommet de chacun porte un fleuve appuyé sur une urne. Au pied de ces rochers sont douze tritons, et, dans le milieu de la mer, quatre amours sur des dauphins : Éole est élevé au-dessus des ondes sur un nuage.)

SCÈNE I.
ÉOLE, FLEUVES, TRITONS, AMOURS.

ÉOLE.

Vents qui troublez les plus beaux jours,
Rentrez dans vos grottes profondes ;
Et laissez régner sur les ondes
Les zéphirs et les amours.

SCÈNE II.

(La mer se calme, et, du milieu des ondes, on voit s'élever une ville. Huit pêcheurs sortent du fond de la mer avec des nacres de perles et des branches de corail.)

ÉOLE, FLEUVES, TRITONS, AMOURS, PÊCHEURS DE CORAIL.

UN TRITON.

Quels beaux yeux ont percé nos demeures humides ?
Venez, venez, Tritons ; cachez-vous, Néréides.

CHOEUR DE TRITONS.

Allons tous au-devant de ces divinités,
Et rendons par nos chants hommage à leurs beautés.

UN AMOUR.

Ah! que ces princesses sont belles!

UN AUTRE.

Quels sont les cœurs qui ne s'y rendraient pas?

UN AUTRE.

La plus belle des immortelles,
Notre mère a bien moins d'appas.

CHOEUR.

Allons tous au-devant de ces divinités;
Et rendons par nos chants hommage à leurs beautés.

PREMIÈRE ENTRÉE DE BALLET.

(*Les pêcheurs forment une danse, après laquelle ils vont se placer chacun sur un rocher au-dessous d'un fleuve.*)

UN TRITON.

Quel noble spectacle s'avance;
Neptune le grand dieu, Neptune, avec sa cour,
Vient honorer ce beau séjour
De son auguste présence.

CHOEUR.

Redoublons nos concerts;
Et faisons retentir dans le vague des airs
Notre réjouissance.

SCÈNE III.

NEPTUNE, DIEUX MARINS, ÉOLE, TRITONS, FLEUVES, AMOURS, PÊCHEURS.

DEUXIÈME ENTRÉE DE BALLET.

(*Neptune danse avec sa suite. Les Tritons, les Fleuves et les pêcheurs accompagnent ses pas de gestes différens, et de bruits de conques de perles.*)

FIN DU PREMIER INTERMÈDE.

VERS

Pour le Roi, représentant Neptune.

Le ciel, entre les dieux les plus considérés,
Me donne pour partage un rang considérable,
Et, me faisant régner sur les flots azurés,
Rend à tout l'univers mon pouvoir redoutable.

Il n'est aucune terre, à me bien regarder,
Qui ne doive trembler que je ne m'y répande;
Point d'états qu'à l'instant je ne puisse inonder
Des flots impétueux que mon pouvoir commande.

Rien n'en peut arrêter le fier débordement;
Et d'une triple digue à leur force opposée
On les verrait forcer le ferme empêchement,
Et se faire en tous lieux une ouverture aisée.

Mais je sais retenir la fureur de ces flots
Par la sage équité du pouvoir que j'exerce,
Et laisser en tous lieux, au gré des matelots,
La douce liberté d'un paisible commerce.

On trouve des écueils parfois dans mes états,
On voit quelques vaisseaux y périr par l'orage;
Mais contre ma puissance on n'en murmure pas,
Et chez moi la vertu ne fait jamais naufrage.

Pour M. Le Grand, représentant un dieu marin.

L'empire où nous vivons est fertile en trésors,
Tous les mortels en foule accourent sur ses bords;
Et, pour faire bientôt une haute fortune,
Il ne faut rien qu'avoir la faveur de Neptune.

Pour le marquis de Villeroi, représentant un dieu marin.

Sur la foi de ce dieu de l'empire flottant
On peut bien s'embarquer avec toute assurance :
    Les flots ont de l'inconstance,
    Mais Neptune est constant.

Pour le marquis de Rassent, représentant un dieu marin.

Voguez sur cette mer d'un zèle inébranlable ;
C'est le moyen d'avoir Neptune favorable.

ACTE PREMIER.

SCÈNE I.

SOSTRATE, CLITIDAS.

CLITIDAS, *à part.*

Il est attaché à ses pensées.

SOSTRATE, *se croyant seul.*

Non, Sostrate, je ne vois rien où tu puisses avoir recours ; et tes maux sont d'une nature à ne te laisser nulle espérance d'en sortir.

CLITIDAS, *à part.*

Il raisonne tout seul.

SOSTRATE, *se croyant seul.*

Hélas !

CLITIDAS, *à part.*

Voilà des soupirs qui veulent dire quelque chose, et ma conjecture se trouvera véritable.

SOSTRATE, *se croyant seul.*

Sur quelles chimères, dis-moi, pourrais-tu bâtir quelque espoir, et que peux-tu envisager, que l'affreuse longueur d'une vie malheureuse, et des ennuis à ne finir que par la mort ?

CLITIDAS, *à part.*

Cette tête-là est plus embarrassée que la mienne.

SOSTRATE, *se croyant seul.*

Ah ! mon cœur ! ah ! mon cœur ! où m'avez-vous jeté ?

CLITIDAS.

Serviteur, seigneur Sostrate.

SOSTRATE.

Où vas-tu, Clitidas ?

CLITIDAS.

Mais, vous, plutôt, que faites-vous ici ? et quelle secrète mélancolie, quelle humeur sombre, s'il vous plaît, vous peut retenir dans ces bois, tandis que tout le monde a couru en foule à la magnificence de la fête dont l'amour du prince Iphicrate vient de régaler sur la mer la promenade des princesses, tandis qu'elles y ont reçu des cadeaux merveilleux de musique et de danse, et qu'on a vu les rochers et les ondes se parer de divinités pour faire honneur à leurs attraits ?

SOSTRATE.

Je me figure assez, sans la voir, cette magnificence ; et tant de gens d'ordinaire s'empressent à porter de la confusion dans ces sortes de fêtes, que j'ai cru à propos de ne pas augmenter le nombre des importuns.

CLITIDAS.

Vous savez que votre présence ne gâte jamais rien, et que vous n'êtes point de trop en quelque lieu que vous soyez. Votre visage est bien venu partout, et il n'a garde d'être de ces visages disgraciés qui ne sont jamais bien reçus des regards souverains. Vous êtes également bien auprès des deux princesses ; et la mère et la fille vous font assez connaître l'estime qu'elles font de vous, pour n'appréhender pas de fatiguer leurs yeux ; et ce n'est pas cette crainte enfin qui vous a retenu.

SOSTRATE.

J'avoue que je n'ai pas naturellement grande curiosité pour ces sortes de choses.

CLITIDAS.

Mon dieu ! quand on n'aurait nulle curiosité pour les choses, on en a toujours pour aller où l'on trouve tout le monde ; et, quoi que vous puissiez dire, on ne demeure point tout seul pendant une fête à rêver parmi des arbres comme vous faites, à moins d'avoir en tête quelque chose qui embarrasse.

ACTE I, SCÈNE I.

SOSTRATE.

Que voudrais-tu que j'y pusse avoir?

CLITIDAS.

Ouais! je ne sais d'où cela vient; mais il sent ici l'amour. Ce n'est pas moi. Ah! par ma foi, c'est vous.

SOSTRATE.

Que tu es fou, Clitidas?

CLITIDAS.

Je ne suis point fou. Vous êtes amoureux; j'ai le nez délicat, et j'ai senti cela d'abord.

SOSTRATE.

Sur quoi prends-tu cette pensée?

CLITIDAS.

Sur quoi? Vous seriez bien étonné si je vous disais encore de qui vous êtes amoureux.

SOSTRATE.

Moi?

CLITIDAS.

Oui. Je gage que je vais deviner tout à l'heure celle que vous aimez. J'ai mes secrets aussi bien que notre astrologue dont la princesse Aristione est entêtée; et s'il a la science de lire dans les astres la fortune des hommes, j'ai celle de lire dans les yeux le nom des personnes qu'on aime. Tenez-vous un peu, et ouvrez les yeux. E, par soi, é; r, i, ri, éri; p, h, i, phi; ériphi; l, e, le; Eriphile. Vous êtes amoureux de la princesse Eriphile.

SOSTRATE.

Ah! Clitidas, j'avoue que je ne puis cacher mon trouble; et tu me frappes d'un coup de foudre.

CLITIDAS.

Vous voyez si je suis savant!

SOSTRATE.

Hélas! si par quelque aventure tu as pu découvrir le secret de mon cœur, je te conjure au moins de ne le révéler à qui que ce soit, et surtout de le tenir caché à la belle princesse dont tu viens de dire le nom.

CLITIDAS.

Et, sérieusement parlant, si dans vos actions j'ai bien pu connaître depuis un temps la passion que vous voulez tenir secrète, pensez-vous que la princesse Eriphile puisse avoir manqué de lumières pour s'en apercevoir? Les belles, croyez-moi, sont toujours les plus clairvoyantes à découvrir les ardeurs qu'elles causent; et le langage des yeux et des soupirs se fait entendre, mieux qu'à tout autre, à celle à qui il s'adresse.

SOSTRATE.

Laissons-la, Clitidas, laissons-la voir, si elle peut, dans mes soupirs et mes regards, l'amour que ses charmes m'inspirent; mais gardons bien que par nulle autre voie elle n'en apprenne jamais rien.

CLITIDAS.

Et qu'appréhendez-vous? Est-il possible que ce même Sostrate qui n'a pas craint ni Brennus ni tous les Gaulois, et dont le bras a si glorieusement contribué à nous défaire de ce déluge de barbares qui ravageaient la Grèce; est-il possible, dis-je, qu'un homme si assuré dans la guerre soit si timide en amour, et que je le voie trembler à dire seulement qu'il aime.

SOSTRATE.

Ah! Clitidas, je tremble avec raison; et tous les Gaulois du monde ensemble sont bien moins redoutables que deux beaux yeux pleins de charmes.

CLITIDAS.

Je ne suis pas de cet avis; et je sais bien, pour moi, qu'un seul Gaulois, l'épée à la main, me ferait beaucoup plus trembler que cinquante beaux yeux ensemble les plus charmans du monde. Mais dites-moi un peu, qu'espérez-vous faire?

SOSTRATE.

Mourir, sans déclarer ma passion.

CLITIDAS.

L'espérance est belle ! Allez, allez, vous vous moquez; un peu de hardiesse réussit toujours aux amans : il n'y a en amour que les honteux qui perdent ; et je dirais ma passion à une déesse, moi, si j'en devenais amoureux.

SOSTRATE.

Trop de choses, hélas ! condamnent mes feux à un éternel silence.

CLITIDAS

Et quoi ?

SOSTRATE.

La bassesse de ma fortune, dont il plaît au ciel de rabattre l'ambition de mon amour ; le rang de la princesse, qui met entre elle et mes désirs une distance si fâcheuse ; la concurrence de deux princes appuyés de tous les grands titres qui peuvent soutenir les prétentions de leurs flammes ; de deux princes qui, par mille et mille magnificences, se disputent à tous momens la gloire de sa conquête, et sur l'amour de qui l'on attend tous les jours de voir son choix se déclarer ; mais plus que tout, Clitidas, le respect inviolable où ses beaux yeux assujettissent toute la violence de mon ardeur.

CLITIDAS.

Le respect bien souvent n'oblige pas tant que l'amour, et je me trompe fort, ou la jeune princesse a connu votre flamme, et n'y est pas insensible.

SOSTRATE.

Ah ! ne t'avise point de vouloir flatter par pitié le cœur d'un misérable.

CLITIDAS.

Ma conjecture est bien fondée. Je lui vois reculer beaucoup le choix de son époux ; et je veux éclaircir un peu cette petite affaire-là. Vous savez que je suis auprès d'elle en quelque espèce de faveur, que j'y ai les accès ouverts, et qu'à force de me tourmenter je me suis acquis le privilége de me mêler à la conversation et de parler, à tort et à travers, de toutes choses. Quelquefois cela ne me réussit pas, mais quelquefois aussi cela me réussit. Laissez-moi faire, je suis de vos amis; les gens de mérite me touchent, et je veux prendre mon temps pour entretenir la princesse de...

SOSTRATE.

Ah! de grace, quelque bonté que mon malheur t'inspire, garde-toi bien de lui rien dire de ma flamme. J'aimerais mieux mourir, que de pouvoir être accusé par elle de la moindre témérité ; et ce profond respect où ses charmes divins...

CLITIDAS.

Taisons-nous, voici tout le monde.

SCÈNE II.

ARISTIONE, IPHICRATE, TIMOCLÈS, SOSTRATE, ANAXARQUE, CLÉON, CLITIDAS.

ARISTIONE, *à Iphicrate*.

PRINCE, je ne puis me lasser de le dire, il n'est point de spectacle au monde qui puisse le disputer en magnificence à celui que vous venez de nous donner. Cette fête a eu des ornemens qui l'emportent sans doute sur tout ce que l'on saurait voir ; et elle vient de produire à nos yeux quelque chose de si noble, de si grand et de si majestueux, que le ciel même ne saurait aller au-delà : et je puis dire assurément qu'il n'y a rien dans l'univers qui s'y puisse égaler.

TIMOCLÈS.

Ce sont des ornemens dont on ne peut pas espérer que toutes les fêtes soient embellies ; et je dois fort trembler, madame, pour la simplicité du petit divertissement que je m'apprête à vous donner dans le bois de Diane.

ACTE I, SCÈNE II.

ARISTIONE.

Je crois que nous n'y verrons rien que de fort agréable ; et, certes, il faut avouer que la campagne a lieu de nous paraître belle, et que nous n'avons pas le temps de nous ennuyer dans cet agréable séjour qu'ont célébré tous les poëtes sous le nom de Tempé. Car enfin, sans parler des plaisirs de la chasse que nous y prenons à toute heure, et de la solennité des jeux pythiens que l'on y célèbre tantôt, vous prenez soin l'un et l'autre de nous y combler de tous les divertissemens qui peuvent charmer les chagrins les plus mélancoliques. D'où vient, Sostrate, qu'on ne vous a point vu dans notre promenade !

SOSTRATE.

Une petite indisposition, madame, m'a empêché de m'y trouver.

IPHICRATE.

Sostrate est de ces gens, madame, qui croient qu'il ne sied pas bien d'être curieux comme les autres ; et qu'il est beau d'affecter de ne pas courir où tout le monde court.

SOSTRATE.

Seigneur, l'affectation n'a guère de part à tout ce que je fais ; et, sans vous faire compliment, il y avait des choses à voir dans cette fête qui pouvaient m'attirer, si quelque autre motif ne m'avait retenu.

ARISTIONE.

Et Clitidas a-t-il vu cela ?

CLITIDAS.

Oui, madame, mais du rivage.

ARISTIONE.

Et pourquoi du rivage ?

CLITIDAS.

Ma foi, madame, j'ai craint quelqu'un des accidens qui arrivent d'ordinaire dans ces confusions. Cette nuit j'ai songé de poisson mort et d'œufs cassés ; et j'ai appris du seigneur Anaxarque que les œufs cassés et le poisson mort signifient malencontre.

ANAXARQUE.

Je remarque une chose, que Clitidas n'aurait rien à dire, s'il ne parlait de moi.

CLITIDAS.

C'est qu'il y a tant de choses à dire de vous qu'on n'en saurait parler assez.

ANAXARQUE.

Vous pourrez prendre d'autres matières, puisque je vous en ai prié.

CLITIDAS.

Le moyen ! Ne dites-vous pas que l'ascendant est plus fort que tout ? et s'il est écrit dans les astres que je sois enclin à parler de vous, comment voulez-vous que je résiste à ma destinée ?

ANAXARQUE.

Avec tout le respect, madame, que je vous dois, il y a une chose qui est fâcheuse dans votre cour ; que tout le monde y prenne la liberté de parler ; et que le plus honnête homme y soit exposé aux railleries du premier méchant plaisant.

CLITIDAS.

Je vous rends grace de l'honneur...

ARISTIONE, *à Anaxarque.*

Que vous êtes fou de vous chagriner de ce qu'il dit.

CLITIDAS.

Avec tout le respect que je dois à madame, il y a une chose qui m'étonne dans l'astrologie, que des gens qui savent tous les secrets des dieux, et qui possèdent des connaissances à se mettre au-dessus de tous les hommes, aient besoin de faire leur cour, et de demander quelque chose.

ANAXARQUE.

Vous devriez gagner un peu mieux votre argent, et donner à madame de meilleures plaisanteries.

ACTE I, SCÈNE II.

CLITIDAS.

Ma foi, on les donne telles qu'on peut. Vous en parlez fort à votre aise ; et le métier de plaisant n'est pas comme celui d'astrologue. Bien mentir et bien plaisanter sont deux choses fort différentes ; et il est bien plus facile de tromper les gens que de les faire rire.

ARISTIONE.

Hé ! qu'est-ce donc que cela veut dire ?

CLITIDAS, *se parlant à lui-même*.

Paix, impertinent que vous êtes ; ne savez-vous pas bien que l'astrologie est une affaire d'état, et qu'il ne faut point toucher à cette corde-là ? Je vous l'ai dit plusieurs fois, vous vous émancipez trop, et vous prenez de certaines libertés qui vous joueront un mauvais tour, je vous en avertis. Vous verrez qu'un de ces jours on vous donnera du pied au cul, et qu'on vous chassera comme un faquin. Taisez-vous, si vous êtes sage.

ARISTIONE.

Où est ma fille ?

TIMOCLÈS.

Madame, elle s'est écartée ; et je lui ai présenté une main qu'elle a refusé d'accepter.

ARISTIONE.

Princes, puisque l'amour que vous avez pour Ériphile a bien voulu se soumettre aux lois que j'ai voulu vous imposer, puisque j'ai su obtenir de vous que vous fussiez rivaux sans devenir ennemis, et qu'avec pleine soumission aux sentimens de ma fille vous attendez un choix dont je l'ai faite seule maîtresse, ouvrez-moi tous deux le fond de votre ame, et me dites sincèrement quel progrès vous croyez l'un et l'autre avoir fait sur son cœur.

TIMOCLÈS.

Madame, je ne suis point pour me flatter ; j'ai fait ce que j'ai pu pour toucher le cœur de la princesse Ériphile, et je m'y suis pris, que je crois, de toutes les tendres manières dont un amant se peut servir ; je lui ai fait des hommages soumis de tous mes vœux ; j'ai montré des assiduités ; j'ai rendu des soins chaque jour ; j'ai fait chanter ma passion aux voix les plus touchantes, et l'ai fait exprimer en vers aux plumes les plus délicates ; je me suis plaint de mon martyre en des termes passionnés ; j'ai fait dire à mes yeux, aussi-bien qu'à ma bouche, le désespoir de mon amour ; j'ai poussé à ses pieds des soupirs languissans ; j'ai même répandu des larmes : mais tout cela inutilement ; et je n'ai point connu qu'elle ait dans l'ame aucun ressentiment de mon ardeur.

ARISTIONE.

Et vous, prince !

IPHICRATE.

Pour moi, madame, connaissant son indifférence, et le peu de cas qu'elle fait des devoirs qu'on lui rend, je n'ai voulu perdre auprès d'elle ni plaintes, ni soupirs, ni larmes. Je sais qu'elle est toute soumise à vos volontés, et que ce n'est que de votre main seule qu'elle voudra prendre un époux : aussi n'est-ce qu'à vous que je m'adresse pour l'obtenir, à vous plutôt qu'à elle que je rends tous mes soins et tous mes hommages. Et plût au ciel, madame, que vous eussiez pu vous résoudre à tenir sa place, que vous eussiez voulu jouir des conquêtes que vous lui faites, et recevoir pour vous les vœux que vous lui renvoyez !

ARISTIONE.

Prince, le compliment est d'un amant adroit, et vous avez entendu dire qu'il fallait cajoler les mères pour obtenir les filles ; mais ici, par malheur, tout cela devient inutile, et je me suis engagée à laisser le choix tout entier à l'inclination de ma fille.

IPHICRATE.

Quelque pouvoir que vous lui donniez pour ce choix, ce n'est point compliment, madame, que ce que je vous dis. Je ne recherche la princesse Ériphile que parce qu'elle est votre sang ; je la trouve charmante par tout ce qu'elle tient de vous, et c'est vous que j'adore en elle.

ARISTIONE.

Voilà qui est fort bien.

IPHICRATE.

Oui, madame, toute la terre voit en vous des attraits et des charmes que je...

ARISTIONE.

De grace, prince, ôtons ces charmes et ces attraits : vous savez que ce sont des mots que je retranche des complimens qu'on me veut faire. Je souffre qu'on me loue de ma sincérité ; qu'on dise que je suis une bonne princesse ; que j'ai de la parole pour tout le monde, de la chaleur pour mes amis, et de l'estime pour le mérite et la vertu ; je puis tâter de tout cela : mais pour les douceurs de charmes et d'attraits, je suis bien aise qu'on ne m'en serve point ; et quelque vérité qui s'y pût rencontrer, on doit faire quelque scrupule d'en goûter la louange, quand on est mère d'une fille comme la mienne.

IPHICRATE.

Ah ! madame, c'est vous qui voulez être mère malgré tout le monde ; il n'est point d'yeux qui ne s'y opposent ; et, si vous le vouliez, la princesse Eriphile ne serait que votre sœur.

ARISTIONE.

Mon dieu ! prince, je ne donne point dans tous ces galimatias où donnent la plupart des femmes ; je veux être mère, parce que je le suis ; et ce serait en vain que je ne voudrais pas l'être. Ce titre n'a rien qui me choque, puisque de mon consentement je me suis exposée à le recevoir. C'est un faible de notre sexe, dont, grace au ciel, je suis exempte ; et je ne m'embarrasse point de ces grandes disputes d'âge sur quoi nous voyons tant de folles. Revenons à notre discours. Est-il possible que jusqu'ici vous n'ayez pu connaître où penche l'inclination d'Eriphile ?

IPHICRATE.

Ce sont obscurités pour moi.

TIMOCLÈS.

C'est pour moi un mystère impénétrable.

ARISTIONE.

La pudeur peut-être l'empêche de s'expliquer à vous et à moi. Servons-nous de quelque autre pour découvrir le secret de son cœur. Sostrate, prenez de ma part cette commission, et rendez cet office à ces princes, de savoir adroitement de ma fille vers qui des deux ses sentimens peuvent tourner.

SOSTRATE.

Madame, vous avez cent personnes dans votre cour sur qui vous pourriez mieux verser l'honneur d'un tel emploi ; et je me sens mal propre à bien exécuter ce que vous souhaitez de moi.

ARISTIONE.

Votre mérite, Sostrate, n'est point borné aux seuls emplois de la guerre : vous avez de l'esprit, de la conduite, de l'adresse ; et ma fille fait cas de vous.

SOSTRATE.

Quelque autre mieux que moi, madame...

ARITIONE.

Non, non ; en vain vous vous en défendez.

SOSTRATE.

Puisque vous le voulez, madame, il vous faut obéir ; mais je vous jure que dans toute votre cour vous ne pouviez choisir personne qui ne fût en état de s'acquitter beaucoup mieux que moi d'une telle commission.

ARISTIONE.

C'est trop de modestie, et vous vous acquitterez toujours bien de toutes les choses dont on vous chargera. Découvrez doucement les sentimens d'Eriphile, et faites-là ressouvenir qu'il faut se rendre de bonne heure dans le bois de Diane.

SCÈNE III.

IPHICRATE, TIMOCLÈS, SOSTRATE, CLITIDAS.

IPHICRATE, *à Sostrate.*

Vous pouvez croire que je prends part à l'estime que la princesse vous témoigne.

TIMOCLÈS, *à Sostrate.*

Vous pouvez croire que je suis ravi du choix que l'on a fait de vous.

IPHICRATE.

Vous voilà en état de servir vos amis.

TIMOCLÈS.

Vous avez de quoi rendre de bons offices aux gens qu'il vous plaira.

IPHICRATE.

Je ne vous recommande point mes intérêts.

TIMOCLÈS.

Je ne vous dis point de parler pour moi.

SOSTRATE.

Seigneurs, il serait inutile. J'aurais tort de passer les ordres de ma commission; et vous trouverez bon que je ne parle ni pour l'un ni pour l'autre.

IPHICRATE.

Je vous laisse agir comme il vous plaira.

TIMOCLÈS.

Vous en userez comme vous voudrez.

SCÈNE IV.

IPHICRATE, TIMOCLÈS, CLITIDAS.

IPHICRATE, *bas, à Clitidas.*

Clitidas se ressouvient bien qu'il est de mes amis; je lui recommande toujours de prendre mes intérêts auprès de sa maîtresse contre ceux de mon rival.

LES AMANS MAGNIFIQUES.

CLITIDAS, *bas, à Iphicrate.*

Laissez-moi faire. Il y a bien de la comparaison de lui à vous ! et c'est un prince bien bâti pour vous le disputer !

IPHICRATE, *bas, à Clitidas.*

Je reconnaîtrai ce service.

SCÈNE V.

TIMOCLÈS, CLITIDAS.

TIMOCLÈS.

Mon rival fait sa cour à Clitidas; mais Clitidas sait bien qu'il m'a promis d'appuyer contre lui les prétentions de mon amour.

CLITIDAS.

Assurément ; et il se moque de croire l'emporter sur vous. Voilà auprès de vous un beau petit morveux de prince !

TIMOCLÈS.

Il n'y a rien que je ne fasse pour Clitidas.

CLITIDAS, *seul.*

Belles paroles de tous côtés ! Voici la princesse ; prenons mon temps pour l'aborder.

SCÈNE VI.

ÉRIPHILE, CLÉONICE.

CLÉONICE.

On trouvera étrange, madame, que vous vous soyez ainsi écartée de tout le monde.

ÉRIPHILE.

Ah ! qu'aux personnes comme nous, qui sommes toujours accablées de tant de gens, un peu de solitude est parfois agréable ! et qu'après mille impertinens entretiens il est doux de s'entretenir avec ses pensées ! Qu'on me laisse ici promener toute seule.

ACTE I, SCÈNE VI.

CLÉONICE.

Ne voudriez vous pas, madame, voir un petit essai de la disposition de ces gens admirables qui veulent se donner à vous ? Ce sont des personnes qui, par leurs pas, leurs gestes et leurs mouvemens, expriment aux yeux toutes choses ; et on appelle cela pantomimes. J'ai tremblé à vous dire ce mot ; et il y a des gens dans votre cour qui ne me le pardonneraient pas.

ÉRIPHILE.

Vous avez bien la mine, Cléonice, de me venir ici régaler d'un mauvais divertissement ; car, grace au ciel, vous ne manquez pas de vouloir produire indifféremment tout ce qui se présente à vous, et vous avez une affabilité qui ne rejette rien. Aussi est-ce à vous seule qu'on voit avoir recours toutes les muses nécessitantes ; vous êtes la grande protectrice du mérite incommodé ; et tout ce qu'il y a de vertueux indigens au monde va débarquer chez vous.

CLÉONICE.

Si vous n'avez pas envie de les voir, madame, il ne faut que les laisser là.

ÉRIPHILE.

Non, non, voyons-les ; faites-les venir.

CLÉONICE.

Mais peut-être, madame, que leur danse sera méchante.

ÉRIPHILE.

Méchante ou non, il la faut voir. Ce ne serait avec vous que pour reculer la chose, et il vaut mieux en être quitte.

CLÉONICE.

Ce ne sera ici, madame, qu'une danse ordinaire, une autre fois...

ÉRIPHILE.

Point de préambule, Cléonice ; qu'ils dansent.

FIN DU PREMIER ACTE.

SECOND INTERMÈDE.

ENTRÉE DE BALLET.

(Trois pantomimes dansent devant Ériphile.)

FIN DU SECOND INTERMÈDE.

ACTE SECOND.

SCÈNE I.
ÉRIPHILE, CLÉONICE.

ÉRIPHILE.

Voilà qui est admirable. Je ne crois pas qu'on puisse mieux danser qu'ils dansent, et je suis bien aise de les avoir à moi.

CLÉONICE.

Et moi, madame, je suis bien aise que vous ayez vu que je n'ai pas si méchant goût que vous avez pensé.

ÉRIPHILE.

Ne triomphez point tant, vous ne tarderez guère à me faire avoir ma revanche. Qu'on me laisse ici.

SCÈNE II.
ÉRIPHILE, CLÉONICE, CLITIDAS.

CLÉONICE, *allant au devant de Clitidas.*

Je vous avertis, Clitidas, que la princesse veut être seule.

CLITIDAS.

Laissez-moi faire, je suis homme qui sais ma cour.

SCÈNE III.
ÉRIPHILE, CLITIDAS.

CLITIDAS, *en chantant.*

La, la, la, la.
(*faisant l'étonné en voyant Ériphile.*)
Ah!

ÉRIPHILE, *à Clitidas qui feint de vouloir s'éloigner.*

Clitidas.

CLITIDAS.

Je ne vous avais pas vue là, madame.

ÉRIPHILE.

Approche. D'où viens-tu ?

CLITIDAS.

De laisser la princesse votre mère qui s'en allait vers le temple d'Apollon, accompagnée de beaucoup de gens.

ÉRIPHILE.

Ne trouves-tu pas ces lieux les plus charmans du monde ?

CLITIDAS.

Assurément. Les princes vos amans y étaient.

ÉRIPHILE.

Le fleuve Pénée fait ici d'agréables détours.

CLITIDAS.

Fort agréables. Sostrate y était aussi.

ÉRIPHILE.

D'où vient qu'il n'est pas venu à la promenade ?

CLITIDAS.

Il a quelque chose dans la tête qui l'empêche de prendre plaisir à tous ces beaux régals. Il m'a voulu entretenir ; mais vous m'avez défendu si expressément de me charger d'aucune affaire auprès de vous, que je n'ai point voulu lui prêter l'oreille, et que je lui ai dit nettement que je n'avais pas le loisir de l'entendre.

ÉRIPHILE.

Tu as eu tort de lui dire cela, et tu devais l'écouter.

CLITIDAS.

Je lui ai dit d'abord que je n'avais pas le loisir de l'entendre ; mais après je lui ai donné audience.

ÉRIPHILE.

Tu as bien fait.

CLITIDAS.

En vérité, c'est un homme qui me revient, un homme fait comme je veux que les hommes soient faits, ne prenant point de manières bruyantes et des tons de voix assommans ; sage et posé en toutes choses, ne parlant jamais que bien à propos, point prompt à décider, point du tout exagérateur incommode ; et, quelques beaux vers que nos poëtes lui aient récités, je ne lui ai jamais ouï dire : Voilà qui est plus beau que tout ce qu'à jamais fait Homère. Enfin c'est un homme pour qui je me sens de l'inclination ; et si j'étais princesse, il ne serait point malheureux.

ÉRIPHILE.

C'est un homme d'un grand mérite assurément. Mais de quoi t'a-t-il parlé ?

CLITIDAS.

Il m'a demandé si vous aviez témoigné grande joie au magnifique régal que l'on vous a donné, m'a parlé de votre personne avec des transports les plus grands du monde, vous a mise au-dessus du ciel et vous a donné toutes les louanges que l'on peut donner à la princesse la plus accomplie de la terre, entremêlant tout cela de plusieurs soupirs qui disaient plus qu'il ne voulait. Enfin, à force de le tourner de tous côtés, et de le presser sur la cause de cette profonde mélancolie dont toute la cour s'aperçoit, il a été contraint de m'avouer qu'il était amoureux.

ÉRIPHILE.

Comment, amoureux ! Quelle témérité est la sienne ! C'est un extravagant que je ne verrai de ma vie.

CLITIDAS.

De quoi vous plaignez-vous, madame ?

ÉRIPHILE.

Avoir l'audace de m'aimer ! et, de plus, avoir l'audace de le dire !

CLITIDAS.
Ce n'est pas de vous, madame, dont il est amoureux.
ÉRIPHILE.
Ce n'est pas de moi ?
CLITIDAS.
Non, madame ; il vous respecte trop pour cela, et est trop sage pour y penser.
ÉRIPHILE.
Et de qui donc, Clitidas ?
CLITIDAS.
D'une de vos filles, la jeune Arsinoé.
ÉRIPHILE.
A-t-elle tant d'appas, qu'il n'ait trouvé qu'elle digne de son amour ?
CLITIDAS.
Il l'aime éperdument, et vous conjure d'honorer sa flamme de votre protection.
ÉRIPHILE.
Moi ?
CLITIDAS.
Non, non, madame ; je vois que la chose ne vous plaît pas. Votre colère m'a obligé à prendre ce détour, et, pour vous dire la vérité, c'est vous qu'il aime éperdument.
ÉRIPHILE.
Vous êtes un insolent de venir ainsi surprendre mes sentimens. Allons, sortez d'ici ; vous vous mêlez de vouloir lire dans les ames, de vouloir pénétrer dans les secrets du cœur d'une princesse. Otez-vous de mes yeux, et que je ne vous voie jamais... Clitidas.
CLITIDAS.
Madame ?
ÉRIPHILE.
Venez ici ; je vous pardonne cette affaire-là.
CLITIDAS.
Trop de bonté madame.

ÉRIPHILE.

Mais à condition, prenez bien garde à ce que je vous dis, que vous n'en ouvrirez la bouche à personne du monde, sur peine de la vie.

CLITIDAS.

Il suffit.

ÉRIPHILE.

Sostrate t'a donc dit qu'il m'aimait?

CLITIDAS.

Non, madame; il faut vous dire la vérité. J'ai tiré de son cœur, par surprise, un secret qu'il veut cacher à tout le monde, et avec lequel, il est, dit-il, résolu de mourir. Il a été au désespoir du vol subtil que je lui en ai fait; et bien loin de me charger de vous le découvrir, il m'a conjuré avec toutes les instantes prières qu'on ne saurait faire, de ne vous en rien révéler; et c'est trahison contre lui que ce que je viens de vous dire.

ÉRIPHILE.

Tant mieux; c'est par son seul respect qu'il peut me plaire; et, s'il était si hardi que de me déclarer son amour, il perdrait pour jamais et ma présence et mon estime.

CLITIDAS.

Ne craignez point, madame...

ÉRIPHILE.

Le voici. Souvenez-vous, au moins, si vous êtes sage, de la défense que je vous ai faite.

CLITIDAS.

Cela est fait, madame. Il ne faut pas être courtisan indiscret.

SCÈNE IV.
ÉRIPHILE, SOSTRATE.

SOSTRATE.

J'ai une excuse, madame, pour oser interrompre votre solitude, et j'ai reçu de la princesse votre mère une commission qui autorise la hardiesse que je prends maintenant.

ÉRIPHILE.

Quelle commission, Sostrate?

SOSTRATE.

Celle, madame, de tâcher d'apprendre de vous vers lequel des deux princes peut incliner votre cœur.

ÉRIPHILE.

La princesse ma mère montre un esprit judicieux dans le choix qu'elle a fait de vous pour un pareil emploi. Cette commission, Sostrate, vous a été agréable sans doute, et vous l'avez acceptée avec beaucoup de joie?

SOSTRATE.

Je l'ai acceptée, madame, par la nécessité que mon devoir m'impose d'obéir; si la princesse avait voulu recevoir mes excuses, elle aurait honoré quelque autre de cet emploi.

ÉRIPHILE.

Quelle cause, Sostrate, vous obligeait à le refuser?

SOSTRATE.

La crainte, madame, de m'en acquitter mal.

ÉRIPHILE.

Croyez-vous que je ne vous estime pas assez pour vous ouvrir mon cœur, et vous donner toutes les lumières que vous pourrez désirer de moi sur le sujet de ces deux princes?

SOSTRATE.

Je ne désire rien pour moi là-dessus, madame, et je ne vous demande que ce que vous croirez devoir donner aux ordres qui m'amènent.

ÉRIPHILE.

Jusqu'ici je me suis défendue de m'expliquer, et la princesse ma mère a eu la bonté de souffrir que j'aie reculé toujours ce choix qui me doit engager: mais je serai bien aise de témoigner à tout le monde que je veux faire quelque chose pour l'amour de vous; et, si vous m'en pressez, je rendrai cet arrêt qu'on attend depuis si long-temps.

ACTE II, SCÈNE IV.

SOSTRATE.

C'est une chose, madame, dont vous ne serez point importunée par moi ; et je ne saurais me résoudre à presser une princesse qui sait trop ce qu'elle a à faire.

ÉRIPHILE.

Mais c'est ce que la princesse ma mère attend de vous.

SOSTRATE.

Ne lui ai-je pas dit aussi que je m'acquitterais mal de cette commission ?

ÉRIPHILE.

Or çà, Sostrate, les gens comme vous ont toujours les yeux pénétrans, et je pense qu'il ne doit y avoir guère de choses qui échappent aux vôtres. N'ont-ils pu découvrir, vos yeux, ce dont tout le monde est en peine ? et ne vous ont-ils point donné quelques petites lumières du penchant de mon cœur ? Vous voyez les soins qu'on me rend, l'empressement qu'on me témoigne. Quel est celui de ces deux princes que vous croyez que je regarde d'un œil plus doux ?

SOSTRATE.

Les doutes que l'on forme sur ces sortes de choses ne sont réglés d'ordinaire que par les intérêts qu'on prend.

ÉRIPHILE.

Pour qui, Sostrate, pencheriez-vous des deux ? Quel est celui, dites-moi, que vous souhaiteriez que j'épousasse ?

SOSTRATE.

Ah ! madame, ce ne seront pas mes souhaits, mais votre inclination qui décidera de la chose.

ÉRIPHILE.

Mais si je me conseillais à vous pour ce choix ?

SOSTRATE.

Si vous vous conseilliez à moi, je serais fort embarrassé.

ÉRIPHILE.

Vous ne pourriez pas dire qui des deux vous semble plus digne de cette préférence ?

SOSTRATE.

Si l'on s'en rapporte à mes yeux, il n'y aura personne qui soit digne de cet honneur. Tous les princes du monde seront trop peu de chose pour aspirer à vous: les dieux seuls y pourront prétendre; et vous ne souffrirez des hommes que l'encens et les sacrifices.

ÉRIPHILE.

Cela est obligeant, et vous êtes de mes amis : mais je veux que vous me disiez pour qui des deux vous vous sentez plus d'inclination, quel est celui que vous mettez le plus au rang de vos amis.

SCÈNE V.

ÉRIPHILE, SOSTRATE, CHORÈBE.

CHORÈBE.

Madame, voilà la princesse qui vient vous prendre ici pour aller au bois de Diane.

SOSTRATE, *à part*.

Hélas ! petit garçon, que tu es venu à propos !

SCÈNE VI.

ARISTIONE, ÉRIPHILE, IPHICRATE, TIMOCLÈS, SOSTRATE, ANAXARQUE, CLITIDAS.

ARISTIONE.

On vous a demandée, ma fille, et il y a des gens que votre absence chagrine fort.

ÉRIPHILE.

Je pense, madame, qu'on m'a demandée par compliment; et on ne s'inquiète pas tant qu'on vous dit.

ARISTIONE.

On enchaîne pour nous ici tant de divertissemens les uns aux autres, que toutes nos heures sont retenues: et nous n'avons aucun moment à perdre, si nous voulons les goûter tous. Entrons vite dans le bois, et voyons ce qui nous y attend. Ce lieu est le plus beau du monde, prenons vite nos places.

FIN DU SECOND ACTE.

TROISIÈME INTERMÈDE.

(Le théâtre représente un bois consacré à Diane.)

LA NYMPHE DE TEMPÉ.

Venez, grande princesse, avec tous vos appas,
Venez prêter vos yeux aux innocens débats
    Que notre désert vous présente :
N'y cherchez point l'éclat des fêtes de la cour ;
    On ne sent ici que l'amour,
    Ce n'est que l'amour qu'on y chante.

PASTORALE.

SCÈNE I.

TIRCIS.

Vous chantez sous ces feuillages,
    Doux rossignols pleins d'amour ;
Et de vos tendres ramages
    Vous réveillez tour à tour
    Les échos de ces bocages :
    Hélas ! petits oiseaux, hélas !
Si vous aviez mes maux, vous ne chanteriez pas.

SCÈNE II.

LICASTE, MÉNANDRE, TIRCIS.

LICASTE.
Hé quoi ! toujours languissant, sombre et triste ?
MÉNANDRE.
Hé quoi ! toujours aux pleurs abandonné ?
TIRCIS.
Toujours adorant Caliste,
Et toujours infortuné.
LICASTE.
Domte, domte, berger, l'ennui qui te possède.
TIRCIS.
Hé ! le moyen, hélas !
MÉNANDRE.
Fais, fais-toi quelque effort.
TIRCIS.
Hé ! le moyen, hélas ! quand le mal est trop fort ?
LICASTE.
Ce mal trouvera son remède.
TIRCIS.
Je ne guérirai qu'à la mort.
LICASTE ET MÉNANDRE.
Ah ! Tircis !
TIRCIS.
Ah ! bergers !
LICASTE ET MÉNANDRE.
Prends sur toi plus d'empire.
TIRCIS.
Rien ne me peut secourir.
LICASTE ET MÉNANDRE.
C'est trop, c'est trop céder.
TIRCIS.
C'est trop, c'est trop souffrir.

PASTORALE, SCÈNE III.

LICASTE ET MÉNANDRE.
Quelle faiblesse !

TIRCIS.
Quel martyre !

LICASTE ET MÉNANDRE.
Il faut prendre courage.

TIRCIS.
Il faut plutôt mourir.

LICASTE.
Il n'est point de bergère
Si froide et si sévère
Dont la pressante ardeur
D'un cœur qui persévère
Ne vainque la froideur.

MÉNANDRE.
Il est dans les affaires
Des amoureux mystères
Certains petits momens
Qui changent les plus fières
Et font d'heureux amans.

TIRCIS.
Je la vois, la cruelle,
Qui porte ici ses pas :
Gardons d'être vus d'elle ;
L'ingrate, hélas !
N'y viendrait pas.

SCÈNE III.

CALISTE.

Ah ! que sur notre cœur
La sévère loi de l'honneur
Prend un cruel empire !
Je ne fais voir que rigueurs pour Tircis ;
Et cependant, sensible à ces cuisans soucis,
De sa langueur en secret je soupire.

Et voudrais bien soulager son martyre.
C'est à vous seuls que je le dis,
Arbres, n'allez pas le redire.
Puisque le ciel a voulu nous former
Avec un cœur qu'amour peut enflammer,
Quelle rigueur impitoyable
Contre des traits si doux nous force à nous armer ?
Et pourquoi, sans être blâmable,
Ne peut-on pas aimer
Ce que l'on trouve aimable ?
Hélas ! que vous êtes heureux,
Innocens animaux, de vivre sans contrainte,
Et de pouvoir suivre sans crainte
Les doux emportemens de vos cœurs amoureux !
Hélas ! petits oiseaux, que vous êtes heureux
De ne sentir nulle contrainte,
Et de pouvoir suivre sans crainte
Les doux emportemens de vos cœurs amoureux !
Mais le sommeil sur ma paupière
Verse de ses pavots l'agréable fraîcheur :
Donnons-nous à lui tout entière ;
Nous n'avons point de loi sévère
Qui défende à nos sens d'en goûter la douceur.
(*Elle s'endort sur un lit de gazon.*)

SCÈNE IV.

CALISTE, *endormie*, TIRCIS, LICASTE, MÉNANDRE.

TIRCIS.

Vers ma belle ennemie
Portons sans bruit nos pas,
Et ne réveillons pas,
Sa rigueur endormie.

TOUS TROIS.

Dormez, dormez, beaux yeux, adorables vainqueurs ;
Et goûtez le repos que vous ôtez aux cœurs.

PASTORALE, SCÈNE IV.

TIRCIS.

Silence, petits oiseaux ;
Vents, n'agitez nulle chose ;
Coulez doucement, ruisseaux ;
C'est Caliste qui repose.

TOUS TROIS.

Dormez, dormez, beaux yeux, adorables vainqueurs ;
Et goûtez le repos que vous ôtez aux cœurs.

CALISTE, *en se réveillant*, *à Tircis*.

Ah ! quelle peine extrême !
Suivre partout mes pas !

TIRCIS.

Que voulez-vous qu'on suive, hélas !
Que ce qu'on aime?

CALISTE.

Berger, que voulez-vous ?

TIRCIS.

Mourir, belle bergère,
Mourir à vos genoux,
Et finir ma misère.
Puisqu'en vain à vos pieds on me voit soupirer,
Il y faut expirer.

CALISTE.

Ah ! Tircis, ôtez-vous : j'ai peur que dans ce jour
La pitié dans mon cœur n'introduise l'amour.

LICASTE ET MÉNANDRE, *ensemble*.

Soit amour, soit pitié,
Il sied bien d'être tendre.
C'est par trop vous défendre,
Bergère, il faut se rendre.
A sa longue amitié.
Soit amour, soit pitié,
Il sied bien d'être tendre.

CALISTE, *à Tircis*.

C'est trop, c'est trop de rigueur.
J'ai maltraité votre ardeur,
Chérissant votre personne ;

Vengez-vous de mon cœur,
Tircis, je vous le donne.

TIRCIS.

O ciel ! bergers ! Caliste ! Ah ! je suis hors de moi !
Si l'on meurt de plaisir, je dois perdre la vie.

LICASTE.

Digne prix de ta foi !

MÉNANDRE.

O sort digne d'envie !

SCÈNE V.

DEUX SATYRES, CALISTE, TIRCIS, LICASE, MÉNANDRE.

PREMIER SATYRE, *à Caliste*.

Quoi ! tu me fuis, ingrate ; et je te vois ici !
De ce berger à moi faire une préférence !

SECOND SATYRE.

Quoi ! mes soins n'ont rien pu sur ton indifférence ;
Et pour ce langoureux ton cœur s'est adouc !

CALISTE.

Le destin le veut ainsi ;
Prenez tous deux patience.

PREMIER SATYRE.

Aux amans qu'on pousse à bout
L'amour fait verser des larmes ;
Mais ce n'est pas notre goût,
Et la bouteille a des charmes
Qui nous consolent de tout.

SECOND SATYRE.

Notre amour n'a pas toujours
Tout le bonheur qu'il désire ;
Mais nous avons un secours,
Et le bon vin nous fait rire
Quand on rit de nos amours.

PASTORALE SCÈNE VI.

TOUS.

Champêtres divinités,
Faunes, dryades, sortez
De vos paisibles retraites;
Mêlez vos pas à nos sons,
Et tracez sur les herbettes
L'image de nos chansons.

SCÈNE VI.

CALISTE, TIRCIS, LICASTE, MÉNANDRE, FAUNES, DRYADES.

PREMIÈRE ENTRÉE DE BALLET.

(Danse des faunes et des dryades.)

SCÈNE VII.

CLIMÈNE, PHILINTE, CALISTE, TIRCIS, LICASTE, MÉNANDRE, FAUNES, DRYADES.

PHILINTE.

Quand je plaisais à tes yeux,
J'étais contente de ma vie,
Et ne voyais rois ni dieux
Dont le sort me fît envie.

CLIMÈNE.

Lorsqu'à toute autre personne
Me préférait ton ardeur,
J'aurais quitté la couronne
Pour régner dessus ton cœur.

PHILINTE.

Une autre a guéri mon ame
Des feux que j'avais pour toi.

CLIMÈNE.

Un autre a vengé ma flamme
Des faiblesses de ta foi.

PHILINTE.

Chloris, qu'on vante si fort,
M'aime d'une ardeur fidèle ;
Si ses yeux voulaient ma mort,
Je mourrais content pour elle.

CLIMÈNE.

Myrtil, si digne d'envie,
Me chérit plus que le jour ;
Et moi je perdrais la vie
Pour lui montrer mon amour.

PHILINTE.

Mais si d'une douce ardeur
Quelque renaissante trace
Chassait Chloris de mon cœur
Pour te remettre en sa place ?

CLIMÈNE.

Bien qu'avec pleine tendresse
Myrtil me puisse chérir,
Avec toi, je le confesse,
Je voudrais vivre et mourir.

TOUS DEUX ENSEMBLE.

Ah ! plus que jamais aimons-nous,
Et vivons et mourons en des liens si doux.

TOUS LES ACTEURS DE LA PASTORALE.

Amans, que vos querelles
Sont aimables et belles !
Qu'on y voit succéder
De plaisirs, de tendresse !
Querellez-vous sans cesse
Pour vous raccommoder.

PASTORALE, SCÈNE VII.

DEUXIÈME ENTRÉE DE BALLET.

(Les faunes et les dryades recommencent leurs danses tandis que trois petites dryades et trois petits faunes font paraître dans l'enfoncement du théâtre tout ce qui se passe sur le devant. Ces danses sont entremêlées des chansons des bergers.)

CHOEUR DE BERGERS ET BERGÈRES.

Jouissons, jouissons des plaisirs innocens
Dont les feux de l'amour savent charmer nos sens.
  Des grandeurs qui voudra se soucie ;
  Tous ces honneurs dont on a tant d'envie
  Ont des chagrins qui sont trop cuisans.
Jouissons, jouissons des plaisirs innocens
Dont les feux de l'amour savent charmer nos sens.
  En aimant, tout nous plaît dans la vie ;
  Deux cœurs unis de leurs sorts sont contens :
  Cette ardeur, de plaisirs suivie,
  De tout nos jours fait d'éternels printemps.
Jouissons, jouissons des plaisirs innocens
Dont les feux de l'amour savent charmer nos sens.

FIN DU TROISIÈME INTERMÈDE.

ACTE TROISIÈME.

SCÈNE I.

ARISTIONE, IPHICRATE, TIMOCLÈS, ANAXARQUE, ÉRIPHILE, SOSTRATE, CLITIDAS.

ARISTIONE.

Les mêmes paroles toujours se présentent à dire; il faut toujours s'écrier : Voilà qui est admirable ! il ne se peut rien de plus beau ! cela passe tout ce qu'on a jamais vu !

TIMOCLÈS.

C'est donner de trop grandes paroles, madame, à de petites bagatelles.

ARISTIONE.

Des bagatelles comme celles-là peuvent occuper agréablement les plus sérieuses personnes. En vérité, ma fille, vous êtes bien obligée à ces princes, et vous ne sauriez assez reconnaître tous les soins qu'ils prennent pour vous.

ÉRIPHILE.

J'en ai, madame, tout le ressentiment qu'il est possible.

ARISTIONE.

Cependant vous les faites long-temps languir sur ce qu'ils attendent de vous. J'ai promis de ne vous point contraindre; mais leur amour vous presse de vous déclarer, et de ne plus traîner en longueur la récompense de leurs services. J'ai chargé Sostrate d'apprendre doucement de vous les sentimens de votre cœur; et je ne sais pas s'il a commencé à s'acquitter de cette commission.

ÉRIPHILE.

Oui, madame ; mais il me semble que je ne puis assez reculer ce choix dont on me presse, et que je ne saurais le faire sans mériter quelque blâme. Je me sens également obligée à l'amour, aux empressemens, aux services de ces deux princes ; et je trouve une espèce d'injustice bien grande à me montrer ingrate, ou vers l'un, ou vers l'autre, par le refus qu'il m'en faudra faire dans la préférence de son rival.

IPHICRATE.

Cela s'appelle, madame, un fort honnête compliment pour nous refuser tous deux.

ARISTIONE.

Ce scrupule, ma fille, ne vous doit point inquiéter ; et ces princes tous deux se sont soumis il y a long-temps à la préférence que pourra faire votre inclination.

ÉRIPHILE.

L'inclination, madame, est fort sujette à se tromper, et des yeux désintéressés sont beaucoup plus capables de faire un juste choix.

ARISTIONE.

Vous savez que je suis engagée de parole à ne rien prononcer là-dessus ; et parmi ces deux princes votre inclination ne peut point se tromper, et faire un choix qui soit mauvais.

ÉRIPHILE.

Pour ne point violenter votre parole ni mon scrupule, agréez, madame, un moyen que j'ose proposer.

ARISTIONE.

Quoi, ma fille ?

ÉRIPHILE.

Que Sostrate décide de cette préférence. Vous l'avez pris pour découvrir le secret de mon cœur, souffrez que je le prenne pour me tirer de l'embarras où je me trouve.

ARISTIONE.

J'estime tant Sostrate, que, soit que vous vouliez

vous servir de lui pour expliquer vos sentimens, ou soit que vous vous en remettiez absolument à sa conduite; je fais, dis-je, tant d'estime de sa vertu et de son jugement, que je consens de tout mon cœur à la proposition que vous me faites.

IPHICRATE.

C'est-à-dire, madame, qu'il nous faut faire notre cour à Sostrate.

SOSTRATE.

Non, seigneur, vous n'aurez point de cour à me faire; et, avec tout le respect que je dois aux princesses, je renonce à la gloire où elles veulent m'élever.

ARISTIONE.

D'où vient cela, Sostrate ?

SOSTRATE.

J'ai des raisons, madame, qui ne me permettent pas que je reçoive l'honneur que vous me présentez.

IPHICRATE.

Craignez-vous, Sostrate, de vous faire un ennemi ?

SOSTRATE.

Je craindrais peu, seigneur, les ennemis que je pourrais me faire en obéissant à mes souveraines.

TIMOCLÈS.

Par quel raison donc refusez-vous d'accepter le pouvoir qu'on vous donne, et de vous acquérir l'amitié d'un prince qui vous devrait tout son bonheur ?

SOSTRATE.

Par la raison que je ne suis pas en état d'accorder à ce prince ce qu'il souhaiterait de moi.

IPHICRATE.

Quelle pourrait être cette raison ?

SOSTRATE.

Pourquoi me tant presser là-dessus ? Peut-être ai-je, seigneur, quelque intérêt secret qui s'oppose aux prétentions de votre amour. Peut-être ai-je un ami qui brûle, sans oser le dire, d'une flamme respectueuse pour les charmes divins, dont vous êtes épris. Peut-être cet ami me fait-il tous les jours confidence de son martyre, qu'il se plaint à moi tous les jours des rigueurs de sa destinée, et regarde l'hymen de la princesse ainsi que l'arrêt redoutable qui le doit pousser au tombeau ; et, si cela était, seigneur, serait-il raisonnable que ce fût de ma main qu'il reçut le coup de sa mort?

IPHICRATE.

Vous auriez bien la mine, Sostrate, d'être vous-même cet ami dont vous prenez les intérêts.

SOSTRATE.

Ne cherchez point, de grace, à me rendre odieux aux personnes qui vous écoutent. Je sais me connaître, seigneur ; et les malheureux comme moi n'ignorent pas jusqu'où leur fortune leur permet d'aspirer.

ARISTIONE.

Laissons cela ; nous trouverons moyen de terminer l'irrésolution de ma fille.

ANAXARQUE.

En est-il un meilleur, madame, pour terminer les choses au contentement de tout le monde, que les lumières que le ciel peut donner sur ce mariage? J'ai commencé, comme je vous ai dit, à jeter pour cela les figures mystérieuses que notre art nous enseigne ; et j'espère vous faire voir tantôt ce que l'avenir garde à cette union souhaitée. Après cela, pourra-t-on balancer encore? La gloire et les prospérités que le ciel promettra ou à l'un ou à l'autre choix ne seront-elles pas suffisantes pour le déterminer ? et celui qui sera exclus pourra-t-il s'offenser, quand ce sera le ciel qui décidera cette préférence.

IPHICRATE.

Pour moi, je m'y soumets entièrement ; et je déclare que cette voie me semble la plus raisonnable.

TIMOCLÈS.

Je suis de même avis ; et le ciel ne saurait rien faire où je ne souscrive sans répugnance.

ÉRIPHILE.

Mais, seigneur Anaxarque, voyez-vous si clair dans les destinées, que vous ne vous trompiez jamais? et ces prospérités et cette gloire que vous dites que le ciel nous promet, qui en sera caution, je vous prie?

ARISTIONE.

Ma fille, vous avez une petite incrédulité qui ne vous quitte point.

ANAXARQUE.

Les épreuves, madame, que tout le monde a vues de l'infaillibilité de mes prédictions sont les cautions suffisantes des promesses que je puis faire. Mais enfin, quand je vous aurai fait voir ce que le ciel vous marque, vous vous réglerez là-dessus à votre fantaisie; et ce sera à vous de prendre la fortune de l'un ou de l'autre choix.

ÉRIPHILE.

Le ciel, Anaxarque, me marquera les deux fortunes qui m'attendent?

ANAXARQUE.

Oui, madame; les félicités qui vous suivront si vous épousez l'un, et les disgraces qui vous accompagneront si vous épousez l'autre.

ÉRIPHILE.

Mais comme il est impossible que je les épouse tous deux, il faut donc qu'on trouve écrit dans le ciel, non-seulement ce qui doit arriver; mais aussi ce qui ne doit pas arriver.

CLITIDAS, *à part.*

Voilà mon astrologue embarrassé.

ANAXARQUE.

Il faudrait vous faire, madame, une longue discussion des principes de l'astrologie, pour vous faire comprendre cela.

CLITIDAS.

Bien répondu. Madame, je ne dis point de mal de l'astrologie : l'astrologie est une belle chose; et le seigneur Anaxarque est un grand homme.

IPHICRATE.

La vérité de l'astrologie est une chose incontestable; et il n'y a personne qui puisse disputer contre la certitude de ses prédictions.

CLITIDAS.

Assurément.

TIMOCLÈS.

Je suis assez incrédule pour quantité de choses; mais pour ce qui est de l'astrologie, il n'y a rien de plus sûr et de plus constant que le succès des horoscopes qu'elle tire.

CLITIDAS.

Ce sont des choses les plus claires du monde.

IPHICRATE.

Cent aventures prédites arrivent tous les jours, qui convainquent les plus opiniâtres.

CLITIDAS.

Il est vrai.

TIMOCLÈS.

Peut-on contester sur cette matière les incidens célèbres dont les histoires nous font foi?

CLITIDAS.

Il faut n'avoir pas le sens commun. Le moyen de contester ce qui est moulé?

ARISTIONE.

Sostrate n'en dit mot. Quel est son sentiment là-dessus?

SOSTRATE.

Madame, tous les esprits ne sont pas nés avec les qualités qu'il faut pour la délicatesse de ces belles sciences qu'on nomme curieuses; et il y en a de si matériels, qui ne peuvent aucunement comprendre ce que d'autres conçoivent le plus facilement du monde. Il n'est rien de plus agréable, madame, que toutes les grandes promesses de ces connaissances sublimes. Transformer tout en or, faire vivre éternellement, guérir par des paroles, se faire aimer de qui l'on veut, savoir tous les secrets de l'avenir, faire descendre comme on veut du ciel sur des métaux des impressions de bonheur, commander aux démons, se faire des armées invisibles et des soldats invulnérables, tout cela est charmant sans doute ; et il y a des gens qui n'ont aucune peine à en comprendre la possibilité ; cela leur est le plus aisé du monde à concevoir : mais, pour moi, je vous avoue que mon esprit grossier a quelque peine à le comprendre et à le croire ; et j'ai toujours trouvé cela trop beau pour être véritable. Toutes ces belles raisons de sympathie, de force magnétique, et de vertu occulte, sont si subtiles et délicates, qu'elles échappent à mon sens matériel ; et, sans parler du reste, jamais il n'a été en ma puissance de concevoir comme on trouve écrit dans le ciel jusqu'aux plus petites particularités de la fortune du moindre homme. Quel rapport, quel commerce, quelle correspondance peut-il y avoir entre nous et des globes éloignés de notre terre d'une distance si effroyable ? Et d'où cette belle science enfin peut-elle être venue aux hommes ? Quel dieu l'a révélée ? ou quelle expérience l'a pu former de l'observation de ce grand nombre d'astres qu'on n'a pu voir encore deux fois dans la même disposition ?

ANAXARQUE.
Il ne sera pas difficile de vous le faire concevoir.

SOSTRATE.
Vous serez plus habile que tous les autres.

CLITIDAS, *à Sostrate.*
Il vous fera une discussion de tout cela quand vous voudrez.

IPHICRATE, *à Sostrate.*
Si vous ne comprenez pas les choses, au moins les pouvez-vous croire sur ce que l'on voit tous les jours.

SOSTRATE.
Comme mon sens est si grossier qu'il n'a pu rien com-

ACTE III, SCÈNE I.

prendre, mes yeux aussi sont si malheureux qu'ils n'ont jamais rien vu.

IPHICRATE.

Pour moi, j'ai vu, et des choses tout-à-fait convaincantes.

TIMOCLÈS.

Et moi aussi.

SOSTRATE.

Comme vous avez vu, vous faites bien de croire; et il faut que vos yeux soient faits autrement que les miens?

IPHICRATE.

Mais enfin la princesse croit à l'astrologie; et il me semble qu'on y peut bien croire après elle. Est-ce que, madame, Sostrate n'a pas de l'esprit et du sens?

SOSTRATE.

Seigneur, la question est un peu violente. L'esprit de la princesse n'est pas une règle pour le mien; et son intelligence peut l'élever à des lumières où mon sens ne peut atteindre.

ARISTIONE.

Non, Sostrate, je ne vous dirai rien sur quantité de choses auxquelles je ne donne guère plus de créance que vous. Mais, pour l'astrologie, on m'a dit et fait voir des choses si positives, que je ne la puis mettre en doute.

SOSTRATE.

Madame, je n'ai rien à répondre à cela.

ARISTIONE.

Quittons ce discours, et qu'on nous laisse un moment. Dressons notre promenade, ma fille, vers cette belle grotte où j'ai promis d'aller. Des galanteries à chaque pas!

—

FIN DU TROISIÈME ACTE.

QUATRIÈME INTERMÈDE.

(*Le théâtre représente une grotte.*)

ENTRÉE DE BALLET.

(*Huit statues, portant chacune deux flambeaux, font une danse variée de plusieurs figures et de plusieurs attitudes, où elles demeurent par intervalles.*)

FIN DU QUATRIÈME INTERMÈDE.

ACTE QUATRIÈME.

SCÈNE I.
ARISTIONE, ÉRIPHILE.

ARISTIONE.

De qui que cela soit, on ne peut rien de plus galant et de mieux entendu. Ma fille, j'ai voulu me séparer de tout le monde pour vous entretenir; et je veux que vous ne me cachiez rien de la vérité. N'auriez-vous point dans l'ame quelque inclination secrète que vous ne voulez pas nous dire?

ÉRIPHILE.

Moi, madame!

ARISTIONE.

Parlez à cœur ouvert, ma fille. Ce que j'ai fait pour vous mérite bien que vous usiez avec moi de franchise. Tourner vers vous toutes mes pensées, vous préférer à toutes choses, et fermer l'oreille en l'état où je suis à toutes les propositions que cent princesses en ma place écouteraient avec bienséance; tout cela vous doit assez persuader que je suis une bonne mère, et que je ne suis pas pour recevoir avec sévérité les ouvertures que vous pourriez me faire de votre cœur.

ÉRIPHILE.

Si j'avais mal suivi votre exemple, que de m'être laissé aller à quelques sentimens d'inclination que j'eusse raison de cacher, j'aurais, madame, assez de pouvoir sur moi-même pour imposer silence à cette passion, et me mettre en état de ne rien faire voir qui fût indigne de votre sang.

ARISTIONE.

Non, non, ma fille; vous pouvez sans scrupule m'ouvrir vos sentimens. Je n'ai point renfermé votre inclination dans le choix de deux princes; vous pouvez l'étendre où vous voudrez : et le mérite auprès de moi tient un rang si considérable, que je l'égale à tout ; et, si vous m'avouez franchement les choses, vous me verrez souscrire sans répugnance au choix qu'aura fait votre cœur.

ÉRIPHILE.

Vous avez des bontés, madame, dont je ne puis assez me louer ; mais je ne les mettrai point à l'épreuve sur le sujet dont vous me parlez, et tout ce que je leur demande, c'est de ne me point presser sur ce mariage où je ne me sens pas encore bien résolue.

ARISTIONE.

Jusqu'ici je vous ai assez laissée maîtresse de tout ; et l'impatience des princes vos amans... Mais quel bruit est-ce que j'entends ? Ah ! ma fille ! quel spectacle s'offre à nos yeux ? Quelque divinité descend ici, et c'est la déesse Vénus qui semble nous vouloir parler.

SCÈNE II.

VÉNUS, *accompagnée de quatre petits Amours dans une machine*; ARISTIONE, ÉRIPHILE.

VÉNUS, *à Aristione.*

Princesse, dans tes soins brille un zèle exemplaire
Qui par les immortels doit être couronné :
Et, pour te voir un gendre illustre et fortuné,
Leur main te veut marquer le choix que tu dois faire.
    Ils t'annoncent tous, par ma voix,
La gloire et les grandeurs que, par ce digne choix,
Ils feront pour jamais entrer dans ta famille.
De tes difficultés termine donc le cours,
    Et pense à donner ta fille
    A qui sauvera tes jours.

SCÈNE III.
ARISTIONE, ÉRIPHILE.

ARISTIONE.

Ma fille, les dieux imposent silence à tous nos raisonnemens. Après cela, nous n'avons plus rien à faire qu'à recevoir ce qu'ils s'apprêtent à nous donner, et vous venez d'entendre distinctement leur volonté. Allons dans le premier temple les assurer de notre obéissance, et leur rendre graces de leurs bontés.

SCÈNE IV.
ANAXARQUE, CLÉON.

CLÉON.

Voilà la princesse qui s'en va; ne voulez-vous pas lui parler?

ANAXARQUE.

Attendons que sa fille soit séparée d'elle. C'est un esprit que je redoute, et qui n'est pas de trempe à se laisser mener ainsi que celui de sa mère. Enfin, mon fils, comme nous venons de voir par cette ouverture, le stratagème a réussi. Notre Vénus a fait des merveilles; et l'admirable ingénieur qui s'est employé à cet artifice a si bien disposé tout, a coupé avec tant d'adresse le plancher de cette grotte, si bien caché ses fils de fer et tous ses ressorts, si bien ajusté ses lumières et habillé ses personnages, qu'il y a peu de gens qui n'y eussent été trompés; et, comme la princesse Aristione est fort superstitieuse, il ne faut point douter qu'elle ne donne à pleine tête dans cette tromperie. Il y a long-temps, mon fils, que je prépare cette machine, et me voilà tantôt au but de mes prétentions.

CLÉON.

Mais pour lequel des deux princes au moins dressez-vous tout cet artifice?

ANAXARQUE.

Tous deux ont recherché mon assistance, et je leur promets à tous deux la faveur de mon art. Mais les présens du prince Iphicrate, et les promesses qu'il m'a faites, l'emportent de beaucoup sur tout ce qu'à pu faire l'autre : ainsi ce sera lui qui recevra les effets favorables de tous les ressorts que j'ai fait jouer ; et comme son ambition me devra toute chose, voilà, mon fils, notre fortune faite. Je vais prendre mon temps pour affermir dans son erreur l'esprit de la princesse, pour le mieux prévenir encore par le rapport que je lui ferai voir adroitement des paroles de Vénus avec les prédictions des figures célestes que je lui dis que j'ai jetées. Va-t'en tenir la main au reste de l'ouvrage, préparer nos six hommes à se bien cacher dans leur barque derrière le rocher, à posément attendre le temps que la princesse Aristione vient tous les soirs se promener seule sur le rivage, à se jeter bien à propos sur elle ainsi que des corsaires, et donner lieu au prince Iphicrate de lui apporter ce secours qui, sur les paroles du ciel, doit mettre entre ses mains la princesse Eriphile. Ce prince est averti par moi ; et, sur la foi de ma prédiction, il doit se tenir dans ce petit bois qui borde le rivage. Mais sortons de cette grotte ; je te dirai en marchant toutes les choses qu'il faut bien observer. Voilà la princesse Eriphile, évitons sa rencontre.

SCÈNE V.

ERIPHILE.

Hélas ! quelle est ma destinée ! et qu'ai-je fait aux dieux pour mériter les soins qu'ils veulent prendre de moi ?

SCÈNE VI.

ÉRIPHILE, CLÉONICE.

CLÉONICE.

Le voici, madame, que j'ai trouvé; et, à vos premiers ordres, il n'a pas manqué de me suivre.

ÉRIPHILE.

Qu'il apppoche, Cléonice; et qu'on nous laisse seuls un moment.

SCÈNE VII.

ÉRIPHILE, SOSTRATE.

ÉRIPHILE.

Sostrate, vous m'aimez?

SOSTRATE.

Moi, madame?

ÉRIPHILE.

Laissons cela, Sostrate; je le sais, je l'approuve, et vous permets de me le dire. Votre passion a paru à mes yeux accompagnée de tout le mérite qui me la pouvait rendre agréable. Si ce n'était le rang où le ciel m'a fait naître, je puis vous dire que cette passion n'aurait pas été malheureuse, et que cent fois je lui ai souhaité l'appui d'une fortune qui pût mettre pour elle en pleine liberté les secrets sentimens de mon ame. Ce n'est pas, Sostrate, que le mérite seul n'ait à mes yeux tout le prix qu'il doit avoir, et que, dans mon cœur, je ne préfère les vertus qui sont en vous à tous les titres magnifiques dont les autres sont revêtus; ce n'est pas même que la princesse ma mère ne m'ait assez laissé la disposition de mes vœux; et je ne doute point, je vous l'avoue, que mes prières n'eussent pu tourner son consentement du côté que j'aurais voulu: mais il est des états, Sostrate, où il n'est pas honnête de vouloir tout ce qu'on peut faire. Il y a des chagrins à se mettre au-dessus de toutes choses ; et les bruits fâcheux de la renommée vous font trop acheter le plaisir qu'on trouve à contenter son inclination. C'est à quoi, Sostrate, je ne me serais jamais résolue ; et j'ai cru faire assez de fuir l'engagement dont j'étais sollicitée. Mais enfin les dieux veulent prendre eux-mêmes le soin de me donner un époux ; et tous ces longs délais avec lesquel j'ai reculé mon mariage, et que les bontés de la princesse ma mère ont accordés à mes désirs, ces délais, dis-je, ne me sont plus permis, et il me faut résoudre à subir cet arrêt du ciel. Soyez sûr, Sostrate, que c'est avec toutes les répugnances du monde que je m'abandonne à cet hyménée, et que, si j'avais pu être maîtresse de moi, ou j'aurais été à vous, ou je n'aurais été à personne. Voilà, Sostrate, ce que j'avais à vous dire ; voilà ce que j'ai cru devoir à votre mérite, et la consolation que toute ma tendresse peut donner à votre flamme.

SOSTRATE.

Ah ! madame, c'en est trop pour un malheureux ! Je ne m'étais pas préparé à mourir avec tant de gloire ; et je cesse dans ce moment de me plaindre des destinées. Si elles m'ont fait naître dans un rang beaucoup moins élevé que mes désirs, elles m'ont fait naître assez heureux pour attirer quelque pitié du cœur d'une grande princesse ; et cette pitié glorieuse vaut des sceptres et des couronnes, vaut la fortune des plus grands princes de la terre. Oui, madame, dès que j'ai osé vous aimer (c'est vous, madame, qui voulez bien que je me serve de ce mot téméraire), dès que j'ai, dis-je, osé vous aimer, j'ai condamné d'abord l'orgueil de mes désirs, je me suis fait moi-même la destinée que je devais attendre. Le coup de mon trépas, madame, n'aura rien qui me surprenne, puisque je m'y étais préparé ; mais vos bontés le comblent d'un honneur que mon amour jamais n'eût osé espérer ; et je m'en vais mourir après cela le plus content et le plus glorieux de tous les hommes. Si je puis encore souhaiter quelque chose, ce sont deux graces, madame, que je prends la hardiesse de vous demander à genoux ; de vouloir souffrir ma présence jusqu'à cet heureux hyménée qui doit mettre fin à ma vie ; et, parmi cette grande gloire et ces longues prospérités que le ciel promet à votre union, de vous souvenir quelquefois de l'amoureux Sostrate. Puis-je, divine princesse, me promettre de vous cette précieuse faveur ?

ÉRIPHILE.

Allez, Sostrate, sortez d'ici. Ce n'est pas aimer mon repos que de me demander que je me souvienne de vous.

SOSTRATE.

Ah ! madame, si votre repos...

ÉRIPHILE.

Otez-vous, dis-je, Sostrate, épargnez ma faiblesse, et ne m'exposez point à plus que je n'ai résolu.

SCÈNE VIII.

ÉRIPHILE, CLÉONICE.

CLÉONICE.

Madame, je vous vois l'esprit tout chagrin ; vous plaît-il que vos danseurs, qui expriment si bien toutes les passions, vous donnent maintenant quelque épreuve de leur adresse ?

ÉRIPHILE.

Oui, Cléonice. Qu'ils fassent tout ce qu'ils voudront, pourvu qu'ils me laissent à mes pensées.

FIN DU QUATRIÈME ACTE.

CINQUIÈME INTERMÈME.

(Quatre pantomimes ajustent leurs gestes et leurs pas aux inquiétudes de la princesse.)

FIN DU CINQUIÈME INTERMÈDE.

ACTE CINQUIÈME.

SCÈNE I.

ÉRIPHILE, CLITIDAS.

CLITIDAS, *faisant semblant de ne point voir Ériphile.*

De quel côté porter mes pas ? où m'aviserai-je d'aller ? En quel lieu puis-je croire que je trouverai maintenant la princesse Ériphile ? Ce n'est pas un petit avantage que d'être le premier à porter une nouvelle. Ah ! la voilà ! Madame, je vous annonce que le ciel vient de vous donner l'époux qu'il vous destinait.

ÉRIPHILE.

Hé ! laisse-moi, Clitidas, dans ma sombre mélancolie ?

CLITIDAS.

Madame, je vous demande pardon ; je pensais faire bien de vous venir dire que le ciel vient de vous donner Sostrate pour époux ; mais, puisque cela vous incommode, je rengaine ma nouvelle, et m'en retourne droit comme je suis venu.

ÉRIPHILE.

Clitidas ! holà, Clitidas !

CLITIDAS.

Je vous laisse, madame, dans votre sombre mélancolie.

ÉRIPHILE.

Arrête, te dis-je; approche. Que viens-tu me dire?

CLITIDAS.

Rien, madame. On a parfois des empressemens de venir dire aux grands de certaines choses dont ils ne se soucient pas, et je vous prie de m'excuser.

ÉRIPHILE.

Que tu es cruel!

CLITIDAS.

Une autre fois j'aurai la discrétion de ne vous pas venir interrompre.

ÉRIPHILE.

Ne me tiens point dans l'inquiétude. Qu'est-ce que tu viens m'annoncer?

CLITIDAS.

C'est une bagatelle de Sostrate, madame, que je vous dirai une autre fois, quand vous ne serez point embarrassée.

ÉRIPHILE.

Ne me fais point languir davantage, te dis-je, et m'apprends cette nouvelle.

CLITIDAS.

Vous la voulez savoir, madame?

ÉRIPHILE.

Oui, dépêche. Qu'as-tu à me dire de Sostrate?

CLITIDAS.

Une aventure merveilleuse, où personne ne s'attendait.

ACTE V, SCÈNE I.

ÉRIPHILE.

Dis-moi vite ce que c'est.

CLITIDAS.

Cela ne troublera-t-il point, madame, votre sombre mélancolie ?

ÉRIPHILE.

Ah ! parle promptement.

CLITIDAS.

J'ai donc à vous dire, madame, que la princesse votre mère passait, presque seule dans la forêt, par ces petites routes qui sont si agréables, lorsqu'un sanglier hideux (ces vilains sangliers-là font toujours du désordre, et l'on devrait les bannir des forêts bien policées), lors, dis-je, qu'un sanglier hideux, poussé, je crois, par des chasseurs, est venu traverser la route où nous étions. Je devrais vous faire peut-être, pour orner mon récit, une description étendue du sanglier dont je parle; mais vous vous en passerez, s'il vous plaît, et je me contenterai de vous dire que c'était un fort vilain animal. Il passait son chemin, et il était bon de ne lui rien dire, de ne point chercher de noise avec lui ; mais la princesse a voulu égayer sa dextérité, et de son dard, qu'elle lui a lancé un peu mal à propos, ne lui en déplaise, lui a fait au-dessus de l'oreille une assez petite blessure. Le sanglier, mal moriginé, s'est impertinemment détourné contre nous : nous étions là deux ou trois misérables qui avons pâli de frayeur : chacun gagnait son arbre, et la princesse sans défense demeurait exposée à la furie de la bête, lorsque Sostrate a paru, comme si les dieux l'eussent envoyé.

ÉRIPHILE.

Hé bien, Clitidas ?

CLITIDAS.

Si mon récit vous ennuie, madame, je remettrai le reste à une autre fois.

ÉRIPHILE.

Achève promptement.

CLITIDAS.

Ma foi, c'est promptement de vrai que j'achèverai, car un peu de poltronnerie m'a empêché de voir tout le détail de ce combat; tout ce que je puis vous dire, c'est que, retournant sur la place, nous avons vu le sanglier mort, tout vautré dans son sang, et la princesse, pleine de joie, nommant Sostrate son libérateur et l'époux digne et fortuné que les dieux lui marquaient pour vous. A ces paroles, j'ai cru que j'en avais assez entendu; et je me suis hâté de vous en venir, avant tous, apporter la nouvelle.

ÉRIPHILE.

Ah! Clitidas, pouvais-tu m'en donner une qui me pût être plus agréable?

CLITIDAS.

Voilà qu'on vient vous trouver.

SCÈNE II.

ARISTIONE, SOSTRATE, ÉRIPHILE, CLITIDAS.

ARISTIONE.

Je vois, ma fille, que vous savez déjà tout ce que nous pourrions vous dire. Vous voyez que les dieux se sont expliqués bien plutôt que nous n'eussions pensé: mon péril n'a guère tardé à nous marquer leurs volontés; et l'on connaît assez que ce sont eux qui se sont mêlés de ce choix, puisque le mérite tout seul brille dans cette préférence. Aurez-vous quelque répugnance à récompenser de votre cœur celui à qui je dois la vie? et refuserez-vous Sostrate pour époux?

ÉRIPHILE.

Et de la main des dieux et de la vôtre, madame, je ne puis rien recevoir qui ne me soit fort agréable.

SOSTRATE.

Ciel ! n'est-ce point ici quelque songe tout plein de gloire dont les dieux me veulent flatter ? et quelque réveil malheureux ne me replongera-t-il point dans la bassesse de ma fortune ?

SCÈNE III.

ARISTIONE, ÉRIPHILE, SOSTRATE, CLÉONICE, CLITIDAS.

CLÉONICE.

Madame, je viens vous dire qu'Anaxarque a jusqu'ici abusé l'un et l'autre prince par l'espérance de ce choix qu'ils poursuivent depuis long-temps, et qu'au bruit qui s'est répandu de votre aventure ils ont fait éclater tous deux leur ressentiment contre lui, jusque-là que, de paroles en paroles, les choses se sont échauffées, et il en a reçu quelques blessures dont on ne sait pas bien ce qui arrivera. Mais les voici.

SCÈNE IV.

ARISTIONE, ÉRIPHILE, IPHICRATE, TIMOCLÈS, SOSTRATE, CLÉONICE, CLITIDAS.

ARISTIONE.

Princes, vous agissez tous deux avec une violence bien grande ; et si Anaxarque a pu vous offenser, j'étais pour vous en faire justice moi-même.

IPHICRATE.

Et quelle justice, madame, auriez-vous pu nous faire de lui, si vous la faites si peu à notre rang dans le choix que vous embrassez ?

ARISTIONE.

Ne vous êtes-vous pas soumis l'un et l'autre à ce que pourraient décider, ou les ordres du ciel, ou l'inclination de ma fille ?

TIMOCLÈS.

Oui, madame ; nous nous sommes soumis à ce qu'ils pourraient décider entre le prince Iphicrate et moi, mais non pas à nous voir rebuter tous deux.

ARISTIONE.

Et si chacun de nous a bien pu se résoudre à souffrir une préférence, que vous arrive-t-il à tous deux où vous ne soyez préparés ? et que peuvent importer à l'un et à l'autre les intérêts de son rival ?

IPHICRATE.

Oui, madame, il importe. C'est quelque consolation de se voir préférer un homme qui vous est égal ; et votre aveuglement est une chose épouvantable.

ARISTIONE.

Prince, je ne veux pas me brouiller avec une personne qui m'a fait tant de grace que de me dire des douceurs : et je vous prie, avec toute l'honnêteté qu'il m'est possible, de donner à votre chagrin un fondement plus raisonnable ; de vous souvenir, s'il vous plaît, que Sostrate est revêtu d'un mérite qui s'est fait connaître à toute la Grèce, et que le rang où le ciel l'élève aujourd'hui va remplir toute la distance qui était entre lui et vous.

IPHICRATE.

Oui, oui, madame, nous nous en souviendrons. Mais peut-être aussi vous souviendrez-vous que deux princes outragés ne sont pas deux ennemis peu redoutables.

ACTE V, SCENE IV.

TIMOCLÈS.

Peut-être, madame, qu'on ne goûtera pas long-temps la joie du mépris qu'on fait de nous.

ARISTIONE.

Je pardonne toutes ces menaces aux chagrins d'un amour qui se croit offensé ; et nous n'en verrons pas avec moins de tranquillité la fête des jeux pythiens. Allons-y de ce pas ; et couronnons par ce pompeux spectacle cette merveilleuse journée.

FIN DU CINQUIÈME ACTE.

SIXIÈME INTERMÈDE.

FÊTE DES JEUX PYTHIENS.

(*Le théâtre représente une grande salle en manière d'amphitéâtre, avec une grande arcade dans le fond, au-dessus de laquelle est une tribune fermée d'un rideau. Dans l'éloignement paraît un autel pour le sacrifice. Six ministres du sacrifice, habillés comme s'ils étaient presque nus, portant chacun une hache sur l'épaule, entrent par le portique, au son des violons. Ils sont suivis de deux sacrificateurs et de la prêtresse.*)

SCÈNE I.

LA PRÊTRESSE, SACRIFICATEURS, MINISTRES DU SACRIFICE, CHŒUR DE PEUPLES.

Chantez, peuples, chantez, en mille et mille lieux,
Du dieu que nous servons les brillantes merveilles ;
    Parcourez la terre et les cieux ;
Vous ne sauriez chanter rien de plus précieux,
    Rien de plus doux pour les oreilles.

PREMIER SACRIFICATEUR.

A ce dieu plein de force, à ce dieu plein d'appas,
    Il n'est rien qui résiste.

SECOND SACRIFICATEUR.

    Il n'est rien ici bas
Qui par ses bienfaits ne subsiste.

LA PRÊTRESSE.

Toute la terre est triste
Quand on ne le voit pas.

CHOEUR.

Poussons à sa mémoire
Des concerts si touchans,
Que du haut de sa gloire,
Il écoute nos chants.

PREMIÈRE ENTRÉE DE BALLET.

(*Les six ministres du sacrifice, portant des haches, font entre eux une danse ornée de toutes les attitudes que peuvent exprimer des gens qui étudient leurs forces, après quoi ils se retirent aux deux côtés du théâtre.*)

SCÈNE II.

LA PRÊTRESSE, SACRIFICATEURS, MINISTRES DU SACRIFICE, VOLTIGEURS, CHOEUR DE PEUPLES.

DEUXIÈME ENTRÉE DE BALLET.

Six voltigeurs font paraître en cadence leur adresse sur des chevaux de bois, qui sont apportés par des esclaves.)

SCÈNE III.

LA PRÊTRESSE, SACRIFICATEURS, MINISTRES DU SACRIFICE, ESCLAVES, CONDUCTEURS D'ESCLAVES, CHOEUR DE PEUPLES.

TROISIÈME ENTRÉE DE BALLET.

(*Quatre conducteurs d'esclaves amènent en cadence huit esclaves qui dansent pour marquer la joie qu'ils ont d'avoir recouvré la liberté.*)

SCÈNE IV.

LA PRÊTRESSE, SACRIFICATEURS, MINISTRES DU SACRIFICE, HOMMES ET FEMMES *armés à la grecque*; CHOEUR DE PEUPLES.

QUATRIÈME ENTRÉE DE BALLET.

(*Quatre hommes armés à la grecque, avec des tambours, et quatre femmes armées à la grecque, avec des timbres, font ensemble une manière de jeu pour les armes.*)

SCÈNE V.

LA PRÊTRESSE, SACRIFICATEURS, MINISTRES DU SACRIFICE, HOMMES ET FEMMES *armés à la grecque*, UN HÉRAUT, TROMPETTES, UN TIMBALIER, CHOEUR DE PEUPLES.

(*La tribune s'ouvre. Un héraut, six trompettes et un timbalier se mêlant à tous les instrumens, annoncent la venue d'Apollon.*)

CHOEUR.

Ouvrons tous nos yeux
A l'éclat suprême
Qui brille en ces lieux.

SCÈNE VI.

APOLLON, SUIVANS D'APOLLON, LA PRÊTRESSE, SACRIFICATEURS, MINISTRES DU SACRIFICE, HOMMES ET FEMMES *armés à la grecque*, UN HÉRAUT, TROMPETTES, UN TIMBALIER, CHOEUR DE PEUPLES.

(*Apollon, au bruit des trompettes et des violons, entre par le portique, précédé de six jeunes gens qui portent des lauriers entrelacés autour d'un bâton, et un soleil d'or au-dessus, avec la devise royale en manière de trophée.*)

INTERMÈDE, SCÈNE VI.

CHOEUR.
Quelle grace extrême !
Quel port glorieux !
Où voit-on des dieux
Qui soient faits de même ?

CINQUIÈME ENTRÉE DE BALLET.

(Les suivans d'Apollon donnent leur trophée à tenir aux six ministres du sacrifice qui portent les haches, et commencent avec Apollon une danse héroïque.)

SIXIÈME ENTRÉE DE BALLET.

(Les six ministres du sacrifice portant les haches et les trophées, les quatre hommes et les quatre femmes armés à la grecque, se joignent en diverses manières à la danse d'Apollon et de ses suivans, tandis que la prêtresse, le sacrificateur et le chœur des peuples y mêlent leurs chants, à diverses reprises, au son des timbales et des trompettes.)

VERS

Pour le Roi, représentant Apollon.

Je suis la source des clartés ;
Et les astres les plus vantés,
Dont le beau cercle m'environne,
Ne sont brillans ou respectés
Que par l'éclat que je leur donne.
Du char où je me puis asseoir,
Je vois le désir de me voir
Posséder la nature entière ;
Et le monde n'a son espoir
Qu'aux seuls bienfaits de ma lumière.
Bien heureuses de toutes parts,
Et pleines d'exquises richesses,
Les terres où de mes regards
J'arrête les douces caresses !

Pour M. Le Grand, suivant d'Apollon.

Bien qu'auprès du soleil tout autre éclat s'efface,
S'en éloigner pourtant n'est pas ce que l'on veut ;
Et vous voyez bien, quoi qu'il fasse,
Que l'on s'en tient toujours le plus près que l'on peut.

Pour le marquis de Villeroi, suivant d'Apollon.

De notre maître incomparable
Vous me voyez inséparable ;
Et le zèle puissant qui m'attache à ses vœux
Le suit parmi les eaux, le suit parmi les feux.

Pour le marquis de Rassent, suivant d'Apollon.

Je ne serai pas vain quand je ne croirai pas
Qu'un autre, mieux que moi, suive partout ses pas.

FIN DES AMANS MAGNIFIQUES.

LE BOURGEOIS

GENTILHOMME,

COMÉDIE-BALLET EN CINQ ACTES,

Représentée à Chambord le 14 octobre; et à Paris, dans le mois de novembre 1670.

PERSONNAGES DE LA COMÉDIE.

MONSIEUR JOURDAIN, bourgeois.
MADAME JOURDAIN.
LUCILE, fille de monsieur Jourdain.
CLÉONTE, amant de Lucile.
DORIMÈNE, marquise.
DORANTE, comte, amant de Dorimène.
NICOLE, servante de monsieur Jourdain.
COVIELLE, valet de Cléonte.
UN MAITRE DE MUSIQUE.
UN ÉLÈVE DU MAITRE DE MUSIQUE.
UN MAITRE A DANSER.
UN MAITRE D'ARMES.
UN MAITRE DE PHILOSOPHIE.
UN MAITRE TAILLEUR.
UN GARÇON TAILLEUR.
DEUX LAQUAIS.

PERSONNAGES DU BALLET,

DANS LE PREMIER ACTE.

UNE MUSICIENNE.
DEUX MUSICIENS.
DANSEURS.

DANS LE SECOND ACTE.

GARÇONS TAILLEURS dansans.

DANS LE TROISIÈME ACTE.

CUISINIERS dansans.

PERSONNAGES.

DANS LE QUATRIÈME ACTE.

CÉRÉMONIE TURQUE.

LE MUFTI.
TURCS ASSISTANS DU MUFTI chantans.
DERVIS chantans.
TURCS dansans.

DANS LE CINQUIÈME ACTE.

BALLET DES NATIONS.

UN DONNEUR DE LIVRES, dansant.
IMPORTUNS dansans.
TROUPE DE SPECTATEURS chantans.
PREMIER HOMME DU BEL AIR.
SECOND HOMME DU BEL AIR.
PREMIÈRE FEMME DU BEL AIR.
SECONDE FEMME DU BEL AIR.
PREMIER GASCON.
SECOND GASCON.
UN SUISSE.
UN VIEUX BOURGEOIS BABILLARD.
UNE VIEILLE BOURGEOISE BABIL-
  LARDE.
ESPAGNOLS chantans.
ESPAGNOLS dansans.
UNE ITALIENNE.

PERSONNAGES.

UN ITALIEN.
DEUX SCARAMOUCHES.
DEUX TRIVELINS.
ARLEQUIN.
DEUX POITEVINS chantans et dansans.
POITEVINS et POITEVINES dansans.

La scène est à Paris, dans la maison de M. Jourdain.

LE BOURGEOIS GENTILHOMME.

ACTE PREMIER.

SCÈNE I.

UN MAITRE DE MUSIQUE, UN ÉLÈVE *du maître de msique, composant sur une table qui est au milieu du théâtre;* UNE MUSICIENNE, DEUX MUSICIENS, UN MAITRE A DANSER, DANSEURS.

LE MAÎTRE DE MUSIQUE, *aux musiciens.*

Venez, entrez dans cette salle, et vous reposez là, en attendant qu'il vienne.

LE MAÎTRE A DANSER, *aux danseurs.*
Et vous aussi de ce côté.

LE MAÎTRE DE MUSIQUE, *à son élève.*
Est-ce fait?

L'ÉLÈVE.
Oui.

LE MAÎTRE DE MUSIQUE.
Voyons... Voilà qui est bien.

LE MAÎTRE A DANSER.
Est-ce quelque chose de nouveau?

LE MAÎTRE DE MUSIQUE.
Oui, c'est un air pour une sérénade que je lui ai

fait composer ici, en attendant que notre homme fût éveillé.

LE MAÎTRE A DANSER.

Peut-on voir ce que c'est?

LE MAÎTRE DE MUSIQUE.

Vous l'allez entendre avec le dialogue, quand il viendra. Il ne tardera guère.

LE MAÎTRE A DANSER.

Nos occupations, à vous et à moi, ne sont pas petites maintenant.

LE MAÎTRE DE MUSIQUE.

Il est vrai. Nous avons trouvé ici un homme comme il nous faut tous deux. Ce nous est une douce rente que ce monsieur Jourdain, avec les visions de noblesse et de galanterie qu'il est allé se mettre en tête; et votre danse et ma musique auraient à souhaiter que tout le monde lui ressemblât.

LE MAÎTRE A DANSER.

Non pas entièrement; et je voudrais, pour lui, qu'il se connût mieux qu'il ne fait aux choses que nous lui donnons.

LE MAÎTRE DE MUSIQUE.

Il est vrai qu'il le connaît mal, mais il les paie bien; et c'est de quoi maintenant nos arts ont plus besoin que de toute autre chose.

LE MAÎTRE A DANSER.

Pour moi, je vous l'avoue, je me repais un peu de gloire. Les applaudissemens me touchent; et je tiens que, dans tous les beaux arts, c'est un supplice assez fâcheux que de se produire à des sots, que d'essuyer sur des compositions la barbarie d'un stupide. Il y a plaisir, ne m'en parlez point, à travailler pour des personnes qui soient capables de sentir les délicatesses d'un art, qui sachent faire un doux accueil aux beautés d'un ouvrage, et, par de chatouillantes approbations, vous régaler de votre travail. Oui, la récompense la plus agréable qu'on puisse recevoir des choses que l'on fait, c'est de les voir connues, de les voir caressées d'un applaudissement qui vous honore. Il n'y a rien, à mon avis, qui nous paie mieux que cela de toutes nos fatigues; et ce sont des douceurs exquises que des louanges éclairées.

LE MAÎTRE DE MUSIQUE.

J'en demeure d'accord; et je les goûte comme vous. Il n'y a rien assurément qui chatouille davantage que les applaudissemens que vous dites; mais cet encens ne fait pas vivre. Des louanges toutes pures ne mettent point un homme à son aise, il y faut mêler du solide; et la meilleure façon de louer, c'est de louer avec les mains. C'est un homme, à la vérité, dont les lumières sont petites, qui parle à tort et à travers de toutes choses, et n'applaudit qu'à contre-sens; mais son argent redresse les jugemens de son esprit; il a du discernement dans sa bourse; ses louanges sont monnoyées; et ce bourgeois ignorant nous vaut mieux, comme vous voyez, que le grand seigneur éclairé qui nous a introduits ici.

LE MAÎTRE A DANSER.

Il y a quelque chose de vrai dans ce que vous dites; mais je trouve que vous appuyez un peu trop sur l'argent; et l'intérêt est quelque chose de si bas, qu'il ne faut jamais qu'un honnête homme montre pour lui de l'attachement.

LE MAÎTRE DE MUSIQUE.

Vous recevez fort bien pourtant l'argent que notre homme vous donne.

LE MAÎTRE A DANSER.

Assurément; mais je n'en fais pas tout mon bonheur, et je voudrais qu'avec son bien il eût encore quelque bon goût des choses.

LE MAÎTRE DE MUSIQUE.

Je le voudrais aussi; et c'est à quoi nous travaillons tous deux autant que nous pouvons. Mais, en tout cas, il nous donne moyen de nous faire connaître dans le monde; et il paiera pour les autres ce que les autres loueront pour lui.

LE MAÎTRE A DANSER.

Le voilà qui vient.

SCÈNE II.

M. JOURDAIN, *en robe de chambre et en bonnet de nuit*; LE MAÎTRE DE MUSIQUE, LE MAÎTRE A DANSER, L'ÉLÈVE *du maître de musique*, UNE MUSICIENNE, DEUX MUSICIENS, DANSEURS, DEUX LAQUAIS.

M. JOURDAIN.

Hé bien, messieurs, qu'est-ce? me ferez-vous voir votre petite drôlerie!

LE MAÎTRE A DANSER.

Comment? quelle petite drôlerie?

M. JOURDAIN.

Hé! là... comment appelez-vous cela? votre prologue ou dialogue de chansons et de danse?

LE MAÎTRE A DANSER.

Ah! ah!

LE MAÎTRE DE MUSIQUE.

Vous nous y voyez préparés.

M. JOURDAIN.

Je vous ai fait un peu attendre; mais c'est que je me fais habiller aujourd'hui comme les gens de qualité, et mon tailleur m'a envoyé des bas de soie que j'ai pensé ne mettre jamais.

LE MAÎTRE DE MUSIQUE.

Nous ne sommes ici que pour attendre votre loisir.

M. JOURDAIN.

Je vous prie tous deux de ne vous point en aller qu'on ne m'ait apporté mon habit, afin que vous me puissiez voir.

ACTE I, SCÈNE II.

LE MAÎTRE A DANSER.

Tout ce qu'il vous plaira.

M. JOURDAIN.

Vous me verrez équipé comme il faut, depuis les pieds jusqu'à la tête.

LE MAÎTRE DE MUSIQUE.

Nous n'en doutons point.

M. JOURDAIN.

Je me suis fait faire cette indienne-ci.

LE MAÎTRE A DANSER.

Elle est fort belle.

M. JOURDAIN.

Mon tailleur m'a dit que les gens de qualité étaient comme cela le matin

LE MAÎTRE DE MUSIQUE.

Cela vous sied à merveille.

M. JOURDAIN.

Laquais ! hôlà, mes deux laquais !

PREMIER LAQUAIS.

Que voulez-vous, monsieur ?

M. JOURDAIN.

Rien. C'est pour voir si vous m'entendez bien. (*au maître de musique et au maître à danser.*) Que dites-vous de mes livrées ?

LE MAÎTRE A DANSER.

Elles sont magnifiques.

M. JOURDAIN, *entr'ouvrant sa robe et faisant voir son haut-de-chausses étroit de velours rouge, et sa camisole de velours vert.*

Voici encore un petit déshabillé pour faire le matin mes exercices.

LE MAÎTRE DE MUSIQUE.

Il est galant.

M. JOURDAIN,

Laquais !

PREMIER LAQUAIS.

Monsieur.

M. JOURDAIN.

L'autre laquais.

SECOND LAQUAIS.

Monsieur.

M. JOURDAIN, *ôtant sa robe de chambre.*

Tenez ma robe. (*au maître de musique et au maître à danser.*) Me trouvez-vous bien comme cela ?

LE MAÎTRE A DANSER.

Fort bien. On ne peut pas mieux.

M. JOURDAIN.

Voyons un peu votre affaire.

LE MAÎTRE DE MUSIQUE.

Je voudrais bien auparavant vous faire entendre un air (*montrant un élève.*) qu'il vient de composer pour la sérénade que vous m'avez demandée. C'est un de mes écoliers qui a pour ces sortes de choses un talent admirable.

M. JOURDAIN.

Oui : mais il ne fallait pas faire faire cela par un écolier ; et vous n'étiez pas trop bon vous-même pour cette besogne-là.

LE MAÎTRE DE MUSIQUE.

Il ne faut pas, monsieur, que le nom d'écolier vous abuse. Ces sortes d'écoliers en savent autant que les plus grands maîtres ; et l'air est aussi beau qu'il s'en puisse faire. Ecoutez seulement.

M. JOURDAIN, *à ses laquais.*

Donnez-moi ma robe pour mieux entendre.... Attendez, je crois que je serai mieux sans robe... Non, redonnez-la-moi ; cela ira mieux.

LA MUSICIENNE.

Je languis nuit et jour, et mon mal est extrême,
Depuis qu'à vos rigueurs vos beaux yeux m'ont soumis

Si vous traitez ainsi, belle Iris, qui vous aime,
Hélas ! que pourriez-vous faire à vos ennemis ?

M. JOURDAIN.

Cette chanson me semble un peu lugubre ; elle endort, et je voudrais que vous puissiez un peu la ragaillardir parci-par-là.

LE MAÎTRE DE MUSIQUE.

Il faut, monsieur, que l'air soit accommodé aux paroles.

M. JOURDAIN.

On m'en apprit un tout-à-fait joli il y a quelque temps. Attendez... là... Comment est-ce qu'il dit ?

LE MAÎTRE A DANSER.

Par ma foi, je ne sais.

M. JOURDAIN.

Il y a du mouton dedans.

LE MAÎTRE A DANSER.

Du mouton ?

M. JOURDAIN.

Oui. Ah ! (*Il chante.*)
    Je croyais Jeanneton
    Aussi douce que belle ;
    Je croyais Jeanneton
    Plus douce qu'un mouton.
Hélas ! hélas ! elle est cent fois,
    Mille fois plus cruelle
    Que n'est le tigre aux bois.
N'est-il pas joli ?

LE MAÎTRE DE MUSIQUE.

Le plus joli du monde.

LE MAÎTRE A DANSER.

Et vous le chantez bien.

M. JOURDAIN.

C'est sans avoir appris la musique.

LE MAÎTRE DE MUSIQUE.

Vous devriez l'apprendre, monsieur, comme vous

faites la danse. Ce sont deux arts qui ont une étroite liaison ensemble.

LE MAÎTRE A DANSER.

Et qui ouvrent l'esprit d'un homme aux belles choses.

M. JOURDAIN.

Est-ce que les gens de qualité apprennent aussi la musique ?

LE MAÎTRE DE MUSIQUE.

Oui, monsieur.

M. JOURDAIN.

Je l'apprendrai donc. Mais je ne sais quel temps je pourrai prendre; car, outre le maître d'armes qui me montre, j'ai arrêté encore un maître de philosophie, qui doit commencer ce matin.

LE MAÎTRE DE MUSIQUE.

La philosophie est quelque chose; mais la musique, monsieur, la musique...

LE MAÎTRE A DANSER.

La musique et la danse... La musique et la danse, c'est là tout ce qu'il faut.

LE MAÎTRE DE MUSIQUE.

Il n'y a rien qui soit utile dans un état que la musique.

LE MAÎTRE A DANSER.

Il n'y a rien qui soit si nécessaire aux hommes que la danse.

LE MAÎTRE DE MUSIQUE.

Sans la musique un état ne peut subsister.

LE MAÎTRE A DANSER.

Sans la danse un homme ne saurait rien faire.

LE MAÎTRE DE MUSIQUE.

Tous les désordres, toutes les guerres qu'on voit dans le monde, n'arrivent que pour n'apprendre pas la musique.

ACTE I, SCÈNE II.

LE MAÎTRE A DANSER.

Tous les malheurs des hommes, tous les revers funestes dont les histoires sont remplies, les bévues des politiques, les manquemens des grands capitaines, tout cela n'est venu que faute de savoir danser.

M. JOURDAIN.

Comment cela ?

LE MAÎTRE DE MUSIQUE.

La guerre ne vient-elle pas d'un manque d'union entre les hommes ?

M. JOURDAIN.

Cela est vrai.

LE MAÎTRE DE MUSIQUE.

Et si tous les hommes apprenaient la musique, ne serait-ce pas le moyen de s'accorder ensemble, et de voir dans le monde la paix universelle ?

M. JOURDAIN.

Vous avez raison.

LE MAÎTRE A DANSER.

Lorsqu'un homme a commis un manquement dans sa conduite, soit aux affaires de sa famille, ou au gouvernement d'un état, ou au commandement d'une armée, ne dit-on pas toujours, un tel a fait un mauvais pas dans une telle affaire ?

M. JOURDAIN.

Oui, on dit cela.

LE MAÎTRE A DANSER.

Et faire un mauvais pas, peut-il procéder d'autre chose que de ne savoir pas danser ?

M. JOURDAIN.

Cela est vrai, et vous avez raison tous deux.

LE MAÎTRE A DANSER.

C'est pour vous faire voir l'excellence et l'utilité de la danse et de la musique.

M. JOURDAIN.

Je comprends cela à cette heure.

LE MAÎTRE DE MUSIQUE.
Voulez-vous voir nos deux affaires ?

M. JOURDAIN.
Oui.

LE MAÎTRE DE MUSIQUE.
Je vous l'ai déjà dit, c'est un petit essai que j'ai fait autrefois des diverses passions que peut exprimer la musique.

M. JOURDAIN.
Fort bien.

LE MAÎTRE DE MUSIQUE *aux musiciens*.
Allons, avancez. (*à M. Jourdain.*) Il faut vous figurer qu'ils sont habillés en bergers.

M. JOURDAIN.
Pourquoi toujours des bergers ? On ne voit que ce'a partout.

LE MAÎTRE A DANSER.
Lorsqu'on a des personnes à faire parler en musique, il faut bien que, pour la vraisemblance, on donne dans la bergerie. Le chant a été de tout temps affecté aux bergères ; et il n'est guère naturel, en dialogue, que des princes ou des bourgeois chantent leurs passions.

M. JOURDAIN.
Passe, passe. Voyons.

DIALOGUE EN MUSIQUE.

UNE MUSICIENNE, DEUX MUSICIENS.

LA MUSICIENNE.
Un cœur, dans l'amoureux empire,
De mille soins est toujours agité :
On dit qu'avec plaisir on languit, on soupire ;
Mais, quoi qu'on puisse dire,

ACTE I, SCÈNE II.

Il n'est rien de si doux que notre liberté.

PREMIER MUSICIEN.

Il n'est rien de si doux que les tendres ardeurs
Qui font vivre deux cœurs
Dans une même envie :
On ne peut être heureux sans amoureux désirs ;
Otez l'amour de la vie,
Vous en ôtez les plaisirs.

SECOND MUSICIEN.

Il serait doux d'entrer dans l'amoureuse loi,
Si l'on trouvait en amour de la foi :
Mais, hélas ! ô rigueurs cruelles !
On ne voit point de bergères fidèles ;
Et ce sexe inconstant, trop indigne du jour,
Doit faire pour jamais renoncer à l'amour.

PREMIER MUSICIEN.
Aimable ardeur... !

LA MUSICIENNE.
Franchise heureuse !

SECOND MUSICIEN.
Sexe trompeur... !

PREMIER MUSICIEN.
Que tu m'es précieuse !

LA MUSICIENNE.
Que tu plais à mon cœur !

SECOND MUSICIEN.
Que tu me fais d'horreur !

PREMIER MUSICIEN.
Ah ! quitte, pour aimer, cette haine mortelle.

LA MUSICIENNE.
On peut, on peut te montrer
Une bergère fidèle.

SECOND MUSICIEN.
Hélas ! où la rencontrer ?

LA MUSICIENNE.
Pour défendre notre gloire,
Je te veux offrir mon cœur.

SECOND MUSICIEN.
Mais, bergère, puis-je croire
Qu'il ne sera point trompeur ?
LA MUSICIENNE.
Voyons par expérience
Qui des deux aimera mieux.
SECOND MUSICIEN.
Qui manquera de constance,
Le puissent perdre les dieux !
TOUS TROIS ENSEMBLE.
A des ardeurs si belles
Laissons-nous enflammer :
Ah ! qu'il est doux d'aimer
Quand deux cœurs sont fidèles !

M. JOURDAIN.

Est-ce tout ?

LE MAÎTRE DE MUSIQUE.

Oui.

M. JOURDAIN.

Je trouve cela bien troussé ; et il y a là-dedans de petits dictons assez jolis.

LE MAÎTRE A DANSER.

Voici, pour mon affaire, un petit essai des plus beaux mouvemens et des plus belles attitudes dont une danse puisse être variée.

M. JOURDAIN.

Sont-ce des bergers ?

LE MAÎTRE A DANSER.

C'est ce qu'il vous plaira. (*aux danseurs.*) Allons.

ENTRÉE DE BALET.

(*Quatre danseurs exécutent tous les mouvemens différens et toutes les sortes de pas que le maître à danser leur commande.*)

FIN DU PREMIER ACTE.

ACTE SECOND.

SCÈNE I.

M. JOURDAIN, LE MAITRE DE MUSIQUE, LE MAITRE A DANSER.

M. JOURDAIN.

Voila qui n'est point sot, et ces gens-là se trémoussent bien.

LE MAÎTRE DE MUSIQUE.

Lorsque la danse sera mêlée avec la musique, cela fera plus d'effet encore; et vous verrez quelque chose de galant dans le petit ballet que nous avons ajusté pour vous.

M. JOURDAIN.

C'est pour tantôt au moins ; et la personne pour qui j'ai fait faire tout cela me doit faire l'honneur de venir dîner céans.

LE MAÎTRE A DANSER.

Tout est prêt.

LE MAÎTRE DE MUSIQUE.

Au reste, monsieur, ce n'est pas assez ; il faut qu'une personne comme vous, qui êtes magnifique, et qui avez de l'inclination pour les belles choses, ait un concert de musique chez soi tous les mercredis, ou tous les jeudis.

M. JOURDAIN.

Est-ce que les gens de qualité en ont ?

LE MAÎTRE DE MUSIQUE.

Oui, monsieur.

M. JOURDAIN.

J'en aurai donc. Cela sera-t-il beau ?

LE MAÎTRE DE MUSIQUE.

Sans doute. Il vous faudra trois voix, un dessus,

une haute-contre, et une basse, qui seront accompagnées d'une basse de viole, d'un théorbe, et d'un clavecin pour les basses continues, avec deux dessus de violon pour jouer les ritournelles.

M. JOURDAIN.

Il y faudra mettre aussi une trompette marine. La trompette marine est un instrument qui me plaît, et qui est harmonieux.

LE MAÎTRE DE MUSIQUE.

Laissez-nous gouverner les choses.

M. JOURDAIN.

Au moins, n'oubliez pas tantôt de m'envoyer des musiciens pour chanter à table.

LE MAÎTRE DE MUSIQUE.

Vous aurez tout ce qu'il vous faut.

M. JOURDAIN.

Mais surtout que le ballet soit beau.

LE MAÎTRE A DANSER.

Vous en serez content, et, entre autres choses, de certains menuets que vous y verrez.

M. JOURDAIN.

Ah! les menuets sont ma danse, et je veux que vous me le voyiez danser. Allons, mon maître.

LE MAÎTRE A DANSER.

Un chapeau, monsieur, s'il vous plaît.

(M. Jourdain va prendre le chapeau de son laquais, et le met par-dessus son bonnet de nuit. Son maître lui prend les mains, et le fait danser sur un air de menuet qu'il chante.)

La, la, la, la, la, la,
La, la, la, la, la, la, la,
La, la, la, la, la, la,
La, la, la, la, la, la,
La, la, la, la, la. En
cadence, s'il vous plaît. La,
La, la, la, la. La jambe
droite. La, la, la,

ACTE II, SCÈNE II.

Ne remuez point tant les épaules.
La, la, la, la, la, la, la, la, la, la.
Vos deux bras sont estropiés.
La, la, la, la, la, Haussez la tête.
Tournez la pointe du pied en dehors.
La, la, la. Dressez votre corps.

M. JOURDAIN.
Hé !

LE MAÎTRE DE MUSIQUE.
Voilà qui est le mieux du monde.

M. JOURDAIN.
A propos, apprenez-moi comme il faut faire une révérence pour saluer une marquise ; j'en aurai besoin tantôt.

LE MAÎTRE A DANSER.
Une révérence pour saluer une marquise ?

M. JOURDAIN.
Oui, une marquise qui s'appelle Dorimène.

LE MAÎTRE A DANSER.
Donnez-moi la main.

M. JOURDAIN.
Non ; vous n'avez qu'à faire, je le retiendrai bien.

LE MAÎTRE A DANSER.
Si vous voulez la saluer avec beaucoup de respect, il faut faire d'abord une révérence en arrière, puis marcher vers elle avec trois révérences en avant, et à la dernière vous baisser jusqu'à ses genoux.

M. JOURDAIN.
Faites un peu. (*après que le maître à danser a fait trois révérences.*) Bon.

SCÈNE II.

M. JOURDAIN, LE MAITRE DE MUSIQUE, LE MAITRE A DANSER, UN LAQUAIS.

LE LAQUAIS.
Monsieur, voilà votre maître d'armes qui est là.

M. JOURDAIN.

Dis lui qu'il entre ici pour me donner leçon. (*au maître de musique et au maître à danser.*) Je veux que vous me voyiez faire.

SCÈNE III.

M. JOURDAIN, UN MAITRE D'ARMES, LE MAITRE DE MUSIQUE, LE MAITRE A DANSER, UN LAQUAIS, *tenant deux fleurets.*

LE MAÎTRE D'ARMES, *après avoir pris les deux fleurets de la main du laquais, et en avoir présenté un à M. Jourdain.*

Allons, monsieur, la révérence. Votre corps droit ; un peu penché sur la cuisse gauche. Les jambes point tant écartées. Vos pieds sur une même ligne. Votre poignet à l'opposite de votre hanche. La pointe de votre épée vis-à-vis de votre épaule. Le bras pas tout-à-fait si étendu. La main gauche à la hauteur de l'œil. L'épaule gauche plus carrée. La tête droite. Le regard assuré. Avancez. Le corps ferme. Touchez-moi l'épée de quarte, et achevez de même. Une, deux. Remettez-vous. Redoublez de pied ferme. Une, deux. Un saut en arrière. Quand vous portez la botte, monsieur, il faut que l'épée parte la première, et que le corps soit bien effacé. Une, deux. Allons, touchez-moi l'épée de tierce, et achevez de même. Avancez. Le corps ferme. Avancez. Partez de là. Une, deux. Remettez-vous. Redoublez. Une, deux. Un saut en arrière. En garde, monsieur, en garde. (*Le maître d'armes lui pousse deux ou trois bottes, en lui disant, en garde.*)

M. JOURDAIN.

Hé !

LE MAÎTRE DE MUSIQUE.

Vous faites des merveilles.

LE MAÎTRE D'ARMES.

Je vous l'ai déjà dit, tout le secret des armes ne

consiste qu'en deux choses, à donner, et à ne point recevoir : et, comme je vous fis voir l'autre jour par raison démonstrative, il est impossible que vous receviez, si vous savez détourner l'épée de votre ennemi de la ligne de votre corps; ce qui ne dépend seulement que d'un petit mouvement du poignet, ou en dedans, ou en dehors.

M. JOURDAIN.

De cette façon donc un homme, sans avoir du cœur, est sûr de tuer son homme, et de n'être point tué ?

LE MAÎTRE D'ARMES.

Sans doute, n'en vites-vous pas la démonstration ?

M. JOURDAIN.

Oui.

LE MAÎTRE D'ARMES.

Et c'est en quoi l'on voit de quelle considération nous autres nous devons être dans un état, et combien la science des armes l'emporte hautement sur toutes les autres sciences inutiles, comme la danse, la musique, la..

LE MAÎTRE A DANSER.

Tout beau ! monsieur le tireur d'armes, ne parlez de la danse qu'avec respect.

LE MAÎTRE DE MUSIQUE.

Apprenez, je vous prie, à mieux traiter l'excellence de la musique.

LE MAÎTRE D'ARMES.

Vous êtes de plaisantes gens de vouloir comparer vos sciences à la mienne !

LE MAÎTRE DE MUSIQUE.

Voyez un peu l'homme d'importance !

LE MAÎTRE A DANSER.

Voilà un plaisant animal avec son plastron !

LE MAÎTRE D'ARMES.

Mon petit maître à danser, je vous ferais danser comme il faut. Et vous, mon petit musicien, je vous ferais chanter de la belle manière.

LE MAÎTRE A DANSER.

Monsieur le batteur de fer, je vous apprendrai votre métier.

M. JOURDAIN, *au maître à danser.*

Êtes-vous fou de l'aller quereller, lui qui entend la tierce et la quarte, et qui sait tuer un homme par raison démonstrative ?

LE MAÎTRE A DANSER.

Je me moque de sa raison démonstrative, et de sa tierce et de sa quarte.

M. JOURDAIN, *au maître à danser.*

Tout doux, vous dis-je.

LE MAÎTRE D'ARMES, *au maître à danser.*

Comment, petit impertinent !

M. JOURDAIN.

Hé ! mon maître d'armes !

LE MAÎTRE A DANSER, *au maître d'armes.*

Comment, grand cheval de carrosse !

M. JOURDAIN.

Hé ! mon maître à danser !

LE MAÎTRE D'ARMES.

Si je me jette sur vous...

M. JOURDAIN, *au maître d'armes.*

Doucement !

LE MAÎTRE A DANSER.

Si je mets sur vous la main...

M. JOURDAIN, *au maître à danser.*

Tout beau !

LE MAÎTRE D'ARMES.

Je vous étrillerai d'un air...

M. JOURDAIN, *au maître d'armes.*

De grace ?

LE MAÎTRE A DANSER.

Je vous rosserai d'une manière...

M. JOURDAIN, *au maître à danser.*

Je vous prie.

LE MAÎTRE DE MUSIQUE.

Laissez-nous un peu lui apprendre à parler.

M. JOURDAIN, *au maître de musique.*

Mon dieu, arrêtez-vous.

SCÈNE IV.

UN MAITRE DE PHILOSOPHIE, M. JOURDAIN, LE MAITRE DE MUSIQUE, LE MAITRE A DANSER, LE MAITRE D'ARMES, UN LAQUAIS.

M. JOURDAIN.

Hola, monsieur le philosophe, vous arrivez tout a propos avec votre philosophie. Venez un peu mettre la paix entre ces personnes-ci.

LE MAÎTRE A DANSER.

Qu'est-ce donc? Qu'y a-t-il, messieurs?

M. JOURDAIN.

Ils se sont mis en colère pour la préférence de leurs professions, jusqu'à se dire des injures et en vouloir venir aux mains.

LE MAÎTRE DE PHILOSOPHIE.

Hé quoi! messieurs, faut-il s'emporter de la sorte? Et n'avez-vous point lu le docte traité que Sénèque a composé de la colère? Y a-t-il rien de plus bas et de plus honteux que cette passion, qui fait d'un homme une bête féroce? et la raison ne doit-elle pas être maîtresse de tous nos mouvemens?

LE MAÎTRE A DANSER.

Comment, monsieur! il vient nous dire des injures à tous deux, en méprisant la danse, que j'exerce, et la musique, dont il fait profession!

LE MAÎTRE DE PHILOSOPHIE.

Un homme sage est au-dessus de toutes les injures qu'on lui peut dire, et la grande réponse qu'on doit faire aux outrages, c'est la modération et la patience.

LE MAÎTRE D'ARMES.

Ils ont tous deux l'audace de vouloir comparer leurs professions à la mienne !

LE MAÎTRE DE PHILOSOPHIE.

Faut-il que cela vous émeuve ? ce n'est pas de vaine gloire et de condition que les hommes doivent disputer entre eux ; et ce qui nous distingue parfaitement les uns des autres, c'est la sagesse et la vertu.

LE MAÎTRE A DANSER.

Je lui soutiens que la danse est une science à laquelle on ne peut faire assez d'honneur.

LE MAÎTRE DE MUSIQUE.

Et moi, que la musique en est une que tous les siècles ont révérée.

LE MAÎTRE D'ARMES.

Et moi, je leur soutiens à tous deux que la science de tirer des armes est la plus belle et la plus nécessaire de toutes les sciences.

LE MAÎTRE DE PHILOSOPHIE.

Et que sera donc la philosophie ? Je vous trouve tous trois bien impertinens de parler devant moi avec cette arrogance, et de donner impudemment le nom de science à des choses que l'on ne doit pas même honorer du nom d'art, et qui ne peuvent être comprises que sous le nom de métier misérable de gladiateur, de chanteur, et de baladin.

LE MAÎTRE D'ARMES.

Allez, philosophe de chien !

LE MAÎTRE DE MUSIQUE.

Allez, belitre de pédant !

LE MAÎTRE A DANSER.

Allez, cuistre fieffé !

LE MAÎTRE DE PHILOSOPHIE.

Comment marauds que vous êtes... ! (*Le philosophe se jette sur eux, et tous trois le chargent de coups.*)

ACTE II, SCÈNE IV.

M. JOURDAIN.

Monsieur le philosophe !

LE MAÎTRE DE PHILOSOPHIE.

Infâmes ! coquins ! insolens !

M. JOURDAIN.

Monsieur le philosophe !

LE MAÎTRE D'ARMES.

La peste de l'animal !

M. JOURDAIN.

Messsieurs !

LE MAÎTRE DE PHILOSOPHIE.

Impudens !

M. JOURDAIN.

Monsieur le philosophe !

LE MAÎTRE A DANSER.

Diantre soit de l'âne bâté ?

M. JOURDAIN.

Messieurs !

LE MAÎTRE DE PHILOSOPHIE.

Scélérats !

M. JOURDAIN.

Monsieur le philosophe !

LE MAÎTRE DE MUSIQUE.

Au diable l'impertinent !

M. JOURDAIN.

Messieurs !

LE MAÎTRE DE PHILOSOPHIE.

Fripons ! gueux ! traîtres ! imposteurs !

M. JOURDAIN.

Monsieur le philosophe ! Messieurs ! Monsieur le philosophe ! Messieurs ! Monsieur le philosophe !

(*Ils sortent en se battant.*)

SCÈNE V.

M. JOURDAIN, UN LAQUAIS.

M. JOURDAIN.

Hé ! battez-vous tant qu'il vous plaira, je n'y saurais que faire, et je n'irai pas gâter ma robe pour vous séparer. Je serais bien fou de m'aller fourrer parmi eux, pour recevoir quelque coup qui me ferait mal.

SCÈNE VI.

LE MAITRE DE PHILOSOPHIE, M. JOURDAIN, UN LAQUAIS.

LE MAITRE DE PHILOSOPHIE, *raccommodant son collet.*

Venons à notre leçon.

M. JOURDAIN.

Ah ! monsieur, je suis fâché des coups qu'ils vous ont donnés.

LE MAITRE DE PHILOSOPHIE.

Cela n'est rien. Un philosophe sait recevoir comme il faut les choses; et je vais composer contre eux une satyre du style de Juvénal, qui les déchirera de la belle façon. Laissons cela. Que voulez-vous apprendre ?

M. JOURDAIN.

Tout ce que je pourrai; car j'ai toutes les envies du monde d'être savant; et j'enrage que mon père et ma mère ne m'aient pas bien fait étudier dans toutes les sciences quand j'étais jeune.

LE MAITRE DE PHILOSOPHIE.

Ce sentiment est raisonnable; *nam, sine doctrinâ, vita est quasi mortis imago.* Vous entendez cela, et vous savez le latin, sans doute ?

M. JOURDAIN.

Oui, mais faites comme si je ne le savais pas ; expliquez-moi ce que cela veut dire.

LE MAÎTRE DE PHILOSOPHIE.

Cela veut dire que, *sans la science la vie est presque une image de la mort.*

M. JOURDAIN.

Ce latin-là a raison.

LE MAÎTRE DE PHILOSOPHIE.

N'avez-vous point quelques principes, quelques commencemens des sciences ?

M. JOURDAIN.

Oh ! oui. Je sais lire et écrire.

LE MAÎTRE DE PHILOSOPHIE.

Par où vous plaît-il que nous commencions ? Voulez-vous que je vous apprenne la logique ?

M. JOURDAIN.

Qu'est-ce que c'est que cette logique ?

LE MAÎTRE DE PHILOSOPHIE.

C'est elle qui enseigne les trois opérations de l'esprit.

M. JOURDAIN.

Qui sont-elles ces trois opérations de l'esprit ?

LE MAÎTRE DE PHILOSOPHIE.

La première, la seconde, et la troisième. La première est de bien concevoir, par le moyen des universaux ; la seconde, de bien juger, par le moyen de catégories ; et la troisième, de bien tirer une conséquence, par le moyen des figures, *Barbara, celarent, Darii, ferio, baralipton,* etc.

M. JOURDAIN.

Voilà des mots qui sont trop rebarbatifs. Cette logique-là ne me revient point. Apprenons autre chose qui soit plus joli.

LE MAÎTRE DE PHILOSOPHIE.

Voulez-vous apprendre la morale ?

M. JOURDAIN.

La morale ?

LE MAÎTRE DE PHILOSOPHIE.

Oui.

M. JOURDAIN.

Qu'est-ce qu'elle dit, cette morale ?

LE MAÎTRE DE PHILOSOPHIE.

Elle traite de la félicité, enseigne aux hommes à modérer leurs passions, et...

M. JOURDAIN.

Non, laissons cela : je suis bilieux comme tous les diables, et il n'y a morale qui tienne; je me veux mettre en colère tout mon soûl, quand il m'en prend envie.

LE MAÎTRE DE PHILOSOPHIE.

Est-ce la physique que vous voulez apprendre ?

M. JOURDAIN.

Qu'est-ce qu'elle chante, cette physique ?

LE MAÎTRE DE PHILOSOPHIE.

La physique est celle qui explique les principes des choses naturelles, et les propriétés du corps; qui discourt de la nature des élémens, des métaux, des minéraux, des pierres, des plantes, et des animaux, et nous enseigne les causes de tous les météores, l'arc-en-ciel, les feux volans, les comètes, les éclairs, le tonnerre, la foudre, la pluie, la neige, la grêle, les vents et les tourbillons.

M. JOURDAIN.

Il y a trop de tintamarre là-dedans, trop de brouillamini.

LE MAÎTRE DE PHILOSOPHIE.

Que voulez-vous donc que je vous apprenne ?

M. JOURDAIN.

Apprenez-moi l'orthographe.

LE MAÎTRE DE PHILOSOPHIE.

Très-volontiers.

M. JOURDAIN.

Après, vous m'apprendrez l'almanach, pour savoir quand il y a de la lune, et quand il n'y en a point.

LE MAÎTRE DE PHILOSOPHIE.

Soit. Pour bien suivre votre pensée, et traiter cette

ACTE II, SCÈNE VI.

matière en philosophe, il faut commencer, selon l'ordre des choses, par une exacte connaissance de la nature des lettres, et de la différente manière de les prononcer toutes. Et là-dessus j'ai à vous dire que les lettres sont divisées en voyelles, ainsi dites voyelles, parce qu'elles expriment les voix; et en consonnes, ainsi appelées consonnes, parce qu'elles sonnent avec les voyelles, et ne font que marquer les diverses articulations des voix. Il y a cinq voyelles, ou voix, A, E, I, O, U.

M. JOURDAIN.

J'entends tout cela.

LE MAÎTRE DE PHILOSOPHIE.

La voix A se forme en ouvrant fort la bouche, A.

M. JOURDAIN.

A, A. Oui.

LE MAÎTRE DE PHILOSOPHIE.

La voix E se forme en rapprochant la mâchoire d'en bas de celle d'en haut, A, E.

M. JOURDAIN.

A, E, A, E. Ma foi, oui! Ah! que cela est beau!

LE MAÎTRE DE PHILOSOPHIE.

Et la voix I, en rapprochant encore davantage les mâchoires l'une de l'autre, et écartant les deux coins de la bouche vers les oreilles, A, E, I.

M. JOURDAIN.

A, E, I, I, I, I. Cela est vrai. Vive la science!

LE MAÎTRE DE PHILOSOPHIE.

La voix O se forme en rouvrant les mâchoires et rapprochant les lèvres par les deux coins, le haut et le bas, O.

M. JOURDAIN.

O, O. Il n'y a rien de plus juste. A, E, I, O; I, O. Cela est admirable! I, O; I, O.

LE MAÎTRE DE PHILOSOPHIE.

L'ouverture de la bouche fait justement comme un petit rond qui représente un O.

M. JOURDAIN.

O, O, O. Vous avez raison. O. Ah! la belle chose que de savoir quelque chose!

LE MAÎTRE DE PHILOSOPHIE.

La voix U se forme en rapprochant les dents sans les joindre entièrement, et alongeant les deux lèvres en dehors, les approchant aussi l'une de l'autre sans les joindre tout-à-fait, U.

M. JOURDAIN.

U, U. Il n'y a rien de plus véritable. U.

LE MAÎTRE DE PHILOSOPHIE.

Vos deux lèvres s'alongent comme si vous faisiez la moue, d'où vient que, si vous la voulez faire à quelqu'un, et vous moquer de lui, vous ne sauriez lui dire que U.

M. JOURDAIN.

U, U. Cela est vrai. Ah! que n'ai-je étudié plus tôt pour savoir tout cela!

LE MAÎTRE DE PHILOSOPHIE.

Demain nous verrons les autres lettres, qui sont les consonnes.

M. JOURDAIN.

Est-ce qu'il y a des choses aussi curieuses qu'à celles-ci?

LE MAÎTRE DE PHILOSOPHIE.

Sans doute. La consonne D, par exemple, se prononce en donnant du bout de la langue au-dessus des dents d'en haut, DA.

M. JOURDAIN.

DA, Da. Oui. Ah! les belles choses! les belles choses!

LE MAÎTRE DE PHILOSOPHIE.

L'F, en appuyant les dents d'en haut sur la lèvre de dessous, FA.

M. JOURDAIN.

FA, FA. C'est la vérité. Ah! mon père et ma mère, que je vous veux de mal!

ACTE II, SCÈNE VI.

LE MAÎTRE DE PHILOSOPHIE.

Et l'R, en portant le bout de la langue jusqu'au haut du palais ; de sorte qu'étant frôlée par l'air qui sort avec force, elle lui cède, et revient toujours au même endroit, faisant une manière de tremblement, R, RA.

M. JOURDAIN.

R, R, RA; R, R, R, R, R, RA. Cela est vrai. Ah! l'habile homme que vous êtes! et que j'ai perdu de temps! R, R, R, RA.

LE MAÎTRE DE PHILOSOPHIE.

Je vous expliquerai à fond toutes ces curiosités.

M. JOURDAIN.

Je vous en prie. Au reste, il faut que je vous fasse une confidence. Je suis amoureux d'une personne de grande qualité, et je souhaiterais que vous m'aidassiez à lui écrire quelque chose dans un petit billet, que je veux laisser tomber à ses pieds.

LE MAÎTRE DE PHILOSOPHIE.

Fort bien.

M. JOURDAIN.

Cela sera galant, oui.

LE MAÎTRE DE PHILOSOPHIE.

Sans doute. Sont-ce des vers que vous lui voulez écrire?

M. JOURDAIN.

Non, non, point de vers.

LE MAÎTRE DE PHILOSOPHIE.

Vous ne voulez que de la prose.

M. JOURDAIN.

Non, je ne veux ni prose ni vers.

LE MAÎTRE DE PHILOSOPHIE.

Il faut bien que ce soit l'un ou l'autre.

M. JOURDAIN.

Pourquoi?

LE MAÎTRE DE PHILOSOPHIE.

Par la raison, monsieur, qu'il n'y a pour s'exprimer que la prose ou les vers.

M. JOURDAIN.

Il n'y a que la prose ou les vers ?

LE MAÎTRE DE PHILOSOPHIE.

Non, monsieur. Tout ce qui n'est point prose est vers ; et tout ce qui n'est point vers est prose.

M. JOURDAIN.

Et comme l'on parle, qu'est-ce que c'est donc que cela ?

LE MAÎTRE DE PHILOSOPHIE.

De la prose.

M. JOURDAIN.

Quoi ! quand je dis, Nicole, apportez-moi mes pantoufles, et me donnez mon bonnet de nuit, c'est de la prose ?

LE MAÎTRE DE PHILOSOPHIE.

Oui, monsieur.

M. JOURDAIN.

Par ma foi, il y a plus de quarante ans que je dis de la prose sans que j'en susse rien ; et je vous suis le plus obligé du monde de m'avoir appris cela. Je voudrais donc lui mettre dans un billet, *Belle marquise, vos beaux yeux me font mourir d'amour*; mais je voudrais que cela fût mis d'une manière galante, que cela fût tourné gentiment.

LE MAÎTRE DE PHILOSOPHIE.

Mettre que les feux de ses yeux réduisent votre cœur en cendres ; que vous souffrez nuit et jour pour elle les violences d'un...

M. JOURDAIN.

Non, non, non ; je ne veux point tout cela. Je ne veux que ce que je vous ai dit : *Belle marquise, vos beaux yeux me font mourir d'amour*.

LE MAÎTRE DE PHILOSOPHIE.

Il faut bien étendre un peu la chose.

M. JOURDAIN.

Non, vous dis-je ; je ne veux que ces seules pa-

ACTE II, SCÈNE VII.

roles-là dans le billet, mais tournées à la mode, bien arrangées comme il faut. Je vous prie de me dire un peu, pour voir, les diverses manières dont on les peut mettre.

LE MAÎTRE DE PHILOSOPIE.

On peut les mettre premièrement comme vous avez dit : *Belle marquise, vos beaux yeux me font mourir d'amour.* Ou bien : *D'amour mourir me font, belle marquise, vos beaux yeux.* Ou bien : *Vos yeux beaux d'amour me font, belle marquise, mourir.* Ou bien : *Mourir vos beaux yeux, belle marquise, d'amour me font.* Ou bien : *Me font vos yeux beaux mourir, belle marquise, d'amour.*

M. JOURDAIN.

Mais de toutes ces façons-là laquelle est le meilleure ?

LE MAÎTRE DE PHILOSOPHIE.

Celle que vous avez dit : *Belle marquise, vos beaux yeux me font mourir d'amour.*

M. JOURDAIN.

Cependant je n'ai point étudié, et j'ai fait cela tout du premier coup. Je vous remercie de tout mon cœur, et je vous prie de venir demain de bonne heure.

M. JOURDAIN.

Je n'y manquerai pas.

SCÈNE VII.

M. JOURDAIN, UN LAQUAIS.

M. JOURDAIN, *à son laquais.*

COMMENT ! mon habit n'est pas encore arrivé ?

LE LAQUAIS.

Non, monsieur.

M. JOURDAIN.

Ce maudit tailleur me fait bien attendre pour un jour où j'ai tant d'affaires. J'enrage. Que la fièvre quartaine puisse serrer bien fort le bourreau de tailleur! Au diable le tailleur! La peste étouffe le tailleur! Si je le tenais maintenant, ce tailleur détestable, ce chien de tailleur-là, ce traître de tailleur, je...

SCÈNE VIII.

M. JOURDAIN, UN MAITRE TAILLEUR, UN GARÇON TAILLEUR, *portant l'habit de M. Jourdain*; UN LAQUAS.

M. JOURDAIN.

Ah! vous voilà! Je m'allais mettre en colère contre vous.

LE MAÎTRE TAILLEUR.

Je n'ai pas pu venir plus tôt, et j'ai mis vingt garçons après votre habit.

M. JOURDAIN.

Vous m'avez envoyé des bas de soie si étroits, que j'ai eu toutes les peines du monde à les mettre, et il y a déjà deux mailles de rompues.

LE MAÎTRE TAILLEUR.

Ils ne s'élargiront que trop.

M. JOURDAIN.

Oui, si je romps toujours des mailles. Vous m'avez aussi fait faire des souliers qui me blessent furieusement.

LE MAÎTRE TAILLEUR.

Point du tout, monsieur.

M. JOURDAIN.

Comment, point du tout!

LE MAÎTRE TAILLEUR.

Non; ils ne vous blessent point.

M. JOURDAIN.

Je vous dis qu'ils me blessent, moi.

LE MAÎTRE TAILLEUR.

Vous vous imaginez cela.

ACTE II, SCÈNE VIII.

M. JOURDAIN.

Je me l'imagine parce que je le sens. Voyez la belle raison !

LE MAÎTRE TAILLEUR.

Tenez ; voilà le plus bel habit de la cour, et le mieux assorti. C'est un chef-d'œuvre que d'avoir inventé un habit sérieux qui ne fût pas noir ; et je le donne en six coups aux tailleurs les plus éclairés.

M. JOURDAIN.

Qu'est-ce que c'est que ceci ? vous avez mis les fleurs en en-bas.

LE MAÎTRE TAILLEUR.

Vous ne m'avez pas dit que vous les vouliez en haut.

M. JOURDAIN.

Est-ce qu'il faut dire cela ?

LE MAÎTRE TAILLEUR.

Oui, vraiment. Toutes les personnes de qualité les portent de la sorte.

M. JOURDAIN.

Les personnes de qualité portent les fleurs en en-bas ?

LE MAÎTRE TAILLEUR.

Oui, monsieur.

M. JOURDAIN.

Oh ! voilà qui est donc bien.

LE MAÎTRE TAILLEUR.

Si vous voulez, je les mettrai en haut.

M. JOURDAIN.

Non, non.

LE MAÎTRE TAILLEUR.

Vous n'avez qu'à dire.

M. JOURDAIN.

Non, vous dis-je ; vous avez bien fait. Croyez-vous que l'habit m'aille bien ?

LE MAÎTRE TAILLEUR.

Belle demande ! Je défie un peintre avec son pinceau de vous faire rien de plus juste. J'ai chez moi un garçon qui, pour monter une rhingrave, est le plus grand génie du monde; et un autre qui, pour assembler un pourpoint, est le héros de notre temps.

M. JOURDAIN.

La perruque et les plumes sont-elles comme il faut?

LE MAÎTRE TAILLEUR.

Tout est bien.

M. JOURDAIN, *regardant l'habit du tailleur.*

Ah! ah! monsieur le tailleur, voilà de mon étoffe du dernier habit que vous m'avez fait. Je la reconnais bien.

LE MAÎTRE TAILLEUR.

C'est que l'étoffe me sembla si belle, que j'en ai voulu lever un habit pour moi.

M. JOURDAIN.

Oui; mais il ne fallait pas le lever avec le mien.

LE MAÎTRE TAILLEUR.

Voulez-vous mettre votre habit?

M. JOURDAIN.

Oui, donnez-le-moi.

LE MAÎTRE TAILLEUR.

Attendez; cela ne va pas comme cela : j'ai amené des gens pour vous habiller en cadence; et ces sortes d'habits se mettent avec cérémonie. Holà, entrez vous autres.

SCÈNE IX.

M. JOURDAIN, LE MAITRE TAILLEUR, LE GARÇON TAILLEUR, GARÇONS TAILLEURS *dansans*; UN LAQUAIS.

LE MAÎTRE TAILLEUR, *à ses garçons.*

METTEZ cet habit à monsieur de la manière que vous faites aux personnes de qualité.

ACTE II, SCÈNE IX.

PREMIÈRE ENTRÉE DE BALLET.

(Les quatre garçons tailleurs, dansans, s'approchent de M. Jourdain. Deux lui arrachent le haut-de-chausses de ses exercices, les deux autres lui ôtent la camisole; après quoi, toujours en cadence, ils lui mettent son habit neuf.)
(M. Jourdain se promène au milieu d'eux, et leur montre son habit pour voir s'il est bien fait.)

GARÇON TAILLEUR.

Mon gentilhomme, donnez, s'il vous plaît, aux garçons quelque chose pour boire.

M. JOURDAIN.

Comment m'appelez-vous?

GARÇON TAILLEUR.

Mon gentilhomme.

M. JOURDAIN.

Mon gentilhomme! Voilà ce que c'est que de se mettre en personne de qualité. Allez-vous-en demeurer toujours habillé en bourgeois, on ne vous dira point mon gentilhomme. *(donnant de l'argent.)* Tenez, voilà pour mon gentilhomme.

GARÇON TAILLEUR.

Monseigneur, nous vous sommes bien obligés.

M. JOURDAIN.

Monseigneur! Oh! oh! monseigneur! Attendez, mon ami, monseigneur mérite quelque chose; et ce n'est pas une petite parole que monseigneur. Tenez, voilà ce que monseigneur vous donne.

GARÇON TAILLEUR.

Monseigneur, nous allons boire tous à la santé de votre grandeur.

M. JOURDAIN.

Votre grandeur! Oh! oh! oh! Attendez; ne vous en allez pas. A moi, votre grandeur! *(bas, à part.)*

Ma foi, s'il va jusqu'à l'altesse, il aura toute la bourse. (*haut.*) Tenez, voilà pour ma grandeur.

GARÇON TAILLEUR.

Monseigneur, nous la remercions très-humblement de ses libéralités.

M JOURDAIN.

Il a bien fait, je lui allais tout donner.

SCÈNE X.

DEUXIÈME ENTRÉE DE BALLET.

(*Les quatre garçons tailleurs se réjouissent, en dansant, de la libéralité de M. Jourdain.*)

FIN DU SECOND ACTE.

ACTE TROISIÈME.

SCÈNE I.

MONSIEUR JOURDAIN, DEUX LAQUAIS.

M. JOURDAIN.

Suivez-moi, que j'aille un peu montrer mon habit par la ville ; et, surtout, ayez soin tous deux de marcher immédiatement sur mes pas, afin qu'on voie bien que vous êtes à moi.

LAQUAIS.

Oui, monsieur.

M. JOURDAIN.

Appelez-moi Nicole, que je lui donne quelques ordres. Ne bougez, la voilà.

SCÈNE II.

M. JOURDAIN, NICOLE, DEUX LAQUAIS.

M. JOURDAIN.

Nicole.

NICOLE.

Plaît-il !

M. JOURDAIN.

Écoutez.

NICOLE, *riant.*

Hi, hi, hi, hi, hi.

M. JOURDAIN.

Qu'as-tu à rire ?

NICOLE.

Hi, hi, hi, hi, hi, hi.

M. JOURDAIN.

Que veut dire cette coquine-là ?

NICOLE.

Hi, hi, hi. Comme vous voilà bâti ! Hi, hi, hi.

M. JOURDAIN.

Comment donc ?

NICOLE.

Ah ! ah ! mon dieu ! Hi, hi, hi, hi.

M. JOURDAIN.

Quelle friponne est-ce là ? Te moques-tu de moi ?

NICOLE.

Nenni, monsieur ; j'en serais bien fâchée. Hi, hi, hi, hi, hi, hi.

M. JOURDAIN.

Je te baillerai sur le nez, si tu ris davantage.

NICOLE.

Monsieur, je ne puis pas m'en empêcher. Hi, hi, hi, hi, hi, hi.

M. JOURDAIN.

Tu ne t'arrêteras pas ?

NICOLE.

Monsieur, je vous demande pardon ; mais vous êtes si plaisant, que je ne me saurais tenir de rire. Hi, hi, hi.

M. JOURDAIN.

Mais voyez quelle insolence !

NICOLE.

Vous êtes tout-à-fait drôle comme cela. Hi, hi.

M. JOURDAIN.

Je te...

NICOLE.

Je vous prie de m'excuser. Hi, hi, hi, hi.

M. JOURDAIN.

Tiens, si tu ris encore le moins du monde, je te jure que je t'appliquerai sur la joue le plus grand soufflet qui se soit jamais donné.

ACTE III, SCÈNE II.

NICOLE.

Hé bien, monsieur, voilà qui est fait, je ne rirai plus.

M. JOURDAIN.

Prends-y bien garde. Il faut que, pour tantôt, tu nettoies...

NICOLE.

Hi, hi.

M. JOURDAIN.

Que tu nettoies comme il faut...

NICOLE.

Hi, hi.

M. JOURDAIN.

Il faut, dis-je, que tu nettoies la salle, et...

NICOLE.

Hi, hi.

M. JOURDAIN.

Encore?

NICOLE, *tombant à force de rire.*

Tenez, monsieur, battez-moi plutôt et me laissez rire tout mon soûl; cela me fera plus de bien. Hi, hi, hi, hi.

M. JOURDAIN.

J'enrage.

NICOLE.

De grace, monsieur, je vous prie de me laisser rire. Hi, hi, hi.

M. JOURDAIN.

Si je te prends...

NICOLE.

Monsieur, eur, je creverai, aï, si je ne ris. Hi, hi, hi.

M. JOURDAIN.

Mais a-t-on jamais vu une pendarde comme celle-là, qui me vient rire insolemment au nez, au lieu de recevoir mes ordres?

16*

NICOLE.

Que voulez-vous que je fasse, monsieur ?

M. JOURDAIN.

Que tu songes, coquine, à préparer ma maison pour la compagnie qui doit venir tantôt.

NICOLE, *se relevant.*

Ah ! par ma foi, je n'ai plus envie de rire ; et toutes vos compagnies font tant de désordres céans, que ce mot est assez pour me mettre en mauvaise humeur.

M. JOURDAIN.

Ne dois-je point, pour toi, fermer ma porte à tout le monde ?

NICOLE.

Vous devriez au moins la fermer à certaines gens.

SCÈNE III.

MADAME JOURDAIN, M. JOURDAIN, NICOLE, DEUX LAQUAIS.

MADAME JOURDAIN.

Ah ! ah ! voici une nouvelle histoire ! Qu'est-ce que c'est donc, mon mari, que cet équipage-là ? Vous moquez-vous du monde, de vous être fait enharnacher de la sorte ? et avez-vous envie qu'on se raille partout de vous ?

M. JOURDAIN.

Il n'y a que des sots et des sottes, ma femme, qui se railleront de moi.

MADAME JOURDAIN.

Vraiment, on n'a pas attendu jurqu'à cette heure ; et il y a long-temps que vos façons de faire donnent à rire à tout le monde.

M. JOURDAIN.

Qui est donc tout ce monde-là, s'il vous plaît ?

MADAME JOURDAIN.

Tout ce monde-là est un monde qui a raison, et

ACTE III, SCÈNE III.

qui est plus sage que vous. Pour moi, je suis scandalisée de la vie que vous menez. Je ne sais plus ce que c'est que notre maison : on dirait qu'il est céans carême-prenant tous les jours ; et dès le matin, de peur d'y manquer, on y entend des vacarmes de violons et de chanteurs dont tout le voisinage se trouve incommodé.

NICOLE.

Madame parle bien. Je ne saurais plus voir mon ménage propre avec cet attirail de gens que vous faites venir chez vous. Ils ont des pieds qui vont chercher de la boue dans tous les quartiers de la ville pour l'apporter ici ; et la pauvre Françoise est presque sur les dents à frotter les planchers que vos biaux maîtres viennent crotter régulièrement tous les jours.

M. JOURDAIN.

Ouais ! notre servante Nicole, vous avez le caquet bien affilé pour une paysanne !

MADAME JOURDAIN.

Nicole a raison, et son sens est meilleur que le vôtre. Je voudrais bien savoir ce que vous pensez faire d'un maître à danser à l'âge que vous avez.

NICOLE.

Et d'un grand maître tireur d'armes qui vient, avec ses battemens de pieds, ébranler toute la maison, et nous déraciner tous les cariaux de notre salle.

M. JOURDAIN.

Taisez-vous ma servante, et ma femme.

MADAME JOURDAIN.

Est-ce que vous voulez apprendre à danser pour quand vous n'aurez plus de jambes.

NICOLE.

Est-ce que vous avez envie de tuer quelqu'un ?

M. JOURDAIN.

Taisez-vous, vous dis-je. Vous êtes des ignorantes l'une et l'autre, et vous ne savez pas les prérogatives de tout cela.

MADAME JOURDAIN.

Vous devriez bien plutôt songer à marier votre fille, qui est en âge d'être pourvue.

M. JOURDAIN.

Je songerai à marier ma fille quand il se présentera un parti pour elle; mais je veux songer aussi à apprendre les belles choses.

NICOLE.

J'ai encore ouï dire, madame, qu'il a pris aujourd'hui, pour renfort de potage, un maître de philosophie.

M. JOURDAIN.

Fort bien. Je veux avoir de l'esprit et savoir raisonner des choses parmi les honnêtes gens.

MADAME JOURDAIN.

N'irez-vous pas l'un de ces jours au collége vous faire donner le fouet à votre âge?

M. JOURDAIN.

Pourquoi non? Plût à Dieu l'avoir tout à l'heure le fouet devant tout le monde, et savoir ce qu'on apprend au collége!

NICOLE.

Oui, ma foi, cela vous rendrait la jambe bien mieux faite.

M. JOURDAIN.

Sans doute.

MADAME JOURDAIN.

Tout cela est fort nécessaire pour conduire votre maison!

M. JOURDAIN.

Assurément. Vous parlez toutes deux comme des bêtes, et j'ai honte de votre ignorance. Par exemple (*à madame Jourdain*), savez-vous, vous, ce que c'est que vous dites à cette heure?

MADAME JOURDAIN.

Oui; je sais que ce que je dis est fort bien dit, et que vous devriez songer à vivre d'autre sorte.

ACTE III, SCÈNE III.

M. JOURDAIN.

Je ne parle pas de cela. Je vous demande ce que c'est que les paroles que vous dites ici.

MADAME JOURDAIN.

Ce sont des paroles bien sensées, et votre conduite ne l'est guère.

M. JOURDAIN.

Je ne parle pas de cela, vous dis-je ; je vous demande, ce que je parle avec vous, ce que je vous dis à cette heure, qu'est-ce que c'est ?

MADAME JOURDAIN.

Des chansons.

M. JOURDAIN.

Hé ? non, ce n'est pas cela. Ce que nous disons tous deux ? le langage que nous parlons à cette heure ?

MADAME JOURDAIN.

Hé bien ?

M. JOURDAIN.

Comment est-ce que cela s'appelle ?

MADAME JOURDAIN.

Cela s'appelle comme on veut l'appeler.

M. JOURDAIN.

C'est de la prose, ignorante.

MADAME JOURDAIN.

De la prose ?

M. JOURDAIN.

Oui, de la prose. Tout ce qui est prose n'est point vers ; et tout ce qui n'est point vers est prose. Et voilà ce que c'est que d'étudier ! *(à Nicole.)* Et toi, sais-tu bien comme il faut faire pour dire un U ?

NICOLE.

Comment ?

M. JOURDAIN.

Oui, qu'est-ce que tu fais quand tu dis un U ?

NICOLE.

Quoi ?

M. JOURDAIN.

Dis un peu U, pour voir.

NICOLE.

Hé bien, U.

M. JOURDAIN.

Qu'est-ce que tu fais ?

NICOLE.

Je dis U.

M. JOURDAIN.

Oui ; mais quand tu dis U, qu'est-ce que tu fais ?

NICOLE.

Je fais ce que vous me dites.

M. JOURDAIN.

Oh ! l'étrange chose que d'avoir affaire à des bêtes ! Tu alonges les lèvres en dehors, et approches la mâchoire d'en-haut de celle d'en-bas. U, vois-tu ? U, je fais la moue, U.

NICOLE.

Oui, cela est biau !

MADAME JOURDAIN.

Voilà qui est admirable !

M. JOURDAIN.

C'est bien autre chose, si vous aviez vu O, et DA, DA, et FA, FA.

MADAME JOURDAIN.

Qu'est-ce que c'est donc que tout ce galimatias-là ?

NICOLE.

De quoi est-ce que tout cela guérit ?

M. JOURDAIN.

'enrage, quand je vois des femmes ignorantes.

MADAME JOURDAIN.

Allez, vous devriez envoyer promener tous ces gens-là avec leurs fariboles.

NICOLE.

Et surtout ce grand escogriffe de maître d'armes, qui remplit de poudre tout mon ménage.

ACTE III, SCÈNE III.

M. JOURDAIN.

Ouais ! ce maître d'armes vous tient bien au cœur ! Je te veux faire voir ton impertinence tout à l'heure. (*après avoir fait apporter les fleurets, et en avoir donné un à Nicole.*) Tiens ; raison démonstrative ; la ligne du corps. Quand on pousse en quarte on n'a qu'à faire cela ; et, quand on pousse en tierce, on n'a qu'à faire cela. Voilà le moyen de n'être jamais tué ; et cela n'est-il pas beau d'être assuré de son fait quand on se bat contre quelqu'un ? Là, pousse-moi un peu, pour voir.

NICOLE.

Hé bien, quoi ? (*Nicole pousse plusieurs bottes à M. Jourdain.*)

M. JOURDAIN.

Tout beau. Holà ! ho ! doucement. Diantre soit la coquine.

NICOLE.

Vous me dites de pousser.

M. JOURDAIN.

Oui ; mais tu me pousses en tierce, avant que de pousser en quarte, et tu n'as pas la patience que je pare.

MADAME JOURDAIN.

Vous êtes fou, mon mari, avec toutes vos fantaisies, et cela vous est venu depuis que vous vous mêlez de hanter la noblesse.

M. JOURDAIN.

Lorsque je hante la noblesse, je fais paraître mon jugement ; et cela est plus beau que de hanter votre bourgeoisie.

MADAME JOURDAIN.

Çamon vraiment ! il y a fort à gagner à fréquenter vos nobles ! et vous avez bien opéré avec ce beau monsieur le comte dont vous êtes embéguiné.

M. JOURDAIN.

Paix, songez à ce que vous dites. Savez-vous bien,

ma femme, que vous ne savez pas de qui vous parlez, quand vous parlez de lui ? C'est une personne d'importance plus que vous ne pensez, un seigneur que l'on considère à la cour, et qui parle au roi tout comme je vous parle. N'est-ce pas une chose qui m'est tout-à-fait honorable, que l'on voie venir chez moi si souvent une personne de cette qualité, qui m'appelle son cher ami, et me traite comme si j'étais son égal ? Il a pour moi des bontés qu'on ne devinerait jamais; et devant tout le monde il me fait des caresses dont je suis moi-même confus.

MADAME JOURDAIN.

Oui, il a des bontés pour vous et vous fait des caresses; mais il vous emporte votre argent.

M. JOURDAIN.

Hé bien, ne m'est-ce pas de l'honneur de prêter de l'argent à un homme de cette condition-là ? et puis-je faire moins pour un seigneur qui m'appelle son cher ami ?

MADAME JOURDAIN.

Et ce seigneur, que fait-il pour vous ?

M. JOURDAIN.

Des choses dont on serait étonné si on les savait.

MADAME JOURDAIN.

Et quoi ?

M. JOURDAIN.

Baste, je ne puis pas m'expliquer. Il suffit que si je lui ai prêté de l'argent, il me le rendra bien, et avant qu'il soit peu.

MADAME JOURDAIN.

Oui, attendez-vous à cela.

M. JOURDAIN.

Assurément. Ne me l'a-t-il pas dit ?

MADAME JOURDAIN.

Oui, oui; il ne manquera pas d'y faillir.

M. JOURDAIN.

Il m'a juré sa foi de gentilhomme.

MADAME JOURDAIN.

Chansons.

M. JOURDAIN.

Ouais ! vous êtes bien obstinée, ma femme. Je vous dis qu'il me tiendra sa parole, j'en suis sûr.

MADAME JOURDAIN.

Et moi, je suis sûre que non, et que toutes les caresses qu'il vous fait ne sont que pour vous enjôler.

M. JOURDAIN.

Taisez-vous. Le voici.

MADAME JOURDAIN.

Il ne nous faut plus que cela. Il vient peut-être encore vous faire quelque emprunt, et il me semble que j'ai dîné quand je le vois.

M. JOURDAIN.

Taisez-vous, vous dis-je.

SCÈNE IV.

DORANTE, M. JOURDAIN, MADAME JOURDAIN, NICOLE.

DORANTE.

Mon cher ami monsieur Jourdain, comment vous portez-vous ?

M. JOURDAIN.

Fort bien, monsieur, pour vous rendre mes petits services.

DORANTE.

Et madame Jourdain que voilà, comment se porte-t-elle ?

MADAME JOURDAIN.

Madame Jourdain se porte comme elle peut.

DORANTE.

Comment! monsieur Jourdain, vous voilà le plus propre du monde.

M. JOURDAIN.

Vous voyez.

DORANTE.

Vous avez tout-à-fait bon air avec cet habit; nous n'avons point de jeunes gens à la cour qui soient mieux faits que vous.

M. JOURDAIN.

Hai, hai.

MADAME JOURDAIN, *à part.*

Il le gratte par où il se démange.

DORANTE.

Tournez-vous. Cela est tout-à-fait galant.

MADAME JOURDAIN, *à part.*

Oui, aussi sot par derrière que par devant.

DORANTE.

Ma foi, monsieur Jourdain, j'avais une impatience étrange de vous voir. Vous êtes l'homme du monde que j'estime le plus; et je parlais de vous encore ce matin dans la chambre du roi.

M. JOURDAIN.

Vous me faites beaucoup d'honneur, monsieur. (*à madame Jourdain.*) Dans la chambre du roi.

DORANTE.

Allons, mettez.

M. JOURDAIN.

Monsieur, je sais le respect que je vous dois.

DORANTE.

Mon dieu! mettez. Point de cérémonie entre nous, je vous prie.

M. JOURDAIN.

Monsieur...

ACTE III, SCÈNE IV.

DORANTE.

Mettez, vous dis-je, monsieur Jourdain ; vous êtes mon ami.

M. JOURDAIN.

Monsieur, je suis votre serviteur.

DORANTE.

Je ne me couvrirai point, si vous ne vous couvrez.

M. JOURDAIN, *se couvrant*.

J'aime mieux être incivil qu'importun.

DORANTE.

Je suis votre débiteur, comme vous le savez.

MADAME JOURDAIN, *à part*.

Oui, nous ne le savons que trop.

DORANTE.

Vous m'avez généreusement prêté de l'argent en plusieurs occasions ; et vous m'avez obligé de la meilleure grace du monde, assurément.

M. JOURDAIN.

Monsieur, vous vous moquez.

DORANTE.

Mais je sais rendre ce qu'on me prête, et reconnaître les plaisirs qu'on me fait.

M. JOURDAIN.

Je n'en doute point, monsieur.

DORANTE.

Je veux sortir d'affaires avec vous ; et je viens ici pour faire nos comptes ensemble.

M. JOURDAIN, *bas, à madame Jourdain*.

Hé bien ! vous voyez votre impertinence, ma femme.

DORANTE.

Je suis homme qui aime à m'acquitter le plus tôt que je puis.

M. JOURDAIN, *bas, à madame Jourdain*.

Je vous le disais bien.

DORANTE.

Voyons un peu ce que je vous dois.

M. JOURDAIN, *bas*, *à madame Jourdain.*
Vous voilà avec vos soupçons ridicules !

DORANTE.
Vous souvenez-vous bien de tout l'argent que vous m'avez prêté ?

M. JOURDAIN.
Je crois que oui. J'en ai fait un petit mémoire. Le voici. Donné à vous une fois deux cents louis.

DORANTE.
Cela est vrai.

M. JOURDAIN.
Une autre fois, six vingts.

DORANTE.
Oui.

M. JOURDAIN.
Une autre fois, cent quarante.

DORANTE.
Vous avez raison.

M. JOURDAIN.
Ces trois articles font quatre cent soixante louis, qui valent cinq mille soixante livres.

DORANTE.
Le compte est fort bon. Cinq mille soixante livres.

M. JOURDAIN.
Mille huit cent trente-deux livres à votre plumassier.

DORANTE.
Justement.

M. JOURDAIN.
Deux mille sept cent quatre-vingts livres à votre tailleur.

DORANTE.
Il est vrai.

M. JOURDAIN.
Quatre mille trois cent septante-neuf livres douze sous huit deniers à votre marchand.

ACTE III, SCÈNE IV.

DORANTE.

Fort bien. Douze sous huit deniers, le compte est juste.

M. JOURDAIN.

Et mille sept cent quarante-huit livres sept sous quatre deniers à votre sellier.

DORANTE.

Tout cela est véritable. Qu'est-ce que cela fait ?

M. JOURDAIN.

Somme totale, quinze mille huit cents livres.

DORANTE.

Somme totale est juste. Quinze mille huit cents livres. Mettez encore deux cents louis que vous m'allez donner, cela fera justement dix-huit mille francs, que je vous paierai au premier jour.

MADAME JOURDAIN, *bas, à M. Jourdain.*

Hé bien ! ne l'avais je pas bien deviné ?

M. JOURDAIN, *bas, à madame Jourdain.*

Paix.

DORANTE.

Cela vous incommodera-t-il, de me donner ce que je vous dis ?

M. JOURDAIN.

Hé ! non.

MADAME JOURDAIN, *bas, à M. Jourdain.*

Cet homme-là fait de vous une vache à lait.

M. JOURDAIN, *bas, à madame Jourdain.*

Taisez-vous.

DORANTE.

Si cela vous incommode, j'en irai chercher ailleurs.

M. JOURDAIN.

Non, monsieur.

MADAME JOURDAIN, *bas, à M. Jourdain.*

Il ne sera pas content qu'il ne vous ait ruiné.

M. JOURDAIN, *bas*, *à madame Jourdain.*
Taisez-vous, vous dis-je.
DORANTE.
Vous n'avez qu'à me dire si cela vous embarrasse.
M. JOURDAIN.
Point, monsieur.
MADAME JOURDAIN, *bas*, *à M. Jourdain.*
C'est un vrai enjôleur.
M. JOURDAIN, *bas*, *à madame Jourdain.*
Taisez-vous donc.
MADAME JOURDAIN, *bas*, *à M. Jourdain.*
Il vous sucera jusqu'au dernier sou.
M. JOURDAIN, *bas*, *à madame Jourdain.*
Vous tairez-vous ?
DORANTE.
J'ai force gens qui m'en prêteraient avec joie ; mais, comme vous êtes mon meilleur ami, j'ai cru que je vous ferais tort si j'en demandais à quelque autre.
M. JOURDAIN.
C'est trop d'honneur, monsieur, que vous me faites. Je vais quérir votre affaire.
MADAME JOURDAIN, *bas*, *à M. Jourdain.*
Quoi ! vous allez encore lui donner cela ?
M. JOURDAIN, *bas*, *à madame Jourdain.*
Que faire ? Voulez-vous que je refuse un homme de cette condition là, qui a parlé de moi ce matin dans la chambre du roi ?
MADAME JOURDAIN, *bas*, *à M. Jourdain.*
Allez, vous êtes une vraie dupe.

SCÈNE V.
DORANTE, MADAME JOURDAIN, NICOLE.

DORANTE.
Vous me semblez toute mélancolique : qu'avez-vous, madame Jourdain ?

MADAME JOURDAIN.

J'ai la tête plus grosse que le poing, et si elle n'est pas enflée.

DORANTE.

Mademoiselle votre fille, où est-elle, que je ne la vois point ?

MADAME JOURDAIN.

Mademoiselle ma fille est bien où elle est.

DORANTE.

Comment se porte-t-elle ?

MADAME JOURDAIN.

Elle se porte sur ses deux jambes.

DORANTE.

Ne voulez-vous point, un de ces jours, venir voir avec elle le ballet et la comédie que l'on fait chez le roi ?

MADAME JOURDAIN.

Oui vraiment, nous avons fort envie de rire ; fort envie de rire nous avons.

DORANTE.

Je pense, madame Jourdain, que vous avez eu bien des amans dans votre jeune âge, belle et d'agréable humeur comme vous étiez.

MADAME JOURDAIN.

Tredame, monsieur, est-ce que madame Jourdain est décrépite ! et la tête lui grouille-t-elle déjà ?

DORANTE.

Ah ! ma foi, madame Jourdain, je vous demande pardon : je ne songeais pas que vous êtes jeune ; et je rêve le plus souvent. Je vous prie d'excuser mon impertinence.

SCÈNE VI.

M. JOURDAIN, MADAME JOURDAIN, DORANTE, NICOLE.

M. JOURDAIN, *à Dorante.*

Voilà deux cents louis bien comptés.

DORANTE.

Je vous assure, monsieur Jourdain, que je suis tout à vous, et que je brûle de vous rendre un service à la cour.

M. JOURDAIN.

Je vous suis trop obligé.

DORANTE.

Si madame Jourdain veut voir le divertissement royal, je lui ferai donner les meilleures places de la salle.

MADAME JOURDAIN.

Madame Jourdain vous baise les mains.

DORANTE, *bas*, *à M. Jourdain.*

Notre belle marquise, comme je vous ai mandé par mon billet, viendra tantôt ici pour le ballet et le repas, et je l'ai fait consentir enfin au cadeau que vous lui voulez donner.

M. JOURDAIN.

Tirons-nous un peu plus loin, pour cause.

DORANTE.

Il y a huit jours que je ne vous ai vu, et je ne vous ai point mandé de nouvelles du diamant que vous me mîtes entre les mains pour lui en faire présent de votre part : mais c'est que j'ai eu toutes les peines du monde à vaincre son scrupule ; et ce n'est que d'aujourd'hui qu'elle s'est résolue à l'accepter.

M. JOURDAIN.

Comment l'a-t-elle trouvé ?

DORANTE.

Merveilleux ; et je me trompe fort, ou la beauté de ce diamant fera pour vous sur son esprit un effet admirable.

M. JOURDAIN.

Plût au ciel !

MADAME JOURDAIN, *à Nicole.*

Quand il est une fois avec lui, il ne peut le quitter.

DORANTE.

Je lui ai fait valoir comme il faut la richesse de ce présent et la grandeur de votre amour.

ACTE III, SCÈNE VI.

M. JOURDAIN.

Ce sont, monsieur, des bontés qui m'accablent; et je suis dans une confusion la plus grande du monde de voir une personne de votre qualité s'abaisser pour moi à ce que vous faites.

DORANTE.

Vous moquez-vous? est-ce qu'entre amis on s'arrête à ces sortes de scrupules? et ne feriez-vous pas pour moi la même chose si l'occasion s'en offrait?

M. JOURDAIN.

Oh! assurément, et de très-grand cœur.

MADAME JOURDAIN, *bas, à Nicole*.

Que sa présence me pèse sur les épaules!

DORANTE.

Pour moi, je ne regarde rien quand il faut servir un ami; et lorsque vous me fîtes confidence de l'ardeur que vous aviez prise pour cette marquise agréable chez qui j'avais commerce, vous vîtes que d'abord je m'offris de moi-même à servir votre amour.

M. JOURDAIN.

Il est vrai. Ce sont des bontés qui me confondent.

MADAME JOURDAIN, *à Nicole*.

Est-ce qu'il ne s'en ira point?

NICOLE.

Ils se trouvent bien ensemble.

DORANTE.

Vous avez pris le bon biais pour toucher son cœur. Les femmes aiment surtout les dépenses qu'on fait pour elles; et vos fréquentes sérénades, et vos bouquets continuels, ce superbe feu d'artifice qu'elle trouva sur l'eau, le diamant qu'elle a reçu de votre part, et le cadeau que vous lui préparez, tout cela lui parle bien mieux en faveur de votre amour, que toutes les paroles que vous auriez pu lui dire vous-même.

M. JOURDAIN.

Il n'y a pas de dépense que je ne fisse, si par-là je

pouvais trouver le chemin de son cœur. Une femme de qualité a pour moi des charmes ravissans ; et c'est un honneur que j'achèterais au prix de toutes choses.

MADAME JOURDAIN, *bas, à Nicole.*

Que peuvent-ils tant dire ensemble ? Va-t'en un peu tout doucement prêter l'oreille.

DORANTE.

Ce sera tantôt que vous jouirez à votre aise du plaisir de sa vue ; et vos yeux auront tout le temps de se satisfaire.

M. JOURDAIN.

Pour être en pleine liberté j'ai fait en sorte que ma femme ira dîner chez ma sœur, où elle passera toute l'après-dînée.

DORANTE.

Vous avez fait prudemment, et votre femme aurait pu nous embarrasser. J'ai donné pour vous l'ordre qu'il faut au cuisinier, et à toutes les choses qui sont nécessaires pour le ballet. Il est de mon invention ; et pourvu que l'exécution puisse répondre à l'idée, je suis sûr qu'il sera trouvé...

M. JOURDAIN, *s'apercevant que Nicole écoute, et lui donnant un soufflet.*

Ouais ! vous êtes bien impertinente ! (*à Dorante.*) Sortons, s'il vous plaît.

SCÈNE VII.

MADAME JOURDAIN, NICOLE.

NICOLE.

MA foi, madame, la curiosité m'a coûté quelque chose : mais je crois qu'il y a quelque anguille sous roche ; et ils parlent de quelque affaire où ils ne veulent pas que vous soyez.

MADAME JOURDAIN.

Ce n'est pas d'aujourd'hui, Nicole, que j'ai conçu

des soupçons de mon mari. Je suis la plus trompée du monde, ou il y a quelque amour en campagne; et je travaille à découvrir ce que ce peut être. Mais songeons à ma fille. Tu sais l'amour que Cléonte a pour elle : c'est un homme qui me revient ? et je veux aider sa recherche, et lui donner Lucile, si je puis.

NICOLE.

En vérité, madame, je suis la plus ravie du monde de vous voir dans ces sentimens : car si le maître vous revient, le valet ne me revient pas moins; et je souhaiterais que notre mariage se pût faire à l'ombre du leur.

MADAME JOURDAIN.

Va-t'en lui parler de ma part, et lui dire que tout à l'heure il me vienne trouver, pour faire ensemble à mon mari la demande de ma fille.

NICOLE.

J'y cours, madame, avec joie; et je ne pouvais recevoir une commission plus agréable. (*seule*.) Je vais, je pense, bien réjouir les gens.

SCÈNE VIII.

CLÉONTE, COVIELLE, NICOLE.

NICOLE, *à Cléonte*.

Ah! vous voilà tout à propos. Je suis une ambassadrice de joie, et je viens...

CLÉONTE.

Retire-toi, perfide et ne me viens pas amuser avec tes traîtresses paroles.

NICOLE.

Est-ce ainsi que vous recevez...

CLÉONTE.

Retire-toi, te dis-je, et va-t'en de ce pas dire à ton infidèle maîtresse qu'elle n'abusera de sa vie le trop simple Cléonte.

NICOLE.

Quel vertigo est-ce donc là? Mon pauvre Covielle, dis-moi un peu ce que cela veut dire.

COVIELLE.

Ton pauvre Covielle, petite scélérate! Allons, vite, ôte-toi de mes yeux, vilaine, et me laisse en repos.

NICOLE.

Quoi! tu me viens aussi....

COVIELLE.

Ote-toi de mes yeux, te dis-je, et ne me parle de ta vie.

NICOLE, *à part*.

Ouais! quelle mouche les a piqués tous deux? Allons de cette belle histoire informer ma maîtresse.

SCÈNE IX.

CLÉONTE, COVIELLE.

CLÉONTE.

Quoi! traiter un amant de la sorte! et un amant le plus fidèle et le plus passionné de tous les amans!

COVIELLE.

C'est une chose épouvantable que ce qu'on nous fait à tous deux.

CLÉONTE.

Je fais voir pour une personne toute l'ardeur et toute la tendresse qu'on peut imaginer, je n'aime rien au monde qu'elle, et je n'ai qu'elle dans l'esprit; elle fait tous mes soins, tous mes désirs, toute ma joie; je ne parle que d'elle, je ne pense qu'à elle, je ne fais des songes que d'elle, je ne respire que par elle, mon cœur vit tout en elle; et voilà de tant d'amitié la digne récompense! Je suis deux jours sans la voir, qui sont pour moi deux siècles effroyables; je la rencontre par hasard, mon cœur à cette vue se sent tout transporté, ma joie éclate sur mon visage, je vole avec ravissement

ACTE III, SCÈNE IX.

vers elle ; et l'infidèle détourne de moi ses regards, et passe brusquement, comme si de sa vie elle ne m'avait vu !

COVIELLE.

Je dis les mêmes choses que vous.

CLÉONTE.

Peut-on rien voir d'égal, Covielle, à cette perfidie de l'ingrate Lucile ?

COVIELLE.

Et à celle, monsieur, de la pendarde de Nicole ?

CLÉONTE.

Après tant de sacrifices ardens, de soupirs et de vœux que j'ai faits à ses charmes !

COVIELLE.

Après tant d'assidus hommages, de soins et de services que je lui ai rendus dans sa cuisine !

CLÉONTE.

Tant de larmes que j'ai versées à ses genoux ?

COVIELLE.

Tant de sceaux d'eau que j'ai tirés au puits pour elle !

CLÉONTE.

Tant d'ardeur que j'ai fait paraître à la chérir plus que moi-même !

COVIELLE.

Tant de chaleur que j'ai soufferte à tourner la broche à sa place !

CLÉONTE.

Elle me fuit avec mépris !

COVIELLE.

Elle me tourne le dos avec effronterie !

CLÉONTE.

C'est une perfidie digne des plus grands châtimens.

COVIELLE.

C'est une trahison à mériter mille soufflets.

CLÉONTE.

Ne t'avise point, je te prie, de me jamais parler pour elle.

COVIELLE.

Moi, monsieur? Dieu m'en garde?

CLÉONTE.

Ne viens point m'excuser l'action de cette infidèle.

COVIELLE.

N'ayez pas peur.

CLÉONTE.

Non, vois-tu, tous tes discours pour la défendre ne serviront de rien.

COVIELLE.

Qui songe à cela?

CLÉONTE.

Je veux contre elle conserver mon ressentiment, et rompre ensemble tout commerce.

COVIELLE.

J'y consens.

CLÉONTE.

Ce monsieur le comte qui va chez elle lui donne peut-être dans la vue; et son esprit, je le vois bien, se laisse éblouir à la qualité. Mais il me faut, pour mon honneur, prévenir l'éclat de son inconstance. Je veux faire autant de pas qu'elle au changement où je la vois courir, et ne lui laisser pas toute la gloire de me quitter.

COVIELLE.

C'est fort bien dit; et j'entre pour mon compte dans tous vos sentimens.

CLÉONTE.

Donne la main à mon dépit; et soutiens ma résolution contre tous les restes d'amour qui me pourraient parler pour elle. Dis-m'en, je t'en conjure, tout le mal que tu pourras; fais-moi de sa personne une peinture qui me la rende méprisable; et marque-moi bien, pour m'en dégoûter, tous les défauts que tu peux voir en elle.

ACTE III, SCÈNE IX.

COVIELLE.
Elle, monsieur? voilà une belle mijaurée, une pimpesouée bien bâtie, pour vous donner tant d'amour ! Je ne lui vois rien que de très-médiocre ; et vous trouverez cent personnes qui seront plus dignes de vous. Premièrement elle a les yeux petits.

CLÉONTE.
Cela est vrai, elle a les yeux petits ; mais elle les a pleins de feu, les plus brillans, les plus perçans du monde, les plus touchans qu'on puisse voir.

COVIELLE.
Elle a la bouche grande.

CLÉONTE.
Oui ; mais on y voit des graces qu'on ne voit point aux autres bouches : et cette bouche, en la voyant, inspire des désirs ; elle est la plus attrayante, la pus amoureuse du monde.

COVIELLE.
Pour sa taille, elle n'est pas grande.

CLÉONTE.
Non ; mais elle est aisée et bien prise.

COVIELLE.
Elle affecte une nonchalance dans son parler et dans ses actions...

CLÉONTE.
Il est vrai, mais elle a grace à tout cela ; et ses manières sont engageantes, ont je ne sais quel charme à s'insinuer dans les cœurs.

COVIELLE.
Pour de l'esprit...

CLÉONTE.
Ah ! elle en a, Covielle, du plus fin, du plus délicat.

COVIELLE.
Sa conversation....

CLÉONTE.
Sa conversation est charmante.

COVIELLE.
Elle est toujours sérieuse.

CLÉONTE.
Veux-tu de ces enjouemens épanouis, de ces joies toujours ouvertes ? Et vois-tu rien de plus impertinent que des femmes qui rient à tout propos ?

COVIELLE.
Mais enfin, elle est capricieuse autant que personne du monde.

CLÉONTE.
Oui, elle est capricieuse, j'en demeure d'accord : mais tout sied bien aux belles, on souffre tout des belles.

COVIELLE.
Puisque cela va comme cela, je vois bien que vous avez envie de l'aimer toujours.

CLÉONTE.
Moi ? j'aimerais mieux mourir ; et je vais la haïr autant que je l'ai aimée.

COVIELLE.
Le moyen, si vous la trouvez si parfaite ?

CLÉONTE.
C'est en quoi ma vengeance sera plus éclatante, en quoi je veux faire mieux voir la force de mon cœur à la haïr, à la quitter, toute belle, toute pleine d'attraits, tout aimable que je la trouve. La voici.

SCÈNE X.

LUCILE, CLÉONTE, COVIELLE, NICOLE.

NICOLE, *à Lucile.*
Pour moi, j'en ai été toute scandalisée.

LUCILE.
Ce ne peut être, Nicole, que ce que je dis. Mais le voilà.

ACTE III, SCÈNE X.

CLÉONTE, *à Covielle.*

Je ne veux pas seulement lui parler.

COVIELLE.

Je veux vous imiter.

LUCILE.

Qu'est-ce donc, Cléonte ? Qu'avez-vous ?

NICOLE.

Qu'as-tu donc, Covielle ?

LUCILE.

Quel chagrin vous possède ?

NICOLE.

Quelle mauvaise humeur te tient ?

LUCILE.

Êtes-vous muet, Cléonte ?

NICOLE.

As-tu perdu la parole, Covielle ?

CLÉONTE.

Que voilà qui est scélérat !

COVIELLE.

Que cela est Judas !

LUCILE.

Je vois bien que la rencontre de tantôt a troublé votre esprit.

CLÉONTE, *à Covielle.*

Ah ! ah ! on voit ce qu'on a fait.

NICOLE.

Notre accueil de ce matin t'a fait prendre la chèvre.

COVIELLE, *à Cléonte.*

On a deviné l'enclouure.

LUCILE.

N'est-il pas vrai, Cléonte, que c'est là le sujet de votre dépit ?

CLÉONTE.

Oui, perfide ? ce l'est, puisqu'il faut parler ; et j'ai à vous dire que vous ne triompherez pas, comme vous le pensez, de votre infidélité, que je veux être le premier à rompre avec vous, et que vous n'aurez pas l'avantage de me chasser. J'aurai de la peine, sans doute, à vaincre l'amour que j'ai pour vous; cela me causera des chagrins; je souffrirai un temps : mais j'en viendrai à bout, et je me percerai plutôt le cœur, que d'avoir la faiblesse de retourner à vous.

COVIELLE, *à Nicole.*

Queussi queumi.

LUCILE.

Voilà bien du bruit pour un rien. Je veux vous dire, Cléonte, le sujet qui m'a fait ce matin éviter votre abord.

CLÉONTE, *voulant s'en aller pour éviter Lucile.*

Non, je ne veux rien écouter.

NICOLE, *à Covielle.*

Je te veux apprendre la cause qui nous a fait passer si vite.

COVIELLE, *voulant aussi s'en aller pour éviter Nicole.*

Je ne veux rien entendre.

LUCILE, *suivant Cléonte.*

Sachez que ce matin...

CLÉONTE, *marchant toujours sans regarder Lucile.*

Non, vous dis-je.

NICOLE, *suivant Covielle.*

Apprends que...

COVIELLE, *marchant aussi sans regarder Nicole.*

Non, traîtresse.

LUCILE.

Écoutez.

CLÉONTE.

Point d'affaire.

NICOLE.

Laisse-moi dire.

COVIELLE.

Je suis sourd.

LUCILE.

Cléonte...

CLÉONTE.

Non.

NICOLE.

Covielle !

COVIELLE.

Point.

LUCILE.

Arrêtez.

CLÉONTE.

Chansons.

NICOLE.

Entends-moi.

COVIELLE.

Bagatelle.

LUCILE.

Un moment.

CLÉONTE.

Point du tout.

NICOLE.

Un peu de patience.

COVIELLE.

Tarare.

LUCILE.

Deux paroles.

CLÉONTE.

Non, c'en est fait.

NICOLE.

Un mot.

COVIELLE.

Plus de commerce.

LUCILE, *s'arrétant.*

Hé bien ! puisque vous ne voulez pas m'écouter, demeurez dans votre pensée, et faites ce qu'il vous plaira.

NICOLE, *s'arrêtant aussi.*

Puisque tu fais comme cela, prends le tout comme tu voudras.

CLÉONTE, *se retournant vers Lucile.*

Sachons donc le sujet d'un si bel accueil.

LUCILE, *s'en allant à son tour pour éviter Cléonte.*

Il ne me plaît plus de le dire.

COVIELLE, *se retournant vers Nicole.*

Apprends-nous un peu cette histoire.

NICOLE, *s'en allant aussi pour éviter Covielle.*

Je ne veux plus, moi, te l'apprendre.

CLÉONTE, *suivant Lucile.*

Dites-moi.

LUCILE, *marchant toujours sans regarder Cléonte.*

Non, je ne veux rien dire.

COVIELLE, *suivant Nicole.*

Conte-moi...

NICOLE, *marchant aussi sans regarder Covielle.*

Non, je ne conte rien.

CLÉONTE.

De grace.

LUCILE.

Non, vous dis-je.

COVIELLE.

Par charité.

NICOLE.

Point d'affaire.

CLÉONTE.

Je vous en prie.

LUCILE.

Laissez-moi.

COVIELLE.

Je t'en conjure.

NICOLE.

Ote-toi de là.

ACTE III, SCÈNE X.

CLÉONTE.

Lucile !

LUCILE.

Non.

COVIELLE.

Nicole !

NICOLE.

Point.

CLÉONTE.

Au nom des dieux !

LUCILE.

Je ne veux pas.

COVIELLE.

Parle-moi.

NICOLE.

Point du tout.

CLÉONTE.

Éclaircissez mes doutes.

LUCILE.

Non, je n'en ferai rien.

COVIELLE.

Guéris-moi l'esprit.

NICOLE.

Non, il ne me plaît pas.

CLÉONTE.

Hé bien ! puisque vous vous souciez si peu de me tirer de peine, et de vous justifier du traitement indigne que vous avez fait à ma flamme, vous me voyez, ingrate, pour la dernière fois ; je vais, loin de vous, mourir de douleur et d'amour.

COVIELLE, *à Nicole.*

Et moi, je vais suivre ses pas.

LUCILE, *à Cléonte qui veut sortir.*

Cléonte !

NICOLE, *à Covielle qui suit son maître.*
Covielle !

CLÉONTE, *s'arrêtant.*
Hé ?

COVIELLE, *s'arrêtant aussi.*
Plaît-il ?

LUCILE.
Où allez-vous ?

CLÉONTE.
Où je vous ai dit.

COVIELLE.
Nous allons mourir.

LUCILE.
Vous allez mourir, Cléonte ?

CLÉONTE.
Oui, cruelle, puisque vous le voulez.

LUCILE.
Moi, je veux que vous mourriez ?

CLÉONTE.
Oui, vous le voulez.

LUCILE.
Qui vous le dit ?

CLÉONTE, *s'approchant de Lucile.*
N'est-ce pas le vouloir, que de ne vouloir pas éclaircir mes soupçons.

LUCILE.
Est-ce ma faute ? Et si vous aviez voulu m'écouter, ne vous aurais-je pas dit que l'aventure dont vous vous plaignez a été causée ce matin par la présence d'une vieille tante qui veut à toute force que la seule approche d'un homme déshonore une fille, qui perpétuellement nous sermonne sur ce chapitre, et nous figure tous les hommes comme des diables qu'il faut fuir.

NICOLE, *à Covielle.*
Voilà le secret de l'affaire.

ACTE III, SCÈNE XI.

CLÉONTE.

Ne me trompez-vous point, Lucile?

COVIELLE, *à Nicole.*

Ne m'en donnes-tu point à garder.

LUCILE, *à Cléonte.*

Il n'est rien de plus vrai.

NICOLE, *à Covielle.*

C'est la chose comme elle est.

COVIELLE, *à Cléonte.*

Nous rendrons-nous à cela?

CLÉONTE.

Ah! Lucile, qu'avec un mot de votre bouche vous savez appaiser de choses dans mon cœur! et que facilement on se laisse persuader aux personnes qu'on aime!

COVIELLE.

Qu'on est aisément amadoué par ces diantres d'animaux-là!

SCÈNE XI.

MADAME JOURDAIN, CLÉONTE, LUCILE, COVIELLE, NICOLE.

MADAME JOURDAIN.

Je suis bien aise de vous voir, Cléonte; et vous voilà tout à propos. Mon mari vient, prenez vite votre temps pour lui demander Lucile en mariage.

CLÉONTE.

Ah! madame, que cette parole m'est douce! et qu'elle flatte mes désirs! Pouvais-je recevoir un ordre plus charmant, une faveur plus précieuse?

SCÈNE XII.

CLÉONTE, M. JOURDAIN, MADAME JOURDAIN, LUCILE, COVIELLE, NICOLE.

CLÉONTE.

MONSIEUR, je n'ai voulu prendre personne pour

vous faire une demande que je médite il y a long-temps. Elle me touche assez pour m'en charger moi-même ; et, sans autre détour, je vous dirai que l'honneur d'être votre gendre est une faveur glorieuse que je vous prie de m'accorder.

M. JOURDAIN.

Avant que de vous rendre réponse, monsieur, je vous prie de me dire si vous êtes gentilhomme.

CLÉONTE.

Monsieur, la plupart des gens sur cette question n'hésitent pas beaucoup : on tranche le mot aisément. Ce nom ne fait aucun scrupule à prendre ; et l'usage aujourd'hui semble en autoriser le vol. Pour moi, je vous l'avoue, j'ai les sentimens sur cette matière un peu plus délicats. Je trouve que toute imposture est indigne d'un honnête homme, et qu'il y a de la lâcheté à déguiser ce que le ciel nous a fait naître, à se parer aux yeux du monde d'un titre dérobé, à se vouloir donner pour ce qu'on n'est pas. Je suis né de parens, sans doute, qui ont tenu des charges honorables ; je me suis acquis dans les armes l'honneur de six ans de service, et je me trouve assez de bien pour tenir dans le monde un rang assez passable : mais, avec tout cela, je ne veux pas me donner un nom où d'autres en ma place croiraient pouvoir prétendre ; et je vous dirai franchement que je ne suis point gentilhomme.

M. JOURDAIN.

Touchez-là, monsieur ; ma fille n'est pas pour vous.

CLÉONTE.

Comment ?

M. JOURDAIN.

Vous n'êtes point gentilhomme, vous n'aurez point ma fille.

MADAME JOURDAIN.

Que voulez-vous donc dire avec votre gentilhomme? Est-ce que nous sommes, nous autres, de la côte de saint Louis ?

ACTE III, SCÈNE XII.

M. JOURDAIN.

Taisez-vous, ma femme ; je vous vois venir.

MADAME JOURDAIN.

Descendons-nous tous deux que de bonne bourgeoisie?

M. JOURDAIN.

Voilà pas le coup de langue?

MADAME JOURDAIN.

Et votre père n'était-il pas marchand aussi bien que le mien ?

M. JOURDAIN.

Peste soit de la femme ! elle n'y a jamais manqué. Si votre père a été marchand, tant pis pour lui ; mais, pour le mien, ce sont des malavisés qui disent cela. Tout ce que j'ai à vous dire, moi, c'est que je veux avoir un gendre gentilhomme.

MADAME JOURDAIN.

Il faut à votre fille un mari qui lui soit propre ; et il vaut mieux pour elle un honnête homme riche et bien fait, qu'un gentilhomme gueux et mal bâti.

NICOLE.

Cela est vrai. Nous avons le fils d'un gentilhomme de notre village qui est le plus grand malitorne et le plus sot dadais que j'aie jamais vu.

M. JOURDAIN, *à Nicole.*

Taisez-vous, impertinente : vous vous fourrez toujours dans la conversation. J'ai du bien assez pour ma fille, je n'ai besoin que d'honneurs ; et je la veux faire marquise.

MADAME JOURDAIN.

Marquise ?

M. JOURDAIN.

Oui, marquise.

MADAME JOURDAIN.

Hélas ! dieu m'en garde !

M. JOURDAIN.

C'est une chose que j'ai résolue.

MADAME JOURDAIN.

C'est une chose, moi, où je ne consentirai point. Les alliances avec plus grand que soi sont sujettes toujours à de fâcheux inconvéniens. Je ne veux point qu'un gendre puisse à ma fille reprocher ses parens, et qu'elle ait des enfans qui aient honte de m'appeler leur grand-maman. S'il fallait qu'elle me vînt visiter en équipage de grand'dame, et qu'elle manquât par mégarde à saluer quelqu'un du quartier, on ne manquerait pas aussitôt de dire cent sottises. « Voyez-vous, dirait-on, cette » madame la marquise qui fait tant la glorieuse ? c'est la » fille de monsieur Jourdain, qui était trop heureuse, » étant petite, de jouer à la madame avec nous. Elle » n'a pas toujours été si relevée que la voilà, et ses deux » grands-pères vendaient du drap auprès de la porte » Saint-Innocent. Ils ont amassé du bien à leurs enfans, » qu'ils paient maintenant peut-être bien cher en l'autre » monde ; et l'on ne devient guère si riche à être hon- » nêtes gens. » Je ne veux point tous ces caquets ; et je veux un homme, en un mot, qui m'ait obligation de ma fille, et à qui je puisse dire : mettez-vous là, mon gendre, et dînez avec moi.

M. JOURDAIN.

Voilà bien les sentimens d'un petit esprit, de vouloir demeurer toujours dans la bassesse. Ne me répliquez pas davantage : ma fille sera marquise en dépit de tout le monde ; et, si vous me mettez en colère, je la ferai duchesse.

SCÈNE XIII.
MADAME JOURDAIN, LUCILE, CLÉONTE, NICOLE, COVIELLE.

MADAME JOURDAIN.

CLÉONTE, ne perdez point courage encore. (*à Lucile.*) Suivez-moi, ma fille ; et venez dire résolument à votre père que, si vous ne l'avez, vous ne voulez épouser personne.

ACTE III, SCÈNE XIV.
SCÈNE XIV.
CLÉONTE, COVIELLE.

COVIELLE.

Vous avez fait de belles affaires avec vos beaux sentimens!

CLÉONTE.

Que veux-tu ? j'ai un scrupule là-dessus que l'exemple ne saurait vaincre.

COVIELLE.

Vous moquez-vous de le prendre sérieusement avec un homme comme cela ? Ne voyez-vous pas qu'il est fou ? Et vous coûtait-il quelque chose de vous accommoder à ses chimères ?

CLÉONTE.

Tu as raison ; mais je ne croyais pas qu'il fallût faire ses preuves de noblesse pour être gendre de monsieur Jourdain.

COVIELLE, *riant*.

Ah ! ah ! ah !

CLÉONTE.

De quoi ris-tu ?

COVIELLE.

D'une pensée qui me vient pour jouer notre homme, et vous faire obtenir ce que vous souhaitez.

CLÉONTE.

Comment ?

COVIELLE.

L'idée est tout-à-fait plaisante.

CLÉONTE.

Quoi donc ?

COVIELLE.

Il s'est fait depuis peu une certaine mascarade qui vient le mieux du monde ici, et que je prétends faire entrer dans une bourde que je veux faire à notre ridicule. Tout cela sent un peu sa comédie : mais avec lui on peut hasarder toute chose, il n'y faut point chercher tant de façons ; il est homme à y jouer son rôle à merveille, et à donner aisément dans toutes les fariboles qu'on s'avisera de lui dire. J'ai les acteurs, j'ai les habits tout prêts ; laissez-moi faire seulement.

CLÉONTE.

Mais apprends-moi...

COVIELLE.

Je vais vous instruire de tout. Retirons-nous ; le voilà qui revient.

SCÈNE XV.
M. JOURDAIN.

Que diable est-ce là ? Ils n'ont rien que les grands seigneurs à me reprocher ; et moi, je ne vois rien de si beau que de hanter les grands seigneurs ; il n'y a qu'honneur et civilité avec eux ; et je voudrais qu'il m'eût coûté deux doigts de la main, et être né comte ou marquis.

SCÈNE XVI.
M. JOURDAIN, UN LAQUAIS.

LE LAQUAIS.

Monsieur, voici monsieur le comte, et une dame qu'il mène par la main.

M. JOURDAIN.

Hé! mon dieu ! j'ai quelques ordres à donner. Dis-leur que je vais venir ici tout à l'heure.

SCÈNE XVII.
DORIMÈNE, DORANTE, UN LAQUAIS.

LE LAQUAIS.

Monsieur dit comme cela qu'il va venir ici tout à l'heure.

DORANTE.

Voilà qui est bien.

SCÈNE XVIII.
DORIMÈNE.

Je ne sais pas, Dorante ; je fais encore ici une étrange

ACTE III, SCÈNE XVIII.

démarche, de me laisser amener par vous dans une maison où je ne connais personne.

DORANTE.

Quel lieu voulez-vous donc, madame, que mon amour choisisse pour vous régaler, puisque, pour fuir l'éclat, vous ne voulez ni votre maison ni la mienne ?

DORIMÈNE.

Mais vous ne dites pas que je m'engage insensiblement chaque jour à recevoir de trop grands témoignages de votre passion. J'ai beau me défendre des choses, vous fatiguez ma résistance, et vous avez une civile opiniâtreté qui me fait venir doucement à tout ce qu'il vous plaît. Les visites fréquentes ont commencé ; les déclarations sont venues ensuite, qui, après elles, ont traîné les sérénades et les cadeaux, que les présens ont suivis. Je me suis opposée à tout cela ; mais vous ne vous rebutez point, et, pied à pied, vous gagnez mes résolutions. Pour moi, je ne puis plus répondre de rien ; et je crois qu'à la fin vous me ferez venir au mariage, dont je me suis tant éloignée.

DORANTE.

Ma foi, madame, vous y devriez déjà être. Vous êtes veuve, et ne dépendez que de vous ; je suis maître de moi, et vous aime plus que ma vie : à quoi tient-il que, dès aujourd'hui, vous ne fassiez tout mon bonheur ?

DORIMÈNE.

Mon dieu ! Dorante, il faut des deux parts bien des qualités pour vivre heureusement ensemble ; et les deux plus raisonnables personnes du monde ont souvent peine à composer une union dont ils soient satisfaits.

DORANTE.

Vous vous mocquez, madame, de vous y figurer tant de difficultés ; et l'expérience que vous avez faite ne conclut rien pour tous les autres.

DORIMÈNE.

Enfin, j'en reviens toujours là. Les dépenses que je

vous vois faire pour moi m'inquiètent par deux raisons: l'une, qu'elles m'engagent plus que je ne voudrais; et l'autre, que je suis sûre sans vous déplaire, que vous ne les faites point que vous ne vous incommodiez; et je ne veux point cela.

DORANTE.

Ah ! madame, ce sont des bagatelles ; et ce n'est pas par-là...

DORIMÈNE.

Je sais ce que je dis ; et, entre autres, le diamant que vous m'avez forcée à prendre est d'un prix...

DORANTE.

Hé ! madame, de grace ! ne faites point tant valoir une chose que mon amour trouve indigne de vous ; et souffrez... Voici le maître du logis.

SCÈNE XIX.
M. JOURDAIN, DORIMÈNE, DORANTE.

M. JOURDAIN, *après avoir fait deux révérences, se trouvant trop près de Dorimène.*

Un peu plus loin, madame.

DORIMÈNE.

Comment ?

M. JOURDAIN.

Un pas, s'il vous plaît.

DORIMÈNE.

Quoi donc ?

M. JOURDAIN.

Reculez un peu pour la troisième.

DORANTE.

Madame, monsieur Jourdain sait son monde.

M. JOURDAIN.

Madame, ce m'est une gloire bien grande de me voir assez fortuné pour être si heureux que d'avoir le bonheur que vous ayez eu la bonté de m'accorder la

ACTE III, SCÈNE XIX.

grace de me faire l'honneur de m'honorer de la faveur de votre présence ; et, si j'avais aussi le mérite pour mériter un mérite comme le vôtre, et que le ciel... envieux de mon bien... m'eût accordé... l'avantage de me voir digne... des...

DORANTE.

Monsieur Jourdain, en voilà assez. Madame n'aime pas les grands complimens ; elle sait que vous êtes homme d'esprit. (*bas, à Dorimène.*) C'est un bon bourgeois assez ridicule, comme vous voyez, dans toutes ses manières.

DORIMÈNE, *bas à Dorante.*

Il n'est pas malaisé de s'en apercevoir.

DORANTE.

Madame, voilà le meilleur de mes amis.

M. JOURDAIN.

C'est trop d'honneur que vous me faites.

DORANTE.

Galant homme tout-à-fait.

DORIMÈNE.

J'ai beaucoup d'estime pour lui.

M. JOURDAIN.

Je n'ai rien fait encore, madame, pour mériter cette grace.

DORANTE, *bas, à M. Jourdain.*

Prenez bien garde au moins à ne lui point parler du diamant que vous lui avez donné.

M. JOURDAIN, *bas, à Dorante.*

Ne pourrai-je pas seulement lui demander comment elle le trouve ?

DORANTE, *bas à M. Jourdain.*

Comment ! gardez-vous-en bien. Cela serait vilain à vous ; et, pour agir en galant homme, il faut que vous fassiez comme si ce n'était pas vous qui lui eussiez fait ce présent. (*haut.*) M. Jourdain, madame, dit qu'il est ravi de vous voir chez lui.

DORIMÈNE.

Il m'honore beaucoup.

M. JOURDAIN, *bas, à Dorante.*

Que je vous suis obligé, monsieur, de lui parler ainsi pour moi !

DORANTE, *bas, à M. Jourdain.*

J'ai eu une peine effroyable à la faire venir ici.

M. JOURDAIN, *bas, à Dorante.*

Je ne sais quelles graces vous en rendre.

DORANTE.

Il dit, madame, qu'il vous trouve la plus belle personne du monde.

DORIMÈNE.

C'est bien de la grace qu'il me fait.

M. JOURDAIN.

Madame, c'est vous qui faites les graces, et...

DORANTE.

Songeons à manger.

SCÈNE XX.

M. JOURDAIN, DORIMÈNE, DORANTE, UN LAQUAIS.

LE LAQUAIS, *à M. Jourdain.*

Tout est prêt, monsieur.

DORANTE.

Allons donc nous mettre à table; et qu'on fasse venir les musiciens.

SCÈNE XXI.

ENTRÉE DE BALLET.

(*Six cuisiniers, qui ont préparé le festin, dansent ensemble; après quoi ils apportent une table couverte de plusieurs mets.*)

FIN DU TROISIÈME ACTE.

ACTE QUATRIÈME.

SCÈNE I.

DORIMÈNE, M. JOURDAIN, DORANTE, TROIS MUSICIENS, UN LAQUAIS.

DORIMÈNE.

Comment! Dorante, voilà un repas tout-à-fait magnifique!

M. JOURDAIN.

Vous vous mocquez, madame; et je voudrais qu'il fût plus digne de vous être offert.

Dorimène, monsieur Jourdain, Dorante, et les trois musiciens, se mettent à table.)

DORANTE.

Monsieur Jourdain a raison, madame, de parler de la sorte; et il m'oblige de vous faire si bien les honneurs de chez lui. Je demeure d'accord avec lui que le repas n'est pas digne de vous. Comme c'est moi qui l'ai ordonné, et que je n'ai pas, sur cette matière, les lumières de nos amis, vous n'avez pas ici un repas fort savant, et vous y trouverez des incongruités de bonne chère et des barbarismes de bon goût. Si Damis s'en était mêlé, tout serait dans les règles; il y aurait partout de l'élégance et de l'érudition : et il ne manquerait pas de vous exagérer lui-même toutes les pièces du repas qu'il vous donnerait, et de vous faire tomber d'accord de sa haute capacité dans la science des bons morceaux; de vous parler d'un pain de rive à biseau doré, relevé de croûte partout, croquant tendrement sous la dent; d'un vin à sève veloutée, armé d'un vert qui n'est point trop commandant ; d'un carré de mouton gourmandé de persil; d'une longe de veau de rivière, longue comme cela, blanche, délicate, et qui, sous les dents, est une vraie pâte d'amande ; des perdrix relevées d'un fumet surprenant ; et pour son opéra, d'une soupe à bouillon perlé, soutenue d'un gros dindon, cantonnée de pigeonneaux, et couronnée d'oignons blancs mariés avec de la chicorée. Mais, pour moi ! je vous avoue mon ignorance ; et, comme M. Jourdain a fort bien dit, je voudrais que le repas fût plus digne de vous être offert.

DORIMÈNE.

Je ne réponds à ce compliment qu'en mangeant comme je fais.

M. JOURDAIN.

Ah ! que voilà de belles mains !

DORIMÈNE.

Les mains sont médiocres, M. Jourdain ; mais vous voulez parler du diamant, qui est fort beau.

M. JOURDAIN.

Moi, madame, dieu me garde d'en vouloir parler ! Ce ne serait pas agir en galant homme ; et le diamant est fort peu de chose.

DORIMÈNE.

Vous êtes bien dégoûté.

M. JOURDAIN.

Vous avez trop de bonté...

DORANTE, *après avoir fait signe à M. Jourdain.*

Allons, qu'on donne du vin à monsieur Jourdain, et à ces messieurs, qui nous feront la grace de nous chanter un air à boire.

DORIMÈNE.

C'est merveilleusement assaisonner la bonne chère, que d'y mêler la musique ; et je me vois ici admirablement régalée.

M. JOURDAIN.

Madame, ce n'est pas...

ACTE IV, SCÈNE I.

DORANTE.

Monsieur Jourdain, prêtons silence à ces messieurs; ce qu'ils nous diront vaudra mieux que tout ce que nous pourrions dire.

PREMIER ET SECOND MUSICIENS, *ensemble, un verre à la main.*

Un petit doigt, Philis, pour commencer le tour.
Ah! qu'un verre en vos mains a d'agréables charmes!
Vous et le vin, vous vous prêtez des armes,
Et je sens pour tous deux redoubler mon amour.
Entre lui, vous et moi, jurons, jurons, ma belle,
Une ardeur éternelle.
Qu'en mouillant votre bouche il en reçoit d'attraits!
Et que l'on voit par lui votre bouche embellie!
Ah! l'un de l'autre ils me donnent envie;
Et de vous et de lui je m'enivre à longs traits.
Entre lui, vous et moi, jurons, jurons, ma belle,
Une ardeur éternelle.

SECOND ET TROISIÈME MUSICIENS *ensemble.*

Buvons, chers amis, buvons;
Le temps qui fuit nous y convie.
Profitons de la vie
Autant que nous pouvons.
Quand on a passé l'onde noire,
Adieu le bon vin, nos amours.
Dépêchons-nous de boire,
On ne boit pas toujours.
Laissons raisonner les sots
Sur le vrai bonheur de la vie;
Notre philosophie
Le met parmi les pots.
Les biens, le savoir et la gloire
N'ôtent point les soucis fâcheux,
Et ce n'est qu'à bien boire
Que l'on peut être heureux.

TOUS TROIS ENSEMBLE.

Sus, sus, du vin partout; versez, garçon, versez;
Versez, versez toujours, tant qu'on vous dise assez.

DORIMÈNE.

Je ne crois pas qu'on puisse mieux chanter; et cela est tout-à-fait beau.

M. JOURDAIN.

Je vois encore ici, madame, quelque chose de plus beau.

DORIMÈNE.

Ouais, monsieur Jourdain est galant plus que je ne pensais.

DORANTE.

Comment! madame, pour qui prenez-vous monsieur Jourdain?

M. JOURDAIN.

Je voudrais bien qu'elle me prît pour ce que je dirais.

DORIMÈNE.

Encore!

DORANTE, *à Dorimène.*

Vous ne le connaissez pas.

M. JOURDAIN.

Elle me connaîtra quand il lui plaira.

DORIMÈNE.

Oh! je le quitte.

DORANTE.

Il est homme qui a toujours la riposte en main. Mais vous ne voyez pas que monsieur Jourdain, madame, mange tous les morceaux que vous avez touchés.

DORIMÈNE.

Monsieur Jourdain est un homme qui me ravit.

M. JOURDAIN.

Si je pouvais ravir votre cœur, je serais...

SCÈNE II.

MADAME JOURDAIN, M. JOURDAIN, DORIMÈNE, DORANTE, MUSICIENS, LAQUAIS.

MADAME JOURDAIN.

Ah! ah! je trouve ici une bonne compagnie, et je vois bien qu'on ne m'y attendait pas. C'est donc pour cette belle affaire-ci, monsieur mon mari, que vous avez eu tant d'empressement à m'envoyer dîner chez ma sœur! Je viens de voir un théâtre là-bas, et je vois ici un banquet à faire noces. Voilà comme vous dépensez votre bien! c'est ainsi que vous festinez les dames en mon absence, et que vous leur donnez la musique et la comédie, tandis que vous m'envoyez promener!

DORANTE.

Que voulez-vous dire, madame Jourdain? et quelles fantaisies sont les vôtres, de vous aller mettre en tête que votre mari dépense son bien, et que c'est lui qui donne ce régal à madame! Apprenez que c'est moi, je vous prie; qu'il ne fait seulement que me prêter sa maison; et que vous devriez un peu mieux regarder aux choses que vous dites.

M. JOURDAIN.

Oui, impertinente, c'est monsieur le comte qui donne tout ceci à madame, qui est une personne de qualité. Il me fait l'honneur de prendre ma maison, et de vouloir que je sois avec lui.

MADAME JOURDAIN.

Ce sont des chansons que cela, je sais ce que je sais.

DORANTE.

Prenez, madame Jourdain, prenez de meilleures lunettes.

MADAME JOURDAIN.

Je n'ai que faire de lunettes, monsieur, et je vois assez clair; il y a long-temps que je sens les choses et je ne suis pas une bête. Cela est fort vilain à vous, pour un grand seigneur, de prêter la main, comme vous faites, aux sottises de mon mari. Et vous, madame, pour une grande dame, cela n'est ni beau ni honnête à vous de mettre la dissention dans un ménage, et de souffrir que mon mari soit amoureux de vous.

DORIMÈNE.

Que veut donc dire tout ceci! Allez, Dorante; vous vous moquez de m'exposer aux sottes visions de cette extravagante.

DORANTE, *suivant Dorimène qui sort.*

Madame, holà! madame, où courez-vous?

M. JOURDAIN.

Madame... Monsieur le comte, faites-lui mes excuses, et tâchez de la ramener.

SCÈNE III.
MADAME JOURDAIN, M. JOURDAIN, LAQUAIS.

M. JOURDAIN.

Ah! impertinente que vous êtes, voilà de vos beaux faits! vous me venez faire des affronts devant tout le monde; et vous chassez de chez moi des personnes de qualité.

MADAME JOURDAIN.

Je me moque de leur qualité.

M. JOURDAIN.

Je ne sais qui me tient, maudite, que je ne vous fende la tête avec les pièces du repas que vous êtes venue troubler.

(*Les laquais emportent la table.*)

MADAME JOURDAIN, *sortant.*

Je me moque de cela : ce sont mes droits que je défends ; et j'aurai pour moi toutes les femmes.

M. JOURDAIN.

Vous faites bien d'éviter ma colère.

SCÈNE IV.

M. JOURDAIN.

Elle est arrivée là bien malheureusement ! j'étais en humeur de dire de jolies choses, et jamais je ne m'étais senti tant d'esprit.

Qu'est-ce que c'est que cela ?

SCÈNE V.

M. JOURDAIN, COVIELLE, *déguisé.*

COVIELLE.

Monsieur, je ne sais pas si j'ai l'honneur d'être connu de vous.

M. JOURDAIN.

Non, monsieur.

COVIELLE, *étendant la main à un pied de terre.*

Je vous ai vu que vous n'étiez pas plus grand que cela.

M. JOURDAIN.

Moi ?

COVIELLE.

Oui. Vous étiez le plus bel enfant du monde, et toutes les dames vous prenaient dans leurs bras pour vous baiser.

M. JOURDAIN.

Pour me baiser ?

COVIELLE.

Oui. J'étais grand ami de feu monsieur votre père.

M. JOURDAIN.

De feu monsieur mon père ?

COVIELLE.

Oui. C'était un fort honnête gentilhomme.

M. JOURDAIN.

Comment dites-vous ?

COVIELLE.

Je dis que c'était un fort honnête gentilhomme.

M. JOURDAIN.

Mon père ?

COVIELLE.

Oui.

M. JOURDAIN.

Vous l'avez fort connu ?

COVIELLE.

Assurément.

M. JOURDAIN.

Et vous l'avez connu pour gentilhomme ?

COVIELLE.

Sans doute.

M. JOURDAIN.

Je ne sais donc pas comment le monde est fait.

COVIELLE.

Comment ?

M. JOURDAIN.

Il y a des sottes gens qui me veulent dire qu'il a été marchand.

COVIELLE.

Lui, marchand ? c'est pure médisance, il ne l'a jamais été. Tout ce qu'il faisait, c'est qu'il était fort obligeant, fort officieux ; et, comme il se connaissait fort bien en étoffes, il en allait choisir de tous les côtés, les faisait apporter chez lui, et en donnait à ses amis pour de l'argent.

M. JOURDAIN.

Je suis ravi de vous connaître, afin que vous rendiez ce témoignage-là, que mon père était gentilhomme.

COVIELLE.

Je le soutiendrai devant tout le monde.

M. JOURDAIN.

Vous m'obligerez. Quel sujet vous amène ?

COVIELLE.

Depuis avoir connu feu monsieur votre père, honnête

gentilhomme, comme je vous ai dit, j'ai voyagé par tout le monde.

M. JOURDAIN.

Par tout le monde?

COVIELLE.

Oui.

M. JOURDAIN.

Je pense qu'il y a bien loin en ce pays-là.

COVIELLE.

Assurément. Je ne suis revenu de tous mes longs voyages que depuis quatre jours; et, par l'intérêt que je prends à tout ce qui vous touche, je viens vous annoncer la meilleure nouvelle du monde.

M. JOURDAIN.

Quelle?

COVIELLE.

Vous savez que le fils du grand Turc est ici?

M. JOURDAIN.

Moi? non.

COVIELLE.

Comment! il a un train tout-à-fait magnifique; tout le monde le va voir, il a été reçu en ce pays comme un seigneur d'importance.

M. JOURDAIN.

Par ma foi, je ne savais pas cela.

COVIELLE.

Ce qu'il y a d'avantageux pour vous, c'est qu'il est amoureux de votre fille.

M. JOURDAIN.

Le fils du grand Turc?

COVIELLE.

Oui; et il veut être votre gendre.

M. JOURDAIN.

Mon gendre, le fils du grand Turc?

COVIELLE.

Le fils du grand Turc votre gendre. Comme je le fus voir, et que j'entends parfaitement sa langue, il s'entretint avec moi ; et, après quelques autres discours, il me dit : *Acciam croc soler onch alla moustaph hgidelum amanahem varahine oussere carbulath.* C'est-à-dire : N'as-tu point vu une jeune belle personne, qui est la fille de monsieur Jourdain, gentilhomme parisien ?

M. JOURDAIN.

Le fils du grand Turc dit cela de moi ?

COVIELLE.

Oui. Comme je lui eus répondu que je vous connaissais particulièrement, et que j'avais vu votre fille, *Ah!* me dit-il, *marababa sahem!* C'est-à-dire : Ah ! que je suis amoureux d'elle !

M. JOURDAIN.

Marababa sahem veut dire, Ah ! que je suis amoureux d'elle !

COVIELLE.

Oui.

M. JOURDAIN.

Par ma foi, vous faites bien de me le dire, car, pour moi, je n'aurais jamais cru que *marababa sahem* eût voulu dire, Ah ! que je suis amoureux d'elle ! Voilà une langue admirable que ce turc !

COVIELLE.

Plus admirable qu'on ne peut croire. Savez-vous bien ce que veut dire *cacaracamouchen* ?

M. JOURDAIN.

Cacaracamouchen ? non.

COVIELLE.

C'est-à-dire, ma chère ame.

M. JOURDAIN.

Cacaracamouchen veut dire ma chère ame ?

COVIELLE.

Oui.

M. JOURDAIN.

Voilà qui est merveilleux! *Cacaracamouchen*, ma chère ame! Dirait-on jamais cela? Voilà qui me confond.

COVIELLE.

Enfin, pour achever mon ambassade, il vient vous demander votre fille en mariage; et, pour avoir un beau-père qui soit digne de lui, il veut vous faire *mamamouchi*, qui est une certaine grande dignité de son pays.

M. JOURDAIN.

Mamamouchi?

COVIELLE.

Oui, *mamamouchi* : c'est-à-dire, en notre langue, paladin. Paladin, ce sont de ces anciens... Paladin enfin. Il n'y a rien de plus noble que cela dans le monde; et vous irez de pair avec les plus grands seigneurs de la terre.

M. JOURDAIN.

Le fils du grand Turc m'honore beaucoup; et je vous prie de me mener chez lui pour lui en faire mes remercîmens.

COVIELLE.

Comment! le voilà qui va venir ici.

M. JOURDAIN.

Il va venir ici?

COVIELLE.

Oui; et il amène toutes choses pour la cérémonie de votre dignité.

M. JOURDAIN.

Voilà qui est bien prompt.

COVIELLE.

Son amour ne peut souffrir aucun retardement.

M. JOURDAIN.

Tout ce qui m'embarrasse ici, c'est que ma fille est une opiniâtre, qui s'est allée mettre dans la tête un certain Cléonte; et elle jure de n'épouser personne que celui-là.

COVIELLE.

Elle changera de sentiment, quand elle verra le fils du grand Turc; et puis il se rencontre ici une aventure merveilleuse, c'est que le fils du grand Turc ressemble à ce Cléonte, à peu de choses près. Je viens de le voir, on me l'a montré; et l'amour qu'elle a pour l'un pourra passer aisément à l'autre, et... Je l'entends venir; le voilà.

SCÈNE VI.

CLÉONTE, *en Turc*; TROIS PAGES, *portant la veste de Cléonte*; M. JOURDAIN, COVIELLE.

CLÉONTE.

Ambousahim oqui boraf, Girourdina, salamaléqui !

COVIELLE, *à M. Jourdain.*

C'est-à-dire : Monsieur Jourdain, votre cœur soit toute l'année comme un rosier fleuri ! Ce sont façons de parler obligeantes de ces pays-là.

M. JOURDAIN.

Je suis très-humble serviteur de son altesse turque.

COVIELLE.

Carigar camboto oustin moraf.

CLÉONTE

Oustin yoc catama léqui basum base alla moram !

COVIELLE.

Il dit : Que le ciel vous donne la force des lions et la prudence des serpens !

M. JOURDAIN.

Son altesse turque m'honore trop; et je lui souhaite toutes sortes de prospérités.

COVIELLE.

Ossa binamen sadoc baballi oracaf ouram.

CLÉONTE.

Bel-men.

ACTE IV, SCÈNE VII.

COVIELLE.

Il dit que vous alliez vite avec lui vous préparer pour la cérémonie, afin de voir ensuite votre fille, et de conclure le mariage.

M. JOURDAIN.

Tant de choses en deux mots ?

COVIELLE.

Oui. La langue turque est comme cela, elle dit beaucoup en peu de paroles. Allez vite où il souhaite.

SCÈNE VII.

COVIELLE.

Ah ! ah ! ah ! ma foi, cela est tout-à-fait drôle. Quelle dupe ! Quand il aurait appris son rôle par cœur, il ne pourrait pas le mieux jouer. Ah ! ah !

SCÈNE VIII.
DORANTE, COVIELLE.

COVIELLE.

Je vous prie, monsieur, de nous vouloir aider céans dans une affaire qui s'y passe.

DORANTE.

Ah ! ah ! Covielle, qui t'aurait reconnu ? Comme te voilà ajusté !

COVIELLE.

Vous voyez. Ah ! ah ! ah !

DORANTE.

De quoi ris-tu ?

COVIELLE.

D'une chose, monsieur, qui le mérite bien.

DORANTE.

Comment ?

COVIELLE.

Je vous le donnerais en bien des fois, monsieur,

à deviner le stratagème dont nous nous servons auprès de M. Jourdain, pour porter son esprit à donner sa fille à mon maître.

DORANTE.

Je ne devine point le stratagème ; mais je devine qu'il ne manquera pas de faire son effet puisque tu l'entreprends.

COVIELLE.

Je sais, monsieur, que la bête vous est connue.

DORANTE.

Apprends-moi ce que c'est.

COVIELLE.

Prenez la peine de vous tirer un peu plus loin, pour faire place à ce que j'aperçois venir. Vous pourrez voir une partie de l'histoire, tandis que je vous conterai le reste.

SCÈNE IX.

CÉRÉMONIE TURQUE.

LE MUPHTI, DERVIS, TURCS *assistans du muphti, chantans et dansans.*

PREMIÈRE ENTRÉE DE BALLET.

(*Six Turcs entrent gravement, deux à deux, au son des instrumens. Ils portent trois tapis qu'ils lèvent fort haut, après en avoir fait, en dansant plusieurs figures. Les Turcs chantans passent par-dessous ces tapis pour s'aller ranger aux deux côtés du théâtre. Le muphti, accompagné des dervis, ferme cette marche.*)

(*Alors les Turcs étendent les tapis par terre, et se mettent dessus à genoux. Le muphti et les dervis restent debout au milieu d'eux ; et pendant que le muphti invoque Mahomet en faisant beaucoup de contorsions et de grimaces sans proférer une seule parole, les Turcs assistans se prosternent jusqu'à* terre, en chantant, alli, lèvent les bras au ciel en chantant alla, ce qu'ils continuent jusqu'à la fin de l'invocation, après laquelle ils se lèvent tous chantant alla ekber; et deux dervis vont chercher M. Jourdain.)

SCÈNE X.

LE MUPHTI, DERVIS, TURCS, *chantans et dansans*; M. JOURDAIN, *vêtu à la turque, la tête rasée, sans turban et sans sabre.*

LE MUPHTI, *à M. Jourdain.*
Se ti sabir,
Ti respondir;
Sé non sabir,
Tazir, tazir.
Mi star muphti;
Ti qui star ti?
Non intendir;
Tazir, tazir.

(*Deux dervis font retirer M. Jourdain.*)

SCÈNE XI.

LE MUPHTI, DERVIS, TURCS *chantans et dansans.*

LE MUPHTI.
Dice, Turqué, qui star quista.
Anabatista? anabatista?

LES TURCS.
Ioc.

LE MUPHTI.
Zuinglista?

LES TURCS.
Ioc.

LE BOURGEOIS GENTILHOMME.

LE MUPHTI.

Coffita ?

LES TURCS.

Ioc.

LE MUPHTI.

Hussita ? Morista ? Fronista ?

LES TURCS.

Ioc, ioc, ioc.

LE MUPHTI.

Ioc, ioc, ioc. Star pagana ?

LES TURCS.

Ioc.

LE MUPHTI.

Lutérana ?

LES TURCS.

Ioc.

LE MUPHTI.

Puritana ?

LES TURCS.

Ioc.

LE MUPHTI.

Bramina ? Moffina ? Zurina ?

LES TURCS.

Ioc, ioc, ioc.

LE MUPHTI.

Ioc, ioc, ioc. Mahamétana ? mahamétana ?

LES TURCS.

Hi valla. Hi valla.

LE MUPHTI.

Como charama ? Como charama ?

LES TURCS.

Giourdina, Giourdina.

LE MUPHTI, *sautant*.

Giourdina, Giourdina.

LES TURCS.

Giourdina, Giourdina.

ACTE IV, SCÈNE XII.

LE MUPHTI.

Mahaméta, per Giourdina,
Mi prégar, séra é matina.
Voler far un paladina
De Giourdina, de Giourdina;
Dar turbanta é dar scarrina,
Con galéra é brigantina,
Per deffender Palestina.
Mahaméta, per Giourd'na,
Mi prégar, séra é matina.
(*aux Turcs.*)
Star bon Turca Giourdina?

LES TURCS.

Hi valla. Hi valla.

LE MUPHTI, *chantant et dansant.*

Ha la ba, ba la chou, ba la ba, ba la da.

LES TURCS.

Ha la ba, ba la chou, ba la ba, ba la da.

SCÈNE XII.

TURCS *chantans et dansans.*

DEUXIÈME ENTRÉE DE BALLET.

SCÈNE XIII.

LE MUPHTI, DERVIS, M. JOURDAIN, TURCS
chantans et dansans.

(*Le muphti revient coiffé avec son turban de cérémonie, qui est d'une grosseur démesurée, et garni de bougies allumées à quatre ou cinq rangs; il est accompagné de deux dervis qui portent l'alcoran, et qui ont des bonnets pointus, garnis aussi de bougies allumées.*)

(*Les deux autres dervis amènent M. Jourdain, et le font mettre à genoux les mains par terre, de façon que son dos, sur lequel est mis l'alcoran, sert de pupitre au muphti, qui fait une seconde invocation burlesque, fronçant le sourcil, frappant de temps en temps sur l'alcoran, et tournant les feuillets avec précipitation; après quoi, en levant les bras au ciel, le muphti crie à haute voix, hou.)*

(Pendant cette seconde invocation, les Turcs assistans, s'inclinant et se relevant alternativement, chantent aussi, hou, hou, hou.)

M. JOURDAIN, *après qu'on lui a ôté l'alcoran de dessus le dos.*

Ouf.

LE MUPHTI, *à M. Jourdain.*
Ti non star furba?

LES TURCS.
No, no, no.

LE MUPHTI.
Non star forfanta?

LES TURCS.
No, no, no.

LE MUPHTI, *aux Turcs.*
Donar turbanta.

LES TURCS.
Ti non star furba?
No, no, no.
Non star forfanta?
No, no, no.
Donar turbanta.

TROISIÈME ENTRÉE DE BALLET.

(Les Turcs dansans mettent le turban sur la tête de M. Jourdain au son des instrumens.)

LE MUPHTI, *donnant le sabre à M. Jourdain.*
Ti star nobile, non star fabbola.
Pigliar schiabbola.

ACTE IV, SCÈNE XIII.

LES TURCS, *mettant le sabre à la main.*
Ti star nobile, non star fabbola.
Pigliar schiabbola.

QUATRIÈME ENTRÉE DE BALLET.

(*Les Turcs dansans donnent, en cadence, plusieurs coups de sabre à M. Jourdain.*

LE MUPHTI.
Dara, dara.
Bastonnara.

LES TURCS.
Dara, dara
Bastonnara.

CINQUIÈME ENTRÉE DE BALLET.

(*Les Turcs dansans donnent à M. Jourdain des coups de bâton en cadence.*)

LE MUPHTI.
Non tener honta,
Questa star l'utima affronta.

LES TURCS.
Non tener honta,
Questa star l'utima affronta.

(*Le muphti commence une troisième invocation. Les dervis le soutiennent par-dessous les bras avec respect; après quoi les Turcs chantans et dansans, sautant autour du muphti, se retirent avec lui et emmènent M. Jourdain.*)

FIN DU QUATRIÈME ACTE.

ACTE CINQUIEME.

SCÈNE I.
MADAME JOURDAIN, M. JOURDAIN.

MADAME JOURDAIN.

Ah! mon dieu! miséricorde! Qu'est-ce que c'est donc que cela? quelle figure! Est-ce un momon que vous allez porter? Est-il temps d'aller en masque? Parlez donc, et qu'est-ce que c'est que ceci? Qui vous a fagoté comme cela?

M. JOURDAIN.
Voyez l'impertinente, de parler de la sorte à un *Mamamouchi*?

MADAME JOURDAIN.
Comment donc?

M. JOURDAIN.
Oui, il me faut porter du respect maintenant, et l'on vient de me faire *mamamouchi*.

MADAME JOURDAIN.
Que voulez-vous dire avec votre *mamamouchi*?

M. JOURDAIN.
Mamamouchi, vous dis-je. Je suis *mamamouchi*.

MADAME JOURDAIN.
Quelle bête est-ce là?

M. JOURDAIN.
Mamamouchi, c'est-à-dire en notre langue *paladin*.

MADAME JOURDAIN.
Baladin? Êtes-vous en âge de danser des ballets?

M. JOURDAIN.
Quelle ignorante! je dis paladin; c'est une dignité dont on vient de me faire la cérémonie.

MADAME JOURDAIN.

Quelle cérémonie donc ?

M. JOURDAIN.

Mahaméta per Giourdina.

MADAME JOURDAIN.

Qu'est-ce que cela veut dire ?

M. JOURDAIN.

Giourdina, c'est-à-dire Jourdain.

MADAME JOURDAIN.

Hé bien ; quoi, Jourdain ?

M. JOURDAIN.

Voler far un paladina de Giourdina.

MADAME JOURDAIN.

Comment ?

M. JOURDAIN.

Dar turbanta con galéra.

MADAME JOURDAIN.

Qu'est-ce à dire cela ?

M. JOURDAIN.

Per deffender Palestina.

MADAME JOURDAIN.

Que voulez-vous donc dire ?

M. JOURDAIN.

Dara, dara bastonnara.

MADAME JOURDAIN.

Qu'est-ce donc que ce jargon-là ?

M. JOURDAIN.

Non tener honta, questa star l'ultima affronta.

MADAME JOURDAIN.

Qu'est-ce donc que tout cela ?

M. JOURDAIN, *chantant et dansant*.

Hou la ba, ba la chou, ba la ba, ba la da.

(*Il tombe par terre.*)

MADAME JOURDAIN.

Hélas ! mon dieu ! mon mari est devenu fou.

M. JOURDAIN, *se relevant et s'en allant.*

Paix, insolente. Portez respect à monsieur le mamamouchi.

MADAME JOURDAIN, *seule.*

Où est-ce donc qu'il a perdu l'esprit? Courons l'empêcher de sortir. (*Apercevant Dorimène et Dorante.*) Ah! ah! voici justement le reste de notre écu. Je ne vois que chagrins de tous côtés.

SCÈNE II.

DORANTE, DORIMÈNE.

DORANTE.

Oui, madame, vous verrez la plus plaisante chose qu'on puisse voir; et je ne crois pas que dans tout le monde il soit possible de trouver encore un homme aussi fou que celui-là. Et puis, madame, il faut tâcher de servir l'amour de Cléonte, et d'appuyer toute sa mascarade. C'est un fort galant homme et qui mérite que l'on s'intéresse pour lui.

DORIMÈNE.

J'en fais beaucoup de cas, et il est digne d'une bonne fortune.

DORANTE.

Outre cela, nous avons ici, madame, un ballet qui nous revient, que nous ne devons pas laisser perdre; et il faut bien voir si mon idée pourra réussir.

DORIMÈNE.

J'ai vu là des apprêts magnifiques; et ce sont des choses, Dorante, que je ne puis plus souffrir. Oui, je veux enfin vous empêcher vos profusions; et, pour rompre le cours à toutes les dépenses que je vous vois faire pour moi, j'ai résolu de me marier promptement avec vous. C'en est le vrai secret; et toutes ces choses finissent avec le mariage.

DORANTE.

Ah ! madame, est-il possible que vous ayez pu prendre pour moi une si douce résolution !

DORIMÈNE.

Ce n'est que pour vous empêcher de vous ruiner ; et, sans cela, je vois bien qu'avant qu'il fût peu vous n'auriez pas un sou.

DORANTE.

Que j'ai d'obligation, madame, aux soins que vous avez de conserver mon bien ! Il est entièrement à vous, aussi bien que mon cœur ; et vous en userez de la façon qu'il vous plaira.

DORIMÈNE.

J'userai bien de tous les deux. Mais voici votre homme ; la figure en est admirable.

SCÈNE III.
M. JOURDAIN, DORIMÈNE, DORANTE.

DORANTE.

Monsieur, nous venons rendre hommage, madame et moi, à votre nouvelle dignité, et nous réjouir avec vous du mariage que vous faites de votre fille avec le fils du grand Turc.

M. JOURDAIN, *après avoir fait les révérences à la turque.*

Monsieur, je vous souhaite la force des serpens et la prudence des lions.

DORIMÈNE.

J'ai été bien aise d'être des premières, monsieur, à venir vous féliciter du haut degré de gloire où vous êtes monté.

M. JOURDAIN.

Madame, je vous souhaite toute l'année votre rosier fleuri. Je vous suis infiniment obligé de prendre part aux honneurs qui m'arrivent ; et j'ai beaucoup de joie de vous voir revenue ici, pour vous faire les très-humbles excuses de l'extravagance de ma femme.

DORIMÈNE.

Cela n'est rien, j'excuse en elle un pareil mouvement : votre cœur lui doit être précieux ; et il n'est pas étrange que la possession d'un homme comme vous puisse inspirer quelques alarmes.

M. JOURDAIN.

La possession de mon cœur est une chose qui vous est tout acquise.

DORANTE.

Vous voyez, madame, que monsieur Jourdain n'est pas de ces gens que les prospérités aveuglent, et qu'il sait, dans sa grandeur, connaître encore ses amis.

DORIMÈNE.

C'est la marque d'une ame tout-à-fait généreuse.

DORANTE.

Où est donc son altesse turque ! Nous voudrions bien, comme vos amis, lui rendre nos devoirs.

M. JOURDAIN.

Le voilà qui vient ; et j'ai envoyé quérir ma fille pour lui donner la main.

SCÈNE IV.
M. JOURDAIN, DORIMÈNE, DORANTE, CLÉONTE, *habillé en turc.*

DORANTE, *à Cléonte.*

MONSIEUR, nous venons faire la révérence à votre altesse comme amis de monsieur votre beau-père, et l'assurer, avec respect, de nos très-humbles services.

M. JOURDAIN.

Où est le truchement, pour lui dire qui vous êtes, et lui faire entendre ce que vous dites ? Vous verrez qu'il vous répondra, et il parle turc à merveille. Holà ! où diantre est-il allé ? (*à Cléonte.*) *Strouf, strif, strof, straf ;* monsieur est un *grande ségnore, grande sé-*

gnore, *grande ségnore*; et madame, *une granda dama, granda dama.* (*voyant qu'il ne se fait point entendre.*) Ah! (*à Cléonte, montrant Dorante.*) Monsieur, lui *mamamouchi* français; et madame, *mamamouchi* française. Je ne puis pas parler plus clairement. Bon, voici l'interprète.

SCÈNE V.

M. JOURDAIN, DORIMÈNE, DORANTE, CLÉONTE, *habillé en Turc*; COVIELLE, *déguisé*.

M. JOURDAIN.

Où allez-vous donc? nous ne saurions rien dire sans vous. (*montrant Cléonte.*) Dites-lui un peu que monsieur et madame sont des personnes de grande qualité, qui lui viennent faire la révérence, comme mes amis, et l'assurer de leurs services. (*à Dorimène et à Dorante.*) Vous allez voir comme il va répondre.

COVIELLE.

Alabala crociam acci boram alabamen.

CLÉONTE.

Cataléqui turbalourin soter amalouchan!

M. JOURDAIN, *à Dorimène et à Dorante.* Voyez-vous?

COVIELLE.

Il dit: Que la pluie des prospérités arrose en tout temps le jardin de votre famille.

M. JOURDAIN.

Je vous l'avais bien dit qu'il parle turc.

DORANTE.

Cela est admirable.

SCÈNE VI.

LUCILE, CLÉONTE, M. JOURDAIN, DORIMÈNE, DORANTE, COVIELLE.

M. JOURDAIN.

Venez, ma fille, approchez-vous, et venez donner

la main à monsieur, qui vous fait l'honneur de vous demander en mariage.

LUCILE.

Comment, mon père! comme vous voilà fait! Est-ce une comédie que vous jouez.

M. JOURDAIN.

Non, non, ce n'est pas une comédie; c'est une affaire fort sérieuse, et la plus pleine d'honneur pour vous qui se peut souhaiter. *(montrant Cléonte.)* Voilà le mari que je vous donne.

LUCILE.

A moi, mon père?

M. JOURDAIN.

Oui, à vous. Allons, touchez-lui dans la main; et rendons grace au ciel de votre bonheur.

LUCILE.

Je ne veux point me marier.

M. JOURDAIN.

Je le veux, moi, qui suis votre père.

LUCILE.

Je n'en ferai rien.

M. JOURDAIN.

Ah! que de bruit! Allons, vous dis-je; çà, votre main.

LUCILE.

Non, mon père, je vous l'ai dit, il n'est point de pouvoir qui me puisse obliger à prendre un autre mari que Cléonte; et je me résoudrai plutôt à toutes les extrémités, que de... *(reconnaissant Cléonte.)* Il est vrai que vous êtes mon père; je vous dois entière obéissance; et c'est à vous de disposer de moi selon vos volontés.

M. JOURDAIN.

Ah! je suis ravi de vous voir si promptement revenue dans votre devoir; et voilà qui me plaît d'avoir une fille obéissante.

SCÈNE VII.

MADAME JOURDAIN, CLÉONTE, M. JOURDAIN, LUCILE, DORANTE, DORIMÈNE, COVIELLE.

MADAME JOURDAIN.

Comment donc! qu'est-ce que c'est que ceci? On dit que vous voulez donner votre fille en mariage à un carême-prenant.

M. JOURDAIN.

Voulez-vous vous taire, impertinente? Vous venez toujours mêler vos extravagances à toutes choses, et il n'y a pas moyen de vous apprendre à être raisonnable.

MADAME JOURDAIN.

C'est vous qu'il n'y a pas moyen de rendre sage, et vous allez de folie en folie. Quel est votre dessein? et que voulez-vous faire avec cet assemblage?

M. JOURDAIN.

Je veux marier votre fille avec le fils du grand Turc.

MADAME JOURDAIN.

Avec le fils du grand Turc?

M. JOURDAIN.

Oui. (*montrant Covielle.*) Faites-lui faire vos complimens par le truchement que voilà.

MADAME JOURDAIN.

Je n'ai que faire du truchement; et je lui dirai bien moi-même, à son nez, qu'il n'aura point ma fille.

M. JOURDAIN.

Voulez-vous vous taire, encore une fois?

DORANTE.

Comment! madame Jourdain, vous vous opposez à un bonheur comme celui-là? Vous refusez son altesse turque pour gendre?

MADAME JOURDAIN.

Mon dieu! monsieur, mêlez-vous de vos affaires.

DORIMÈNE.
C'est une grande gloire qui n'est pas à rejeter.
MADAME JOURDAIN.
Madame, je vous prie aussi de ne vous point embarrasser de ce qui ne vous touche pas.
DORANTE.
C'est l'amitié que nous avons pour vous qui nous fait intéresser dans vos avantages.
MADAME JOURDAIN.
Je me passerai bien de votre amitié.
DORANTE.
Voilà votre fille qui consent aux volontés de son père.
MADAME JOURDAIN.
Ma fille consent à épouser un Turc ?
DORANTE.
Sans doute.
MADAME JOURDAIN.
Elle peut oublier Cléonte ?
DORANTE.
Que ne fait-on pas pour être grande dame ?
MADAME JOURDAIN.
Je l'étranglerais de mes mains, si elle avait fait un coup comme celui-là.
M. JOURDAIN.
Voilà bien du caquet. Je vous dis que ce mariage-là se fera.
MADAME JOURDAIN.
Je vous dis, moi, qu'il ne se fera point.
M. JOURDAIN.
Ah ! que de bruit !
LUCILE.
Ma mère...
MADAME JOURDAIN.
Allez, vous êtes une coquine.

ACTE V, SCÈNE VII.

M. JOURDAIN, *à madame Jourdain.*

Quoi ! vous la querellez de ce qu'elle m'obéit ?

MADAME JOURDAIN.

Oui. Elle est à moi aussi-bien qu'à vous.

COVIELLE, *à madame Jourdain.*

Madame...

MADAME JOURDAIN.

Que me voulez-vous conter, vous ?

COVIELLE.

Un mot.

MADAME JOURDAIN.

Je n'ai que faire de votre mot.

COVIELLE, *à M. Jourdain.*

Monsieur, si elle veut écouter une parole en particulier, je vous promets de la faire consentir à ce que vous voulez.

MADAME JOURDAIN.

Je n'y consentirai point.

COVIELLE.

Écoutez-moi, seulement.

MADAME JOURDAIN.

Non.

M. JOURDAIN, *à madame Jourdain.*

Écoutez-le.

MADAME JOURDAIN.

Non, je ne veux pas l'écouter.

M. JOURDAIN.

Il vous dira...

MADAME JOURDAIN.

Je ne veux point qu'il me dise rien.

M. JOURDAIN.

Voilà une grande obstination de femme ! Cela vous ferait-il mal de l'entendre ?

COVIELLE.

Ne faites que m'écouter, vous ferez après ce qu'il vous plaira.

MADAME JOURDAIN.

Hé bien, quoi?

COVIELLE, *bas, à madame Jourdain.*

Il y a une heure, madame, que nous vous faisons signe. Ne voyez-vous pas bien que tout ceci n'est fait que pour nous ajuster aux visions de votre mari, que nous l'abusons sous ce déguisement, et que c'est Cléonte lui-même qui est le fils du grand Turc.

MADAME JOURDAIN, *bas, à Covielle.*

Ah! ah!

COVIELLE, *bas, à madame Jourdain.*

Et moi Covielle, qui suis le truchement?

MADAME JOURDAIN, *bas, à Covielle.*

Ah! comme cela, je me rends.

COVIELLE, *bas, à madame Jourdain.*

Ne faites pas semblant de rien.

MADAME JOURDAIN, *haut.*

Oui, voilà qui est fait, je consens au mariage.

M. JOURDAIN.

Ah! voilà tout le monde raisonnable. (*à madame Jourdain.*) Vous ne vouliez pas l'écouter. Je savais bien qu'il vous expliquerait ce que c'est que le fils du grand Turc.

MADAME JOURDAIN.

Il me l'a expliqué comme il faut; et j'en suis satisfaite. Envoyons quérir un notaire.

DORANTE.

C'est fort bien dit. Et afin, madame Jourdain, que vous puissiez avoir l'esprit tout-à-fait content, et que vous perdiez aujourd'hui toute la jalousie que vous pourriez avoir conçu de monsieur votre mari, c'est que nous nous servirons du même notaire pour nous marier, madame et moi.

ACTE V, SCÈNE VII.

MADAME JOURDAIN.

Je consens aussi à cela.

M. JOURDAIN, *bas, à Dorante.*

C'est pour lui faire accroire.

DORANTE, *bas, à M. Jourdain.*

Il faut bien l'amuser avec cette feinte.

M. JOURDAIN, *bas.*

Bon, bon. (*haut.*) Qu'on aille quérir le notaire.

DORANTE.

Tandis qu'il viendra, et qu'il dressera les contrats, voyons notre ballet, et donnons-en le divertissement à son altesse turque.

M. JOURDAIN.

C'est fort bien avisé. Allons prendre nos places.

MADAME JOURDAIN.

Et Nicole !

M. JOURDAIN.

Je la donne au truchement ; et ma femme, à qui la voudra.

COVIELLE.

Monsieur, je vous remercie. (*à part.*) Si l'on en peut voir un plus fou, je l'irai dire à Rome.

FIN DU CINQUIÈME ACTE.

BALLET DES NATIONS.

PREMIÈRE ENTRÉE.

UN DONNEUR DE LIVRES, *dansant*; IMPORTUNS, *dansans*; DEUX HOMMES *du bel air*, DEUX FEMMES *du bel air*, DEUX GASCONS, UN SUISSE, UN VIEUX BOURGEOIS *habillard*, UNE VIELLE BOURGOISE *babillarde*; TROUPE DE SPECTATEURS *chantans*.

CHOEUR DE SPECTATEURS, *au donneur de livres.*

A moi, monsieur, à moi ; de grace, à moi, monsieur;
Un livre, s'il vous plaît, à votre serviteur.
  PREMIER HOMME *du bel air.*
Monsieur, distinguez-nous parmi les gens qui crient;
Quelques livres ici, les dames vous en prient.
  SECOND HOMME *du bel air.*
Holà ! monsieur ; monsieur, ayez la charité
 D'en jeter de notre côté.
  PREMIÈRE FEMME *du bel air.*
Mon dieu ! qu'aux personnes bien faites
On sait peu rendre honneur céans !
  SECONDE FEMME *du bel air.*
Ils n'ont des livres et des bancs
Que pour mesdames les grisettes.
  PREMIER GASCON.
Ah ! l'homme aux libres, qu'on m'en vaille.
J'ai déjà lé poulmon usé.
Bous boyez qué chacun mé raille ;
Et jé suis scandalisé
Dé boir ès main dé la canaille
Cé qui m'est par bous refusé.

LE BOURGEOIS GENTILHOMME.

SECOND GASCOND.

Hé ! cadédis, monseu, boyez qui l'on put être.
Un livret, jé bous pric, au varon d'Asbarat,
  Jé pense, mordi, qué lé fat
 N'a pas l'honneur dé mé connaître.

UN SUISSE.

 Montsir le donnair de papieir,
 Que vuel dir' sti façon de fifre ?
 Moi, l'écorchair tout mon gosieir
   A crieir,
 Sans que je pouvre afoir ein lifre ;
Pardi ; mon foi montsir, je pense fous l'être ifre ?

(Le donneur de livres, fatigué par les importuns qu'il trouve toujours sur ses pas, se retire en colère.)

UN VIEUX BOURGEOIS *babillard*.

 De tout ceci, franc et net,
  Je suis mal satisfait.
 Et cela, sans doute, est laid
   Que notre fille,
 Si bien faite et si gentille,
 De tant d'amoureux l'objet,
  N'ait pas à son souhait
  Un livre de ballet,
  Pour lire le sujet
 Du divertissement qu'on fait ;
 Et que toute notre famille
  Si proprement s'habille
 Pour être placée au sommet
  De la salle, où l'on met
  Les gens de l'intriguet.
 De tout ceci, franc et net,
  Je suis mal satisfait ;
 Et cela, sans doute, est laid.

UNE VIEILLE BOURGEOISE *babillarde*.

 Il est vrai que c'est une honte,
 Le sang au visage me monte ;
Et ce jeteur de vers, qui manque au capital,

L'entend fort mal.
C'est un brutal,
Un vrai cheval,
Franc animal,
De faire si peu de compte
D'une fille qui fait l'ornement principal
Du quartier du Palais-Royal,
Et que ces jours passés un comte,
Fut prendre la première au bal.
Il l'entend mal :
C'est un brutal,
Un vrai cheval,
Franc animal.

HOMMES *du bel air*.

Ah! quel bruit!

FEMMES *du bel air*.

Quel fracas! quel chaos! quel mélange?

HOMMES *du bel air*.

Quelle confusion? quelle cohue étrange!
Quel désordre! quel embarras!

PREMIÈRE FEMME *du bel air*.

On y sèche.

SECONDE FEMME *du bel air*.

L'on n'y tient pas.

PREMIER GASCON.

Bentré, jé suis à vout.

SECOND GASCON.

J'enragé Dieu mé damne!

LE SUISSE.

Ah! que li faire saif dans sti sal' de cians!

PREMIER GASCON.

Jé murs.

SECOND GASCON.

Jé perds la trémontane.

LE SUISSE.

Mon foi, moi, le foudrais être hors de dedans.

BALLET DES NATIONS.

LE VIEUX BOURGEOIS *babillard.*

Allons, ma mie,
Suivez mes pas,
Je vous en prie,
Et ne me quittez pas.
On fait de nous trop peu de cas ;
Et je suis las
De ce tracas.
Tout ce fracas,
cet embarras,
Me pèse par trop sur les bras.
S'il me prend jamais envie
De retourner de ma vie
A ballet ni comédie,
Je veux bien qu'on m'estropie.
Allons, ma mie,
Suivez mes pas,
Je vous en prie,
Et ne me quittez pas :
On fait de nous trop peu de cas.

LA VIELLE BOURGEOISE *babillarde.*

Allons, mon mignon, mon fils,
Regagnons notre logis,
Et sortons de ce taudis
Où l'on ne peut-être assis.
Ils seront bien ébaubis,
Quand ils nous verront partis.
Trop de confusion règne dans cette salle,
Et j'aimerais mieux être au milieu de la halle.
Si jamais je reviens à semblable régale,
Je veux bien recevoir des soufflets plus de six.
Allons, mon mignon, mon fils,
Regagnons notre logis,
Et sortons de ce taudis
Où l'on ne peut être assis.

(*Le donneur de livres revient avec les importuns qui
l'ont suivi.*)

CHOEUR DE SPECTATEURS.

A moi, monsieur, à moi; de grace, à moi, monsieur;
Un livre, s'il vous plaît, à votre serviteur.
(*Les importuns, ayant pris des livres des mains de celui qui les donne, les distribuent aux spectateurs, pendant que le donneur de livres danse; après quoi ils se joignent à lui, et forment la première entrée.*)

DEUXIÈME ENTRÉE.

ESPAGNOLS.

TROIS ESPAGNOLS *chantans*, ESPAGNOLS *dansans*.

PREMIER ESPAGNOL.

Se que me muero de amor,
Y solicito el dolor.

Aun muriendo de querer,
De tan buen ayre adolezco,
Que es mas de lo que padezco,
Lo que quiero padecer;
Y no pudiendo exceder
A mi desco el rigor.

Se que me muero de amor,
Y solicito el dolor.

Lisonjea me la suerte
Con piedad tan avertida,
Que me assegura la vida
En el riesgo de la muerte.
Vivir de la golpe fuerte
Es mi salud primor.

Se que me muero de amor,
Y sollicito el dolor.

Danse de six Espagnols, après laquelle deux autres Espagnols dansent ensemble.)

PREMIER ESPAGNOL.

Ay ! que locura, con tanto rigor
Quexarce de Amor,
Del nino bonito
Que toto es dulçura !
Ay ! que locura !
Ay ! que lucura !

SECOND ESPAGNOL.

El dolor solicita
El que al dolor se da !
Y nadie de amor muere,
Sino quien no saye amar.

PREMIER ET SECOND ESPAGNOLS.

Dulce muerte es el amor
Con correspondencia ygual ;
Y si esta gozamos hoi,
Porque la quieres turbar ?

TROISIÈME ESPAGNOL.

Alegrese enamorado
Y tome mi parecer
Que en aquesto de querer
Todo es allar el vado.

TOUS TROIS ENSEMBLE.

Vaya, vaya de fiesta,
Vaya de bayle
Alegria, alegria, alegria.
Que esto de dolor es fantasia.

TROISIÈME ENTRÉE.

ITALIENS.

UNE ITALIENNE *chantante*, UN ITALIEN *chantant* ; ARLEQUIN, TRIVELINS et SCARAMOUCHES *dansans*.

L'ITALIENNE.

Di rigori armata il seno
Contro amor mi rebellai.
Ma fui vinta in un baleno
In mirar duo vaghi rai.
Ahi ! che resiste puoco
Cor di gelo a stral di fuoco !

Ma sì caro, è 'l mio tormento,
Dolce è sì la piaga mia,
Ch' il penare è mio contento,
E 'l sanarmi è tirannia ;
Ahi ! che più giova e piace !
Quanto amor è più vivace !

(*Deux scaramouches et deux trivelins représentent avec Arlequin une nuit à la manière des comédiens italiens.*)

L'ITALIEN.

Bel tempo che vola
Rapisce il contento :
D'amor ne la scola
Si coglie il memento.

L'ITALIENNE.

Insi che florida
Ride l'età ;
Che pur trop horrida,
Da noi sen va.

TOUS DEUX ENSEMBLE.

Sù cantiamo,
Sù gaudiamo,
Ne bei dì di gioventù :
Perduto ben non si racquista più.

L'ITALIEN.

Pupilla ch' è vaga
Mill' alme incatena,
Fà dolce la piaga,
Felice la pena.

L'ITALIENNE.

Ma poiche frigida
Langue l'età,
Più l'alma rigida
Fiamme non ha.

TOUS DEUX ENSEMBLE.

Sù cantiamo,
Sù gaudiamo,
Ne bei dì di gioventù ;
Perduto ben non si racquista più.

(*Les scaramouches et les trivelins finissent l'entrée par une danse.*)

QUATRIÈME ENTRÉE.

FRANÇAIS.

DEUX POITEVINS *chantans et dansans;*
POITEVINS ET **POITEVINES** *dansans.*

PREMIER POITEVIN.

Ah ! qu'il fait beau dans ces bocages !
Ah ! que le ciel donne un beau jour !

SECOND POITEVIN.

Le rossignol, sous ces tendres feuillages

Chante aux échos son doux retour ;
Ce beau séjour,
Ces doux ramages,
Ce beau séjour
Nous invite à l'amour.

TOUS DEUX ENSEMBLE.

Vois, ma Climène,
Vois, sous ce chêne,
S'entre-baiser ces oiseaux amoureux ;
Ils n'ont rien dans leurs vœux
Qui les gêne ;
De leurs doux feux
Leur ame est pleine :
Qu'ils sont heureux !
Nous pouvons tous deux,
Si tu le veux,
Etre comme eux.

(*Trois Poitevins et trois Poitevines dansent ensemble.*)

CINQUIÈME ET DERNIÈRE ENTRÉE.

(*Les Espagnols, les Italiens et les Français se mêlent ensemble, et forment la dernière entrée.*)

CHOEUR DE SPECTATEURS.

Quels spectacles charmans ! quels plaisirs goûtons-nous !
Les dieux mêmes, les dieux, n'en ont point de plus doux.

FIN DU BALLET DES NATIONS.

LES FOURBERIES
DE SCAPIN,

COMÉDIE EN TROIS ACTES,

Représentée sur le théâtre du Palais-Royal,
le 24 mai 1671.

PERSONNAGES.

ARGANTE, père d'Octave et de Zerbinette.
GÉRONTE, père de Léandre et d'Hyacinthe.
OCTAVE, fils d'Argante et amant d'Hyacinthe.
LÉANDRE, fils de Géronte et amant de Zerbinette.
ZERBINETTE, crue Égyptienne, et reconnue fille d'Argante, amante de Léandre.
HYACINTHE, fille de Géronte et amante d'Octave.
SCAPIN, valet de Léandre.
SILVESTRE, valet d'Octave.
NÉRINE, nourrice d'Hyacinthe.
CARLE, ami de Scapin.
DEUX PORTEURS.

La scène est à Naples.

LES FOURBERIES DE SCAPIN.

ACTE PREMIER.

SCÈNE I.

OCTAVE, SILVESTRE.

OCTAVE.

Ah! fâcheuses nouvelles pour un cœur amoureux! Dures extrémités où je me vois réduit! Tu viens, Silvestre, d'apprendre au port que mon père revient?

SILVESTRE.

Oui.

OCTAVE.

Qu'il arrive ce matin même?

SILVESTRE.

Ce matin même.

OCTAVE.

Et qu'il revient dans la résolution de me marier?

SILVESTRE.

Oui.

OCTAVE.

Avec une fille du seigneur Géronte?

SILVESTRE.

Du seigneur Géronte.

OCTAVE.

Et que cette fille est mandée de Tarente ici pour cela.

SILVESTRE.

Oui.

OCTAVE.

Et tu tiens ces nouvelles de mon oncle ?

SILVESTRE.

De votre oncle.

OCTAVE.

A qui mon père les a mandées par une lettre ?

SILVESTRE.

Par une lettre.

OCTAVE.

Et cet oncle, dis-tu, sait toutes nos affaires ?

SILVESTRE.

Toutes nos affaires.

OCTAVE.

Ah ! parle si tu veux, et ne te fais point, de la sorte, arracher les mots de la bouche.

SILVESTRE.

Qu'ai-je à parler davantage ? Vous n'oubliez aucune circonstance ; et vous dites les choses tout justement comme elles sont.

OCTAVE.

Conseille-moi du moins, et me dis ce que je dois faire dans ces cruelles conjonctures.

SILVESTRE.

Ma foi, je m'y trouve autant embarrassé que vous, et j'aurais bon besoin que l'on me conseillât moi-même.

OCTAVE.

Je suis assassiné par ce maudit retour.

SILVESTRE.

Je ne le suis pas moins.

OCTAVE.

Lorsque mon père apprendra les choses, je vais voir fondre sur moi un orage soudain d'impétueuses réprimandes.

SILVESTRE.

Les réprimandes ne sont rien; et plût au ciel que j'en fusse quitte à ce prix! Mais j'ai bien la mine, pour moi, de payer plus cher vos folies; et je vois se former de loin un nuage de coups de bâton qui crèvera sur mes épaules.

OCTAVE.

O ciel! par où sortir de l'embarras où je me trouve?

SILVESTRE.

C'est à quoi vous deviez songer avant que de vous y jeter.

OCTAVE.

Ah! tu me fais mourir par tes leçons hors de saison.

SILVESTRE.

Vous me faites bien plus mourir par vos actions étourdies.

OCTAVE.

Que dois-je faire? Quelle résolution prendre? A quel remède recourir?

SCÈNE II.
OCTAVE, SCAPIN, SILVESTRE.

SCAPIN.

Qu'est-ce, seigneur Octave? Qu'avez-vous? Qu'y a-t-il? Quel désordre est-ce là? je vous vois tout troublé.

OCTAVE.

Ah! mon pauvre Scapin, je suis perdu, je suis désespéré, je suis le plus infortuné de tous les hommes.

SCAPIN.

Comment?

OCTAVE.

N'as-tu rien appris de ce qui me regarde?

SCAPIN.

Non.

OCTAVE.

Mon père arrive avec le seigneur Géronte; et ils me veulent marier.

SCAPIN.

Hé bien ! qu'y a-t-il là de si funeste ?

OCTAVE.

Hélas ! tu ne sais pas la cause de mon inquiétude ?

SCAPIN.

Non : mais il ne tiendra qu'à vous que je ne le sache bientôt ; et je suis homme consolatif, homme à m'intéresser aux affaires des jeunes gens.

OCTAVE.

Ah ! Scapin, si tu pouvais trouver quelque invention, forger quelque machine, pour me tirer de la peine où je suis, je croirais t'être redevable de plus que de la vie.

SCAPIN.

A vous dire la vérité, il y a peu de choses qui me soient impossibles, quand je m'en veux mêler. J'ai sans doute reçu du ciel, un génie assez beau pour toutes les fabriques de ces gentillesses d'esprit, de ces galanteries ingénieuses, à qui le vulgaire ignorant donne le nom de fourberies ; et je puis dire, sans vanité, qu'on n'a guère vu d'homme qui fût plus habile ouvrier de ressorts et d'intrigues, qui ait acquis plus de gloire que moi dans ce noble métier. Mais, ma foi, le mérite est trop maltraité aujourd'hui ; et j'ai renoncé à toutes choses depuis certain chagrin d'une affaire qui m'arriva.

OCTAVE.

Comment ? quelle affaire, Scapin ?

SCAPIN.

Une aventure où je me brouillai avec la justice.

OCTAVE.

La justice ?

SCAPIN.

Oui : nous eûmes un petit démêlé ensemble.

SILVESTRE.

Toi et la justice ?

SCAPIN.

Oui. Elle en usa fort mal avec moi ; et je me dépitai

de telle sorte contre l'ingratitude du siècle, que je résolus de ne plus rien faire. Baste : ne laissez pas de me conter votre aventure.

OCTAVE.

Tu sais, Scapin, qu'il y a deux mois que le seigneur Géronte et mon père s'embarquèrent ensemble pour un voyage qui regarde certain commerce où leurs intérêts sont mêlés.

SCAPIN.

Je sais cela.

OCTAVE.

Et que Léandre et moi nous fûmes laissés par nos pères, moi sous la conduite de Silvestre, et Léandre sous ta direction.

SCAPIN.

Oui. Je me suis fort bien acquitté de ma charge.

OCTAVE.

Quelque temps après, Léandre fit rencontre d'une jeune Egyptienne dont il devint amoureux.

SCAPIN.

Je sais cela encore.

OCTAVE.

Comme nous sommes grands amis, il me fit aussitôt confidence de son amour, et me mena voir cette fille, que je trouvai belle, à la vérité, mais non pas tant qu'il voulait que je la trouvasse. Il ne m'entretenait que d'elle chaque jour, m'exagérait à tous momens sa beauté et sa grace; me louait son esprit, et me parlait avec transport des charmes de son entretien, dont il me rapportait jusqu'aux moindres paroles, qu'il s'efforçait toujours de me faire trouver les plus spirituelles du monde. Il me querellait quelquefois de n'être pas assez sensible aux choses qu'il me venait dire, et me blâmait sans cesse de l'indifférence où j'étais pour les feux de l'amour.

SCAPIN.

Je ne vois pas encore où ceci veut aller.

OCTAVE.

Un jour que je l'accompagnais pour aller chez les gens qui gardent l'objet de ses vœux, nous entendîmes, dans une petite maison d'une rue écartée, quelques plaintes mêlées de beaucoup de sanglots. Nous demandons ce que c'est : une femme nous dit en soupirant que nous pouvions voir là quelque chose de pitoyable en des personnes étrangères, et qu'à moins que d'être insensibles, nous en serions touchés.

SCAPIN.

Où est-ce que cela nous mène ?

OCTAVE.

La curiosité me fit presser Léandre de voir ce que c'était. Nous entrons dans une salle, où nous voyons une vieille femme mourante, assistée d'une servante qui faisait des regrets, et d'une jeune fille toute fondante en larmes, la plus belle et la plus touchante qu'on puisse jamais voir.

SCAPIN.

Ah ! ah !

OCTAVE.

Une autre aurait paru effroyable en l'état où elle était, car elle n'avait pour habillement qu'une méchante petite jupe, avec des brassières de nuit qui étaient de simple futaine; et sa coiffure était une cornette jaune, retroussée au haut de sa tête, qui laissait tomber en désordre ses cheveux sur ses épaules : et cependant, faite comme cela, elle brillait de mille attraits, et ce n'était qu'agrémens et que charmes que toute sa personne.

SCAPIN.

Je sens venir les choses.

OCTAVE.

Si tu l'avais vue, Scapin, en l'état que je dis, tu l'aurais trouvée admirable.

SCAPIN.

Oh ! je n'en doute point ; et, sans l'avoir vue, je vois bien qu'elle était tout-à-fait charmante.

OCTAVE.

Ses larmes n'étaient point de ces larmes désagréables qui défigurent un visage ; elle avait à pleurer une grace touchante, et sa douleur était la plus belle du monde.

SCAPIN.

Je vois tout cela.

OCTAVE.

Elle faisait fondre chacun en larmes, en se jetant amoureusement sur le corps de cette mourante, qu'elle appelait sa chère mère ; et il n'y avait personne qui n'eût l'ame percée de voir un si bon naturel.

SCAPIN.

En effet, cela est touchant ; et je vois bien que ce bon naturel-là vous la fit aimer.

OCTAVE.

Ah ! Scapin, un barbare l'aurait aimée !

SCAPIN.

Assurément. Le moyen de s'en empêcher !

OCTAVE.

Après quelques paroles dont je tâchai d'adoucir la douleur de cette charmante affligée, nous sortîmes de là ; et demandant à Léandre ce qu'il lui semblait de cette personne, il me répondit froidement qu'il la trouvait assez jolie. Je fus piqué de la froideur avec laquelle il m'en parlait, et je ne voulus point lui découvrir l'effet que ses beautés avaient fait sur mon ame.

SILVESTRE, *à Octave.*

Si vous n'abrégez ce récit, nous en voilà pour jusqu'à demain. Laissez-le-moi faire en deux mots. (*à Scapin.*) Son cœur prend feu dès ce moment ; il ne saurait plus vivre qu'il n'aille consoler son aimable affligée. Ses fréquentes visites sont rejetées de la servante, devenue la gouvernante par le trépas de la mère. Voilà mon homme au désespoir. Il presse, supplie, conjure ; point d'affaire. On lui dit que la fille, quoique sans bien et sans appui, est de famille honnête, et qu'à moins que de l'épouser on ne peut souffrir ses poursuites. Voilà son amour augmenté par les difficultés. Il consulte dans sa tête, agite, raisonne, balance, prend sa résolution; le voilà marié avec elle depuis trois jours.

SCAPIN.

J'entends.

SILVESTRE.

Maintenant, mets avec cela le retour imprévu du père, qu'on n'attendait que dans deux mois, la découverte que l'oncle a fait du secret de notre mariage, et l'autre mariage qu'on veut faire de lui avec la fille que le seigneur Géronte a eue d'une seconde femme qu'on dit qu'il a épousée à Tarente.

OCTAVE.

Et, par-dessus tout cela, mets encore l'indigence où se trouve cette aimable personne, et l'impuissance où je me vois d'avoir de quoi la secourir.

SCAPIN.

Est-ce là tout? Vous voilà bien embarrassé tous deux pour une bagatelle! C'est bien là de quoi se tant alarmer! n'as-tu point de honte, toi, de demeurer court à si peu de chose? Que diable te voilà grand et gros comme père et mère, et tu ne saurais trouver dans ta tête, forger dans ton esprit, quelque ruse galante, quelque honnête petit stratagême, pour ajuster vos affaires! Fi! peste soit du butor! Je voudrais bien que l'on m'eût donné autrefois nos vieillards à duper, je les aurais joués tous deux par-dessous la jambe; et je n'étais pas plus grand que cela, que je me signalais déjà par cent tours d'adresse jolis.

SILVESTRE.

J'avoue que le ciel ne m'a pas donné tes talens, et que je n'ai pas l'esprit, comme toi, de me brouiller avec la justice.

OCTAVE.

Voici mon aimable Hyacinthe.

SCÈNE LII.

HYACINTHE, OCTAVE, SCAPIN, SILVESTRE.

HYACINTHE.

Ah! Octave, est-il vrai ce que Silvestre vient de dire à Nérine, que votre père est de retour, et qu'il veut vous marier?

OCTAVE.

Oui, belle Hyacinthe; et ces nouvelles m'ont donné une atteinte cruelle. Mais que vois-je? vous pleurez! Pourquoi ces larmes? me soupçonnez-vous, dites-moi, de quelque infidélité; et n'êtes-vous pas assurée de l'amour que j'ai pour vous?

HYACINTHE.

Oui, Octave, je suis sûre que vous m'aimez, mais je ne le suis pas que vous m'aimiez toujours.

OCTAVE.

Hé! peut-on vous aimer qu'on ne vous aime toute sa vie?

HYACINTHE.

J'ai ouï dire, Octave, que votre sexe aime moins long-temps que le nôtre, et que les ardeurs que les hommes font voir sont des feux qui s'éteignent aussi facilement qu'ils naissent.

OCTAVE.

Ah! ma chère Hyacinthe, mon cœur n'est donc pas fait comme celui des autres hommes; et je sens bien, pour moi, que je vous aimerai jusqu'au tombeau.

HYACINTHE.

Je veux croire que vous sentez ce que vous dites, et je ne doute point que vos paroles ne soient sincères; mais je crains un pouvoir qui combattra dans votre cœur les tendres sentimens que vous pouvez avoir pour moi. Vous dépendez d'un père qui veut vous marier à une autre personne; et je suis sûre que je mourrai si ce malheur m'arrive.

OCTAVE.

Non, belle Hyacinthe, il n'y a point de père qui puisse me contraindre à vous manquer de foi; et je me résoudrai à quitter mon pays et le jour même, s'il est besoin, plutôt qu'à vous quitter. J'ai déjà pris, sans l'avoir vue, une aversion effroyable pour celle que l'on me destine; et, sans être cruel, je souhaiterais que la mer l'écartât d'ici pour jamais. Ne pleurez donc point, je vous prie, mon aimable Hyacinthe; car vos larmes me tuent, et je ne les puis voir sans me sentir percer le cœur.

HYACINTHE.

Puisque vous le voulez, je veux bien essuyer mes pleurs; et j'attendrai, d'un œil constant, ce qu'il plaira au ciel de résoudre de moi.

OCTAVE.

Le ciel nous sera favorable.

HYACINTHE.

Il ne saurait m'être contraire, si vous m'êtes fidèle.

OCTAVE.

Je le serai assurément.

HYACINTHE.

Je serai donc heureuse.

SCAPIN, *à part*.

Elle n'est point tant sotte, ma foi; et je la trouve assez passable.

OCTAVE, *montrant Scapin*.

Voici un homme qui pourrait bien, s'il le voulait, nous être, dans tous nos besoins, d'un secours merveilleux.

SCAPIN.

J'ai fait de grands sermens de ne me mêler plus du monde; mais si vous m'en priez bien fort tous deux, peut-être...

OCTAVE.

Ah! s'il ne tient qu'à te prier bien fort pour obtenir

ton aide, je te conjure de tout mon cœur de prendre la conduite de notre barque.

SCAPIN, *à Hyacinthe.*

Et vous, ne dites-vous rien?

HYACINTHE.

Je vous conjure, à son exemple, par tout ce qui vous est le plus cher au monde, de vouloir servir notre amour.

SCAPIN.

Il faut se laisser vaincre, et avoir de l'humanité. Allez, je veux m'employer pour vous.

OCTAVE.

Crois que...

SCAPIN, *à Octave.*

Chut. (*à Hyacinthe.*) Allez-vous-en, vous, et soyez en repos.

SCÈNE IV.

OCTAVE, SCAPIN, SILVESTRE.

SCAPIN, *à Octave.*

Et vous, préparez-vous à soutenir avec fermeté l'abord de votre père.

OCTAVE.

Je t'avoue que cet abord me fait trembler par avance, et j'ai une timidité naturelle que je ne saurais vaincre.

SCAPIN.

Il faut pourtant paraître ferme au premier choc, de peur que, sur votre faiblesse, il ne prenne le pied de vous mener comme un enfant. Là, tâchez de vous composer par étude. Un peu de hardiesse; et songez à répondre résolument sur tout ce qu'il pourra vous dire.

OCTAVE.

Je ferai du mieux que je pourrai.

SCAPIN.

Çà, essayons un peu, pour vous accoutumer. Répétous un peu votre rôle, et voyons si vous ferai bien. Allons, la mine résolue, la tête haute, les regards assurés.

OCTAVE.

Comme cela ?

SCAPIN.

Encore un peu davantage.

OCTAVE.

Ainsi ?

SCAPIN.

Bon. Imaginez-vous que je suis votre père qui arrive, et répondez-moi fermement, comme si c'était à lui-même... Comment, pendard, vaurien, infâme, fils indigne d'un père comme moi, oses-tu bien paraître devant mes yeux après tes bons déportemens, après les lâches tours que tu m'as joué pendant mon absence? Est-ce là le fruit de mes soins? maraud, est-ce là le fruit de mes soins? le respect qui m'est dû, le respect que tu me conserves? (Allons donc.) Tu as l'insolence, fripon, de t'engager sans le consentement de ton père? de contracter un mariage clandestin! réponds-moi, coquin, réponds-moi. Voyons un peu tes belles raisons... Oh! que diable! vous demeurez interdit.

OCTAVE.

C'est que je m'imagine que c'est mon père que j'entends.

SCAPIN.

Hé, oui. C'est par cette raison qu'il ne faut pas être comme un innocent.

OCTAVE.

Je m'en vais prendre plus de résolution, et je répondrai fermement.

SCAPIN.

Assurément ?

OCTAVE

Assurément.

ACTE I, SCÈNE V.

SILVESTRE.

Voilà votre père qui vient.

OCTAVE.

O ciel ! je suis perdu.

SCÈNE V.

SCAPIN, SILVESTRE.

SCAPIN.

Holà, Octave. Demeurez, Octave. Le voilà enfui ! Quelle pauvre espèce d'homme ! Ne laissons pas d'attendre le vieillard.

SILVESTRE.

Que lui dirai-je ?

SCAPIN.

Laisse-moi dire, moi ; et ne fais que me suivre.

SCÈNE VI.

ARGANTE, SCAPIN ET SILVESTRE, *dans le fond du théâtre.*

ARGANTE, *se croyant seul.*

A-t-on jamais ouï parler d'une action pareille à celle-là.

SCAPIN, *à Sylvestre.*

Il a déjà appris l'affaire ; et elle lui tient si fort en tête, que, tout seul, il en parle haut.

ARGANTE, *se croyant seul.*

Voilà une timidité bien grande !

SCAPIN, *à Sylvestre.*

Écoutons-le un peu.

ARGANTE, *se croyant seul.*

Je voudrais bien savoir ce qu'ils me pourront dire sur ce beau mariage.

SCAPIN, *à part.*

Nous y avons songé.

ARGANTE, *se croyant seul.*

Tâcheront-ils de me nier la chose ?

SCAPIN, *à part.*

Non, nous n'y pensons pas.

ARGANTE, *se croyant seul.*

Ou s'ils entreprendront de l'excuser ?

SCAPIN, *à part.*

Celui-là se pourra faire.

ARGANTE, *se croyant seul.*

Prétendront-ils m'amuser par des contes en l'air ?

SCAPIN, *à part.*

Peut-être.

ARGANTE, *se croyant seul.*

Tous leurs discours seront inutiles.

SCAPIN, *à part.*

Nous allons voir.

ARGANTE, *se croyant seul.*

Ils ne m'en donneront point à garder.

SCAPIN, *à part.*

Ne jurons de rien.

ARGANTE, *se croyant seul.*

Je saurai mettre mon pendard de fils en lieu de sûreté.

SCAPIN, *à part.*

Nous y pourvoirons.

ARGANTE, *se croyant seul.*

Et pour le coquin de Silvestre, je le rouerai de coups.

SILVESTRE, *à Scapin.*

J'étais bien étonné, s'il m'oubliait.

ARGANTE, *apercevant Silvestre.*

Ah ! ah ! vous voilà donc, sage gouverneur de famille, beau directeur de jeunes gens !

SCAPIN.

Monsieur, je suis ravi de vous voir de retour.

ARGANTE.

Bonjour, Scapin. (*à Sylvestre.*) Vous avez suivi

mes ordres vraiment, d'une belle manière ! et mon fils s'est comporté fort sagement pendant mon absence !

SCAPIN.

Vous vous portez bien, à ce que je vois.

ARGANTE.

Assez bien. (*à Sylvestre.*) Tu ne dis mot, coquin, tu ne dis mot !

SCAPIN.

Votre voyage a-t-il été bon ?

ARGANTE.

Mon dieu ! fort bon. Laisse-moi un peu quereller en repos.

SCAPIN.

Vous voulez quereller ?

ARGANTE.

Oui, je veux quereller ?

SCAPIN.

Et qui, monsieur ?

ARGANTE, *montrant Sylvestre.*

Ce maraud-là.

SCAPIN.

Pourquoi ?

ARGANTE.

Tu n'as pas ouï parler de ce qui s'est passé dans mon absence ?

SCAPIN.

J'ai bien ouï parler de quelque petite chose.

ARGANTE.

Comment ! quelque petite chose ! une action de cette nature !

SCAPIN.

Vous avez quelque raison.

ARGANTE.

Une hardiesse pareille à celle-là !

SCAPIN.

Cela est vrai.

ARGANTE.

Un fils qui se marie sans le consentement de son père !

SCAPIN.

Oui, il y a quelque chose à dire à cela. Mais je serais d'avis que vous ne fissiez point de bruit.

ARGANTE.

Je ne suis pas de cet avis, moi ; et je veux faire du bruit tout mon soûl. Quoi ! tu ne trouves pas que j'aie tous les sujets du monde d'être en colère ?

SCAPIN.

Si fait. J'y ai d'abord été, moi, lorsque j'ai su la chose ; et je me suis intéressé pour vous, jusqu'à quereller votre fils. Demandez-lui un peu quelles belles réprimandes je lui ai faites, et comme je l'ai chapitré sur le peu de respect qu'il gardait à un père dont il devait baiser les pas. On ne peut pas lui mieux parler, quand ce serait vous-même. Mais quoi ! je me suis rendu à la raison, et j'ai considéré que, dans le fond, il n'a pas tant de tort qu'on pourrait croire.

ARGANTE.

Que me viens-tu conter ? il n'a pas tant de tort de s'aller marier de but en blanc avec une inconnue ?

SCAPIN.

Que voulez-vous ? il y a été poussé par sa destinée.

ARGANTE.

Ah ! ah ! voici une raison la plus belle du monde. On n'a plus qu'à commettre tous les crimes imaginables, tromper, voler, assassiner, et dire pour excuse qu'on y a été poussé par sa destinée.

SCAPIN.

Mon dieu ! vous prenez mes paroles trop en philosophe. Je veux dire qu'il s'est trouvé fatalement engagé dans cette affaire.

ARGANTE.

Et pourquoi s'y engageait-il ?

ACTE I, SCÈNE VI.

SCAPIN.

Voulez-vous qu'il soit aussi sage que vous? Les jeunes gens sont jeunes, et n'ont pas toute la prudence qu'il leur faudrait pour ne rien faire que de raisonnable : témoin notre Léandre, qui, malgré toutes mes leçons, malgré toutes mes remontrances, est allé faire de son côté pis encore que votre fils. Je voudrais bien savoir si vous-même n'avez pas été jeune, et n'avez pas dans votre temps fait des fredaines comme les autres. J'ai ouï dire, moi, que vous avez été autrefois un bon compagnon parmi les femmes, que vous faisiez de votre drôle avec les plus galantes de ce temps-là, et que vous n'en approchiez point que vous ne poussassiez à bout.

ARGANTE.

Cela est vrai, j'en demeure d'accord ; mais je m'en suis toujours tenu à la galanterie, et je n'ai point été jusqu'à faire ce qu'il a fait.

SCAPIN.

Que vouliez-vous qu'il fît ? Il voit une jeune personne qui lui veut du bien (car il tient cela de vous d'être aimé de toutes les femmes); il la trouve charmante, il lui rend des visites, lui conte des douceurs, soupire galamment, fait le passionné. Elle se rend à sa poursuite. Il pousse sa fortune. Le voilà surpris avec elle par ses parens, qui, la force à la main, le contraignent de l'épouser.

SILVESTRE, *à part*.

L'habile fourbe que voilà !

SCAPIN.

Eussiez-vous voulu qu'il se fût laissé tuer ? Il vaut mieux encore être marié qu'être mort.

ARGANTE.

On ne m'a pas dit que l'affaire se soit ainsi passée.

SCAPIN, *montrant Silvestre*.

Demandez-lui plutôt ; il ne vous dira pas le contraire.

ARGANTE, *à Silvestre*.

C'est par force qu'il a été marié ?

SILVESTRE.

Oui, monsieur.

SCAPIN.

Voudrais-je vous mentir ?

ARGANTE.

Il devait donc aller tout aussitôt protester de violence chez un notaire.

SCAPIN.

C'est ce qu'il n'a pas voulu faire.

ARGANTE.

Cela m'aurait donné plus de facilité à rompre ce mariage.

SCAPIN.

Rompre ce mariage ?

ARGANTE.

Oui.

SCAPIN.

Vous ne le romprez point.

ARGANTE.

Je ne le romprai point ?

SCAPIN.

Non.

ARGANTE.

Quoi ! je n'aurai pas pour moi les droits de père, et la raison de la violence qu'on a faite à mon fils ?

SCAPIN.

C'est une chose dont il ne demeurera pas d'accord.

ARGANTE.

Il n'en demeurera pas d'accord ?

SCAPIN.

Non.

ARGANTE.

Mon fils ?

SCAPIN.

Votre fils. Voulez-vous qu'il confesse qu'il ait été

ACTE I, SCÈNE VI.

capable de crainte, et que ce soit par force qu'on lui ait fait faire les choses? Il n'a garde d'aller avouer cela: ce serait se faire tort, et se montrer indigne d'un père comme vous.

ARGANTE.

Je me moque de cela.

SCAPIN.

Il faut, pour son honneur et pour le vôtre, qu'il dise dans le monde que c'est de bon gré qu'il l'a épousée.

ARGANTE.

Et je veux, moi, pour mon honneur et pour le sien, qu'il dise le contraire.

SCAPIN.

Non, je suis sûr qu'il ne le fera pas.

ARGANTE.

Je l'y forcerai bien.

SCAPIN.

Il ne le fera pas, vous dis-je.

ARGANTE.

Il le fera, ou je le déshériterai.

SCAPIN.

Vous?

ARGANTE.

Moi.

SCAPIN.

Bon!

ARGANTE.

Comment, bon?

SCAPIN.

Vous ne le déshériterez point.

ARGANTE.

Je ne le déshériterai point?

SCAPIN.

Non.

ARGANTE.

Non?

SCAPIN.

Non.

ARGANTE.

Ouais ! voici qui est plaisant. Je ne déshériterai point mon fils ?

SCAPIN.

Non, vous dis-je.

ARGANTE.

Qui m'en empêchera ?

SCAPIN.

Vous-même.

ARGANTE.

Moi ?

SCAPIN.

Oui ; vous n'aurez pas ce cœur-là.

ARGANTE.

Je l'aurai.

SCAPIN.

Vous vous moquez.

ARGANTE.

Je ne me moque point.

SCAPIN.

La tendresse paternelle fera son office.

ARGANTE.

Elle ne fera rien.

SCAPIN.

Oui, oui.

ARGANTE.

Je vous dis que cela sera.

SCAPIN.

Bagatelles.

ARGANTE.

Il ne faut point dire bagatelles.

SCAPIN.

Mon dieu ! je vous connais, vous êtes bon naturellement.

ACTE I, SCÈNE VII.

ARGANTE.

Je ne suis point bon, et je suis méchant quand je veux. Finissons ce discours qui m'échauffe la bile. (*à Silvestre.*) Va-t'en, pendard, va-t'en me chercher mon fripon, tandis que j'irai rejoindre le seigneur Géronte pour lui conter ma disgrace.

SCAPIN.

Monsieur, si je vous puis être utile en quelque chose, vous n'avez qu'à me commander.

ARGANTE.

Je vous remercie. (*à part.*) Ah ! pourquoi faut-il qu'il soit fils unique ! et que n'ai-je à cette heure la fille que le ciel m'a ôtée, pour la faire mon héritière !

SCÈNE VII.
SCAPIN, SILVESTRE.

SILVESTRE.

J'avoue que tu es un grand homme, et voilà l'affaire en bon train : mais l'argent d'autre part nous presse pour notre subsistance ; et nous avons de tous côtés des gens qui aboient après nous.

SCAPIN.

Laisse-moi faire, la machine est trouvée. Je cherche seulement dans ma tête un homme qui nous soit affidé, pour jouer un personnage dont j'ai besoin.... Attends. Tiens-toi un peu, enfonce ton bonnet en méchant garçon, campe-toi sur un pied, mets la main au côté, fais les yeux furibonds, marche un peu en roi de théâtre... Voilà qui est bien. Suis-moi. J'ai des secrets pour déguiser ton visage et ta voix.

SILVESTRE.

Je te conjure au moins de ne m'aller point brouiller avec la justice.

SCAPIN.

Va, va, nous partagerons les périls en frères ; et trois ans de galère de plus ou de moins ne sont pas pour arrêter un noble cœur.

FIN DU PREMIER ACTE.

ACTE SECOND.

SCÈNE I.

GÉRONTE, ARGANTE.

GÉRONTE.

Oui, sans doute, par le temps qu'il fait, nous aurons ici nos gens aujourd'hui ; et un matelot qui vient de Tarente m'a assuré qu'il avait vu mon homme qui était près de s'embarquer. Mais l'arrivée de ma fille trouvera les choses mal disposées à ce que nous nous proposions ; et ce que vous venez de m'apprendre de votre fils rompt étrangement les mesures que nous avons prises ensemble.

ARGANTE.

Ne vous mettez pas en peine, je vous réponds de renverser tout cet obstacle, et j'y vais travailler de ce pas.

GÉRONTE.

Ma foi, seigneur Argante, voulez-vous que je vous dise ? l'éducation des enfans est une chose à quoi il faut s'attacher fortement.

ARGANTE.

Sans doute. A quel propos cela ?

GÉRONTE.

A propos de ce que les mauvais déportemens des jeunes gens viennent le plus souvent de la mauvaise éducation que leurs pères leur donnent.

ARGANTE.

Cela arrive parfois. Mais que voulez-vous dire par-là ?

GÉRONTE.

Ce que je veux dire par-là ?

ARGANTE.

Oui.

GÉRONTE.

Que si vous aviez, en brave père, bien morigéné votre fils, il ne vous aurait pas joué le tour qu'il vous a fait.

ARGANTE.

Fort bien. De sorte donc que vous avez bien mieux morigéné le vôtre ?

GÉRONTE.

Sans doute ; et je serais bien fâché qu'il m'eût rien fait approchant de cela.

ARGANTE.

Et si ce fils, que vous avez en brave père si bien morigéné, avait fait encore pis que le mien ?

GÉRONTE.

Comment ?

ARGANTE.

Comment ?

GÉRONTE.

Qu'est-ce que cela veut dire ?

ARGANTE.

Cela veut dire, seigneur Géronte, qu'il ne faut pas être si prompt à condamner la conduite des autres, et que ceux qui veulent gloser doivent bien regarder chez eux s'il n'y a rien qui cloche.

GÉRONTE.

Je n'entends point cette énigme.

ARGANTE.

On vous l'expliquera.

GÉRONTE.

Est-ce que vous auriez ouï dire quelque chose de mon fils ?

ARGANTE.

Cela se peut faire.

GÉRONTE.

Et quoi encore ?

ARGANTE.

Votre Scapin, dans mon dépit, ne m'a dit la chose

qu'en gros ; et vous pourrez de lui, ou de quelque autre, être instruit du détail. Pour moi, je vais vite consulter un avocat, et aviser des biais que j'ai à prendre. Jusqu'au revoir.

SCÈNE II.
GÉRONTE.

Que pourrait-ce être que cette affaire-ci ? Pis encore que le sien ! Pour moi, je ne vois pas ce que l'on peut faire de pis ; et je trouve que se marier sans le consentement de son père est une action qui passe tout ce qu'on peut s'imaginer.

SCÈNE III.
GÉRONTE, LÉANDRE.

GÉRONTE.

Ah ! vous voilà !

LÉANDRE, *courant à Géronte pour l'embrasser.*

Ah ! mon père, que j'ai de joie de vous voir de retour !

GÉRONTE, *refusant d'embrasser Léandre.*

Doucement ; parlons un peu d'affaire.

LÉANDRE.

Souffrez que je vous embrasse, et que...

GÉRONTE, *le repoussant encore.*

Doucement, vous dis-je.

LÉANDRE.

Quoi ! vous me refusez, mon père, de vous exprimer mon transport par mes embrassemens ?

GÉRONTE.

Oui. Nous avons quelque chose à démêler ensemble.

LÉANDRE.

Et quoi ?

GÉRONTE.

Tenez-vous, que je vous voie en face.

LÉANDRE.

Comment ?

ACTE II, SCÈNE III.

GÉRONTE.

Regardez-moi entre deux yeux.

LÉANDRE.

Hé bien?

GÉRONTE.

Qu'est-ce donc qui s'est passé ici?

LÉANDRE.

Ce qui s'est passé?

GÉRONTE.

Oui. Qu'avez-vous fait pendant mon absence?

LÉANDRE.

Que voulez-vous, mon père, que j'aie fait?

GÉRONTE.

Ce n'est pas moi qui veux que vous ayez fait, mais qui demande ce que c'est que vous avez fait.

LÉANDRE.

Moi! je n'ai fait aucune chose dont vous ayez lieu de vous plaindre.

GÉRONTE.

Aucune chose?

LÉANDRE.

Non.

GÉRONTE.

Vous êtes bien résolu.

LÉANDRE.

C'est que je suis sûr de mon innocence.

GÉRONTE.

Scapin pourtant a dit de vos nouvelles.

LÉANDRE.

Scapin?

GÉRONTE.

Ah! ah! ce mot vous a fait rougir.

LÉANDRE.

Il vous a dit quelque chose de moi?

GÉRONTE.

Ce lieu n'est pas tout-à-fait propre à vider cette affaire, et nous allons l'examiner ailleurs. Qu'on se rende au logis; j'y vais revenir tout à l'heure. Ah! traître, s'il faut que tu me déshonores, je te renonce pour mon fils, et tu peux bien, pour jamais, te résoudre à fuir de ma présence.

SCÈNE IV.

LÉANDRE.

Me trahir de cette manière! Un coquin qui doit, par cent raisons, être le premier à cacher les choses que je lui confie, est le premier à les aller découvrir à mon père! Ah! je jure le ciel que cette trahison ne demeurera pas impunie.

SCÈNE V.

OCTAVE, LÉANDRE, SCAPIN.

OCTAVE.

Mon cher Scapin, que ne dois-je point à tes soins! Que tu es un homme admirable! et que le ciel m'est favorable de t'envoyer à mon secours!

LÉANDRE.

Ah! ah! vous voilà! je suis ravi de vous trouver, monsieur le coquin.

SCAPIN.

Monsieur, votre serviteur. C'est trop d'honneur que vous me faites.

LÉANDRE, *mettant l'épée à la main*.

Vous faites le méchant plaisant. Ah! je vous apprendrai...

SCAPIN, *se mettant à genoux*.

Monsieur.

OCTAVE, *se mettant entre eux deux, pour empêcher Léandre de frapper Scapin*.

Ah! Léandre.

LÉANDRE.

Non, Octave, ne me retenez point, je vous prie.

ACTE II, SCÈNE V.

SCAPIN, *à Léandre.*

Hé ! monsieur.

OCTAVE, *retenant Léandre.*

De grace.

LEANDRE, *voulant frapper Scapin.*

Laissez-moi contenter mon ressentiment.

OCTAVE.

Au nom de l'amitié, Léandre, ne le maltraitez point.

SCAPIN.

Monsieur, que vous ai-je fait ?

LEANDRE, *voulant frapper Scapin.*

Ce que tu m'as fait, traître !

OCTAVE, *retenant encore Léandre.*

Hé ! doucement.

LEANDRE.

Non, Octave ; je veux qu'il me confesse lui-même, tout à l'heure, la perfidie qu'il m'a faite. Oui, coquin, je sais le trait que tu m'as joué, on vient de me l'aprendre; et tu ne croyais pas peut-être que l'on me dût révéler ce secret : mais je veux en avoir la confession de ta propre bouche, ou je vais te passer cette épée au travers du corps.

SCAPIN.

Ah ! monsieur, auriez-vous bien ce cœur là ?

LEANDRE.

Parle donc.

SCAPIN.

Je vous ait fait quelque chose, monsieur ?

LEANDRE.

Oui, coquin ; et ta conscience ne te dit que trop ce que c'est.

SCAPIN.

Je vous assure que je l'ignore.

LEANDRE, *s'avançant pour frapper Scapin.*

Tu l'ignores !

25*

OCTAVE, *retenant Léandre.*
Léandre.

SCAPIN.

Hé bien, monsieur, puisque vous le voulez, je vous confesse que j'ai bu avec mes amis ce petit quartaut de vin d'Espagne dont on vous fit présent il y a quelques jours, et que c'est moi qui fis une fente au tonneau, et répandis de l'eau autour, pour faire croire que le vin s'était échappé.

LÉANDRE.

C'est toi pendard, qui m'as bu mon vin d'Espagne, et qui as été cause que j'ai tant querellé la servante, croyant que c'était elle qui m'avait fait le tour?

SCAPIN.

Oui, monsieur. Je vous en demande pardon.

LÉANDRE.

Je suis bien aise d'apprendre cela; mais ce n'est pas l'affaire dont il est question maintenant.

SCAPIN.

Ce n'est pas cela, monsieur?

LÉANDRE.

Non; c'est une autre affaire qui me touche bien plus; et je veux que tu me la dises.

SCAPIN.

Monsieur, je ne me souviens pas d'avoir fait autre chose.

LÉANDRE, *voulant frapper Scapin.*
Tu ne veux pas parler?

SCAPIN.

Hé!

OCTAVE, *retenant Léandre.*
Tout doux.

SCAPIN.

Oui, monsieur, il est vrai qu'il y a trois semaines que vous m'envoyâtes porter le soir une petite montre à la jeune Égyptienne que vous aimez; je revins au logis,

ACTE II, SCÈNE V.

mes habits tout couverts de boue, et le visage plein de sang, et vous dis que j'avais trouvé des voleurs qui m'avaient bien battu et m'avaient dérobé la montre. C'était moi, monsieur, qui l'avais retenue.

LÉANDRE.

C'est toi qui as retenu ma montre ?

SCAPIN.

Oui, monsieur, afin de voir quelle heure il est.

LÉANDRE.

Ah ! ah ! j'apprends ici de jolies choses, et j'ai un serviteur fort fidèle vraiment ! Mais ce n'est pas encore cela que je demande.

SCAPIN.

Ce n'est pas cela ?

LÉANDRE.

Non, infâme ; c'est autre chose encore que je veux que tu me confesses.

SCAPIN, *à part.*

Peste !

LÉANDRE.

Parle vite, j'ai hâte.

SCAPIN.

Monsieur ; voilà tout ce que j'ai fait.

LÉANDRE, *voulant frapper Scapin.*

Voilà tout ?

OCTAVE, *se mettant au-devant de Léandre.*

Hé !

SCAPIN.

Hé bien, oui, monsieur ; vous vous souvenez de ce loup-garou, il y a six mois, qui vous donna tant de coups de bâton la nuit, et vous pensa faire rompre le cou dans une cave où vous tombâtes en fuyant.

LÉANDRE.

Hé bien !

SCAPIN.

C'était moi, monsieur, qui faisais le loup-garou.

LÉANDRE.
C'était toi, traître, qui faisais le loup-garou.
SCAPIN.
Oui, monsieur, seulement pour vous faire peur, et vous ôter l'envie de nous faire courir toutes les nuits comme vous aviez coutume.
LÉANDRE.
Je saurai me souvenir en temps et lieu de tout ce que je viens d'apprendre. Mais je veux venir au fait, et que tu me confesses ce que tu as dit à mon père.
SCAPIN.
A votre père?
LÉANDRE.
Oui, fripon, à mon père.
SCAPIN.
Je ne l'ai pas seulement vu depuis son retour.
LÉANDRE.
Tu ne l'as pas vu?
SCAPIN.
Non, monsieur.
LÉANDRE.
Assurément?
SCAPIN.
Assurément. C'est une chose que je vais vous faire dire par lui-même.
LÉANDRE.
C'est de sa bouche que je le tiens pourtant.
SCAPIN.
Avec votre permission, il n'a pas dit la vérité.

SCÈNE VI.
LÉANDRE, OCTAVE, CARLE, SCAPIN.
CARLE.
Monsieur, je vous apporte une nouvelle qui est fâcheuse pour votre amour.

LÉANDRE.

Comment ?

CARLE.

Vos Égyptiens sont sur le point de vous enlever Zerbinette ; et elle-même, les larmes aux yeux, m'a chargé de venir promptement vous dire que, si dans deux heures vous ne songez à leur porter l'argent qu'ils vous ont demandé pour elle, vous l'allez perdre pour jamais.

LÉANDRE.

Dans deux heures ?

CARLE.

Dans deux heures.

SCÈNE VII.

LÉANDRE, OCTAVE, SCAPIN.

LÉANDRE.

Ah ! mon pauvre Scapin, j'implore ton secours.

SCAPIN, *se levant, et passant fièrement devant Léandre.*

Ah ! mon pauvre Scapin ! Je suis mon pauvre Scapin à cette heure qu'on a besoin de moi.

LÉANDRE.

Va, je te pardonne tout ce que tu viens de me dire, et pis encore, si tu me l'as fait.

SCAPIN.

Non, non, ne me pardonnez rien ; passez-moi votre épée au travers du corps. Je serai ravi que vous me tuiez.

LÉANDRE.

Non, je te conjure plutôt de me donner la vie en servant mon amour.

SCAPIN.

Point, point ; vous ferez mieux de me tuer.

LÉANDRE.

Tu m'es trop précieux ; et je te prie de vouloir employer pour moi ce génie admirable qui vient à bout de toutes choses.

SCAPIN.

Non; tuez-moi, vous dis-je.

LEANDRE.

Ah! de grace, ne songe plus à tout cela, et pense à me donner le secours que je te demande.

OCTAVE.

Scapin, il faut faire quelque chose pour lui.

SCAPIN.

Le moyen, après une avanie de la sorte?

LEANDRE.

Je te conjure d'oublier mon emportement, et de me prêter ton adresse.

OCTAVE.

Je joins mes prières aux siennes.

SCAPIN.

J'ai cette insulte-là sur le cœur.

OCTAVE.

Il faut quitter ton ressentiment.

LEANDRE.

Voudrais-tu m'abandonner, Scapin, dans la cruelle extrémité où se voit mon amour?

SCAPIN.

Me venir faire, à l'improviste, un affront comme celui-là!

LEANDRE.

J'ai tort, je le confesse.

SCAPIN.

Me traiter de coquin! de fripon! de pendard! d'infâme!

LEANDRE.

J'en ai tous les regrets du monde.

SCAPIN.

Me vouloir passer son épée au travers du corps!

ACTE II, SCÈNE VII.

LÉANDRE.

Je t'en demande pardon de tout mon cœur; et s'il ne tient qu'à me jeter à tes genoux, tu m'y vois, Scapin, pour te conjurer encore une fois de ne me point abandonner.

OCTAVE.

Ah ! ma foi, Scapin, il faut se rendre à cela.

SCAPIN.

Levez-vous. Une autre fois ne soyez point si prompt.

LÉANDRE.

Me promets-tu de travailler pour moi ?

SCAPIN.

On y songera.

LÉANDRE.

Mais tu sais que le temps presse.

SCAPIN.

Ne vous mettez pas en peine. Combien est-ce qu'il vous faut ?

LÉANDRE.

Cinq cents écus.

SCAPIN.

Et à vous ?

OCTAVE.

Deux cents pistoles.

SCAPIN.

Je veux tirer cet argent de vos pères. (*à Octave.*) Pour ce qui est du vôtre, la machine est déjà toute trouvée. (*à Léandre.*) Et quand au vôtre, bien qu'avare au dernier degré, il y faudra moins de façon encore : car vous savez que pour l'esprit il n'en a pas, grace à Dieu, grande provision ; et je le livre pour une espèce d'homme à qui l'on fera toujours croire tout ce que l'on voudra. Cela ne vous offense point, il ne tombe entre lui et vous aucun soupçon de ressemblance ; et vous savez assez l'opinion de tout le monde, qui veut qu'il ne soit votre père que pour la forme.

LÉANDRE.

Tout beau, Scapin.

SCAPIN.

Bon, bon, on fait bien scrupule de cela ! Vous moquez-vous ? Mais j'aperçois venir le père d'Octave. Commençons par lui puisqu'il se présente. Allez-vous-en tous deux. (à Octave.) Et vous, avertissez votre Silvestre de venir vite jouer son rôle.

SCÈNE VIII.
ARGANTE, SCAPIN.

SCAPIN, *à part.*

Le voilà qui rumine.

ARGANTE, *se croyant seul.*

Avoir si peu de conduite et de considération ? S'aller jeter dans un engagement comme celui-là ! Ah ! ah ! jeunesse impertinente !

SCAPIN.

Monsieur votre serviteur.

ARGANTE.

Bonjour, Scapin.

SCAPIN.

Vous rêvez à l'affaire de votre fils.

ARGANTE.

Je t'avoue que cela me donne un furieux chagrin.

SCAPIN.

Monsieur, la vie est mêlée de traverses ; il est bon de s'y tenir sans cesse préparé ; et j'ai ouï dire, il y a long-temps, une parole d'un ancien, que j'ai toujours retenue.

ARGANTE.

Quoi ?

SCAPIN.

Que, pour peu qu'un père de famille ait été absent de chez lui, il doit promener son esprit sur tous les fâcheux accidens que son retour peut rencontrer ; se figurer sa maison brûlée, son argent dérobé, sa femme morte, son fils estropié, sa fille subornée; et ce qu'il trouve qui ne lui est point arrivé, l'imputer à bonne fortune. Pour moi, j'ai pratiqué toujours cette leçon dans ma petite philosophie ; et je ne suis jamais revenu au logis, que je ne me sois tenu prêt à la colère de mes maîtres, aux réprimandes, aux injures, aux coups de pied au cul, aux bastonnades, aux étrivières ; et ce qui a manqué à m'arriver, j'en ai rendu graces à mon bon destin.

ARGANTE.

Voilà qui est bien : mais ce mariage impertinent qui trouble celui que nous voulons faire est une chose que je ne puis souffrir, et je viens de consulter des avocats pour le faire casser.

SCAPIN.

Ma foi, monsieur, si vous m'en croyez, vous tâcherez, par quelque autre voie, d'accommoder l'affaire. Vous savez ce que c'est que les procès en ce pays-ci, et vous allez vous enfoncer dans d'étranges épines.

ARGANTE.

Tu as raison, je le vois bien. Mais quelle autre voie ?

SCAPIN.

Je pense que j'en ai trouvé une. La compassion que m'a donnée tantôt votre chagrin m'a obligé à chercher dans ma tête quelque moyen pour vous tirer d'inquiétude : car je ne saurais voir d'honnêtes pères chagrinés par leurs enfans, que cela ne m'émeuve ; et, de tout temps, je me suis senti pour votre personne une inclination particulière.

ARGANTE.

Je te suis obligé.

SCAPIN.

J'ai donc été trouver le frère de cette fille qui a été épousée. C'est un de ces braves de profession, de ces gens qui sont tout coups d'épée, qui ne parlent que d'échiner, et ne font non plus de conscience de tuer un homme que d'avaler un verre de vin. Je l'ai mis sur ce mariage, lui ai fait voir quelle facilité offrait la raison de la violence pour le faire casser, vos prérogatives du nom de père, et l'appui que vous donneraient auprès de la justice, et votre droit, et votre argent, et vos amis; enfin, je l'ai tant tourné de tous les côtés, qu'il a prêté l'oreille aux propositions que je lui ai faites d'ajuster l'affaire pour quelque somme; et il donnera son consentement à rompre le mariage, pourvu que vous lui donniez de l'argent.

ARGANTE.

Et qu'a-t-il demandé?

SCAPIN.

Oh! d'abord des choses par-dessus les maisons.

ARGANTE.

Hé! quoi?

SCAPIN.

Des choses extravagantes.

ARGANTE.

Mais encore?

SCAPIN.

Il ne parlait pas moins que de cinq ou six cents pistoles.

ARGANTE.

Cinq ou six cents fièvres quartaines qui le puissent serrer! Se moque-t-il des gens?

SCAPIN.

C'est ce que je lui ai dit. J'ai rejeté bien loin de pareilles propositions, et je lui ai bien fait entendre que vous n'étiez point une dupe, pour vous demander des cinq ou six cents pistoles. Enfin, après plusieurs discours, voici où s'est réduit le résultat de notre conférence. Nous voilà au temps, m'a-t-il dit, que je dois partir pour l'armée; je suis après à m'équiper, et le besoin que j'ai de quelque argent me fait consentir malgré moi à ce qu'on me propose. Il me faut un cheval de service, et je n'en saurais avoir un qui soit tant soit peu raisonnable, à moins de soixante pistoles.

ACTE II, SCÈNE VIII.

ARGANTE.

Hé bien, pour soixante pistoles, je les donne.

SCAPIN.

Il faudra le harnais et les pistolets, et cela ira bien à vingt pistoles encore.

ARGANTE.

Vingt pistoles, et soixante, ce serait quatre vingts !

SCAPIN.

Justement.

ARGANTE.

C'est beaucoup ; mais soit, je consens à cela.

SCAPIN.

Il me faut aussi un cheval pour monter mon valet, qui coûtera bien trente pistoles.

ARGANTE.

Comment diantre ! Qu'il se promène ; il n'aura rien du tout.

SCAPIN.

Monsieur...

ARGANTE.

Non. C'est un impertinent.

SCAPIN.

Voulez-vous que son valet aille à pied ?

ARGANTE.

Qu'il aille comme il lui plaira, et le maître aussi.

SCAPIN.

Mon dieu ! monsieur, ne vous arrêtez point à peu de chose : n'allez point plaider, je vous prie; et donnez tout pour vous sauver des mains de la justice.

ARGANTE.

Hé bien soit. Je me résous à donner encore ces trente pistoles.

SCAPIN.

Il me faut encore, a-t-il dit, un mulet pour porter...

ARGANTE.

Oh! qu'il aille au diable avec son mulet! C'en est trop et nous irons devant les juges.

SCAPIN.

De grace, monsieur...

ARGANTE.

Non, je n'en ferai rien.

SCAPIN.

Monsieur, un petit mulet.

ARGANTE.

Je ne lui donnerais pas seulement un âne.

SCAPIN.

Considérez...

ARGANTE.

Non, j'aime mieux plaider.

SCAPIN.

Hé! monsieur, de quoi parlez-vous là, et à quoi vous résolvez-vous! Jetez les yeux sur les détours de la justice; voyez combien d'appels et de degrés de juridiction, combien de procédures embarrassantes, combien d'animaux ravissans par les griffes desquels il vous faudra passer; sergens, procureurs, avocats, greffiers, substituts, rapporteurs, juges, et leurs clercs. Il n'y a pas un de tous ces gens-là qui, pour la moindre chose, ne soit capable de donner un soufflet au meilleur droit du monde. Un sergent baillera de faux exploits, sur quoi vous serez condamné sans que vous le sachiez. Votre procureur s'entendra avec votre partie, et vous vendra à beaux deniers comptans. Votre avocat, gagné de même, ne se trouvera point lorsqu'on plaidera votre causse, ou dira des raisons qui ne feront que battre la campagne. et n'iront point au fait. Le greffier délivrera par contumace des sentences et arrêts contre vous. Le clerc du rapporteur soustraira des pièces, ou le rapporteur même ne dira pas ce qu'il a vu. Et quand, par les plus grandes précautions du monde, vous aurez paré tout cela, vous serez ébahi

ACTE II, SCÈNE VIII.

que vos juges auront été sollicités contre vous, ou par des gens dévots, ou par des femmes qu'ils aimeront. Hé! monsieur, si vous le pouvez, sauvez-vous de cet enfer-là. C'est être damné dès ce monde que d'avoir à plaider; et la seule pensée d'un procès serait capable de me faire fuir jusqu'aux Indes.

ARGANTE.

A combien est-ce qu'il fait monter le mulet!

SCAPIN.

Monsieur, pour le mulet, pour son cheval, et celui de son homme, pour le harnais et les pistolets, et pour payer quelque petite chose qu'il doit à son hôtesse, il demande en tout deux cents pistoles.

ARGANTE.

Deux cents pistoles?

SCAPIN.

Oui.

ARGANTE, *se promenant en colère.*

Allons, allons; nous plaiderons.

SCAPIN.

Faites réflexion...

ARGANTE.

Je plaiderai.

SCAPIN.

Ne vous allez point jeter...

ARGANTE.

Je veux plaider.

SCAPIN.

Mais, pour plaider, il vous faudra de l'argent; il vous en faudra pour l'exploit; il vous en faudra pour le contrôle; il vous en faudra pour la procuration, pour la présentation, conseils, productions, et journées de procureur; il vous en faudra pour les consultations et plaidoieries des avocats, pour le droit de retirer le sac, et pour les grosses d'écritures; il vous en faudra pour le rapport des substituts, pour les épices de conclusion, pour l'enregistrement du greffier, façon d'appointement, sentences et arrêts, contrôles, signatures, et expéditions de leurs clercs, sans parler de tous les présens qu'il vous faudra faire. Donnez cet argent-là à cet homme-ci, vous voilà hors d'affaire.

ARGANTE.

Comment ! deux cents pistoles !

SCAPIN.

Oui. Vous y gagnerez. J'ai fait un petit calcul en moi-même, de tous les frais de la justice ; et j'ai trouvé qu'en donnant deux cents pistoles à votre homme, vous en aurez de reste, pour le moins, cent cinquante, sans compter les soins, les pas et les chagrins que vous épargnerez. Quand il n'y aurait à essuyer que les sottises que disent devant tout le monde de méchans plaisans d'avocats, j'aimerais mieux donner trois cents pistoles, que de plaider.

ARGANTE.

Je me moque de cela, et je défie les avocats de rien dire de moi.

SCAPIN.

Vous ferez ce qu'il vous plaira, mais si j'étais que de vous, je fuirais les procès.

ARGANTE.

Je ne donnerai point deux cents pistoles.

SCAPIN.

Voici l'homme dont il s'agit.

SCÈNE IX.

ARGANTE, SCAPIN; SILVESTRE, *déguisé en spadassin.*

SILVESTRE.

Scapin, fais-moi connaître un peu cet Argante qui est père d'Octave.

SCAPIN.

Pourquoi, monsieur ?

SILVESTRE.

Je viens d'apprendre qu'il veut me mettre en pro-

ACTE II, SCÈNE IX.

cès, et faire rompre par justice le mariage de ma sœur.

SCAPIN.

Je ne sais pas s'il a cette pensée ; mais il ne veut point consentir aux deux cents pistoles que vous voulez, et il dit que c'est trop.

SILVESTRE.

Par la mort ! par la tête ! par le ventre ! si je le trouve je le veux échiner, dussé-je être roué tout vif. (*Argante, pour n'être point vu, se tient en tremblant derrière Scapin.*)

SCAPIN.

Monsieur, ce père d'Octave a du cœur ; et peut-être ne vous craindra-t-il point.

SILVESTRE.

Lui ! lui ! Par le sang ! par la tête ? s'il était là, je lui donnerais tout à l'heure de l'épée dans le ventre. (*apercevant Argante.*) Qui est cet homme-là ?

SCAPIN.

Ce n'est pas lui, monsieur : ce n'est pas lui.

SILVESTRE.

N'est-ce point quelqu'un de ses amis ?

SCAPIN.

Non, monsieur ? au contraire, c'est son ennemi capital.

SILVESTRE.

Son ennemi capital ?

SCAPIN.

Oui..

SILVESTRE.

Ah ! parbleu, j'en suis ravi. (*à Argante.*) Vous êtes ennemi, monsieur, de ce faquin d'Argante ? Hé ?

SCAPIN.

Oui, oui, je vous en réponds.

SILVESTRE, *secouant rudement la main d'Argante.*

Touchez-là, touchez. Je vous donne ma parole, et vous

jure, sur mon honneur, par l'épée que je porte, par tous les sermens que je saurais faire, qu'avant la fin du jour je vous déferai de ce maraud fieffé, de ce faquin d'Argante. Reposez-vous sur moi.

SCAPIN.

Monsieur, les violences en ce pays-ci ne sont guère souffertes.

SILVESTRE.

Je me moque de tout, et je n'ai rien à perdre.

SCAPIN.

Il se tiendra sur ses gardes assurément ; et il a des parens, des amis et des domestiques dont il se fera un secours contre votre ressentiment.

SILVESTRE.

C'est ce que je demande, morbleu ; c'est ce que je demande. *(mettant l'épée à la main.)* Ah, tête ! ah, ventre ! Que ne le trouvé-je à cette heure avec tout son secours ! Que ne paraît-il à mes yeux au milieu de trente personnes ! Que ne les vois-je fondre sur moi les armes à la main ! *(se mettant en garde.)* Comment ! marauds, vous avez la hardiesse de vous attaquer à moi ! Allons, morbleu, tue !
(poussant de tous les côtés, comme s'il avait plusieurs personnes à combattre.)
Point de quartier. Donnons. Ferme. Poussons. Bon pied, bon œil. Ah, coquins ! Ah, canailles ! vous en voulez par-là ; je vous en ferai tâter votre soûl. Soutenez, marauds, soutenez. Allons. A cette botte. A cette autre. *(se tournant du côté d'Argante et de Scapin.)* A celle-ci. A celle-là. Comment, vous reculez ! Pied ferme, morbleu, pied ferme.

SCAPIN.

Hé ! hé ! hé ! monsieur, nous n'en sommes pas.

SILVESTRE.

Voilà qui vous apprendra à vous oser jouer de moi.

SCÈNE X.
ARGANTE, SCAPIN.

SCAPIN.

Hé bien ! vous voyez combien de personnes tuées pour deux cents pistoles. Or sus, je vous souhaite une bonne fortune.

ARGANTE, *tout tremblant.*

Scapin.

SCAPIN.

Plaît-il ?

ARGANTE.

Je me résous à donner les deux cents pistoles.

SCAPIN.

J'en suis ravi pour l'amour de vous.

ARGANTE.

Allons le trouver, je les ai sur moi.

SCAPIN.

Vous n'avez qu'à me les donner. Il ne faut pas, pour votre honneur, que vous paraissiez là, après avoir passé ici pour autre que ce que vous êtes ; et, de plus, je craindrais qu'en vous faisant connaître, il n'allât s'aviser de vous demander davantage.

ARGANTE.

Oui ; mais j'aurais été bien aise de voir comme je donne mon argent.

SCAPIN.

Est-ce que vous vous défiez de moi.

ARGANTE.

Non pas ; mais...

SCAPIN.

Parbleu, monsieur, je suis un fourbe, ou je suis honnête homme ; c'est l'un des deux. Est-ce que je voudrais vous tromper, et que, dans tout ceci, j'ai d'autre intérêt que le vôtre et celui de mon maître, à qui vous voulez vous allier ? si je vous suis suspect, je ne me mêle plus de rien, et vous n'avez qu'à chercher, dès cette heure, qui accommodera vos affaires.

ARGANTE.

Tiens donc.

SCAPIN.

Non, monsieur, ne me confiez point votre argent. Je serai bien aise que vous vous serviez de quelque autre.

ARGANTE.

Mon dieu ! tiens.

SCAPIN.

Non, vous dis-je ; ne vous fiez point à moi. Que sait-on si je ne veux point vous attraper votre argent ?

ARGANTE.

Tiens, te dis-je ; ne me fais point contester davantage. Mais songe à bien prendre tes sûretés avec lui.

SCAPIN.

Laissez-moi faire ; il n'a pas affaire à un sot.

ARGANTE.

Je vais t'attendre chez moi.

SCAPIN.

Je ne manquerai pas d'y aller. (*seul.*) Et un. Je n'ai qu'à chercher l'autre. Ah ! ma foi, le voici. Il semble que le ciel, l'un après l'autre, les amène dans mes filets.

SCÈNE XI.

SCAPIN, GÉRONTE.

SCAPIN, *faisant semblant de ne pas voir Géronte.*

O ciel ! O disgrace imprévue ! O misérable père ! Pauvre Géronte, que feras-tu ?

GÉRONTE, *à part.*

Que dit-il là de moi, avec ce visage affligé ?

SCAPIN.

N'y a-t-il personne qui puisse me dire où est le seigneur Géronte ?

GÉRONTE.

Qu'y a-t-il, Scapin ?

ACTE II, SCÈNE XI.

SCAPIN, *courant sur le théâtre, sans vouloir entendre ni voir Géronte.*

Où pourrai-je le rencontrer pour lui dire cette infortune ?

GÉRONTE, *courant après Scapin.*

Qu'est-ce que c'est donc ?

SCAPIN.

En vain je cours de tous côtés pour le pouvoir trouver.

GÉRONTE.

Me voici.

SCAPIN.

Il faut qu'il soit caché dans quelque endroit qu'on ne puisse point deviner.

GÉRONTE, *arrêtant Scapin.*

Holà. Es-tu aveugle, que tu ne me vois pas ?

SCAPIN.

A ! monsieur, il n'y a pas moyen de vous rencontrer.

GÉRONTE.

Il y a une heure que je suis devant toi. Qu'est-ce que c'est donc qu'il y a ?

SCAPIN.

Monsieur...

GÉRONTE.

Quoi ?

SCAPIN.

Monsieur votre fils...

GÉRONTE.

Hé bien ? mon fils...

SCAPIN.

Est tombé dans une disgrace la plus étrange du monde.

GÉRONTE.

Et quelle !

SCAPIN.

Je l'ai trouvé tantôt tout triste de je ne sais quoi que vous lui avez dit, où vous m'avez mêlé assez mal à propos ; et cherchant à divertir cette tristesse, nous nous sommes allés promener sur le port. Là, entre autres plusieurs choses, nous avons arrêté nos yeux sur une galère turque assez bien équipée. Un jeune Turc de bonne mine nous a invités d'y entrer, et nous a présenté la main. Nous y avons passé. Il nous a fait mille civilités, nous a donné la collation, où nous avons mangé les fruits les plus excellens qui se puissent voir, et bu du vin que nous avons trouvé le meilleur du monde.

GÉRONTE.

Qu'y a-t-il de si affligeant à tout cela ?

SCAPIN.

Attendez, monsieur, nous y voici. Pendant que nous mangions, il a fait mettre la galère en mer ; et se voyant éloigné du port, il m'a fait mettre dans un esquif, et m'envoie vous dire que, si vous ne lui envoyez par moi tout à l'heure cinq cents écus, il va vous emmener votre fils en Alger.

GÉRONTE.

Comment diantre ! cinq cents écus !

SCAPIN.

Oui, monsieur ; et, de plus, il ne m'a donné pour cela que deux heures.

GÉRONTE.

Ah! le pendard de Turc ! m'assassiner de la façon !

SCAPIN.

C'est à vous, monsieur, d'aviser promptement aux moyens de sauver des fers un fils que vous aimez avec tant de tendresse.

GÉRONTE.

Que diable allait-il faire dans cette galère ?

SCAPIN.

Il ne songeait pas à ce qui est arrivé.

GÉRONTE.

Va-t'en, Scapin, va-t'en vite dire à ce Turc que je vais envoyer la justice après lui.

SCAPIN.
La justice en pleine mer! vous moquez-vous des gens?
GÉRONTE.
Que diable allait-il faire dans cette galère?
SCAPIN.
Une méchante destinée conduit quelquefois les personnes.
GÉRONTE.
Il faut, Scapin, il faut que tu fasses ici l'action d'un serviteur fidèle.
SCAPIN.
Quoi, monsieur!
GÉRONTE.
Que tu ailles dire à ce Turc qu'il me renvoie mon fils, et que tu te metes à sa place, jusqu'à ce que j'aie amassé la somme qu'il demande.
SCAPIN.
Hé, monsieur, songez-vous à ce que vous dites? et vous figurez-vous que ce Turc ait si peu de sens, que d'aller recevoir un misérable comme moi à la place de votre fils?
GÉRONTE.
Que diable allait-il faire dans cette galère?
SCAPIN.
Il ne devinait pas ce malheur. Songez, monsieur, qu'il ne m'a donné que deux heures.
GÉRONTE.
Tu dis qu'il demande...
SCAPIN.
Cinq cents écus.
GÉRONTE.
Cinq cents écus! n'a-t-il point de conscience
SCAPIN.
Vraiment oui; de la conscience à un Turc!

GÉRONTE.
Sait-il bien ce que c'est que cinq cents écus ?
SCAPIN.
Oui, monsieur, il sait que c'est mille cinq cents livres.
GÉRONTE.
Croit-il, le traître, que mille cinq cents livres se trouvent dans le pas d'un cheval ?
SCAPIN.
Ce sont des gens qui n'entendent point de raisons.
GÉRONTE.
Mais que diable allait-il faire dans cette galère ?
SCAPIN.
Il est vrai ; mais quoi ! on ne prévoyait pas les choses. De grace, monsieur, dépêchez.
GÉRONTE.
Tiens, voilà la clef de mon armoire.
SCAPIN.
Bon.
GÉRONTE.
Tu l'ouvriras.
SCAPIN.
Fort bien.
GÉRONTE.
Tu trouveras une grosse clef du côté gauche qui est celle de mon grenier.
SCAPIN.
Oui.
GÉRONTE.
Tu iras prendre toutes les hardes qui sont dans cette grande manne, et tu les vendras aux fripiers, pour aller racheter mon fils.
SCAPIN, *en lui rendant la clef.*
Hé ! monsieur, rêvez-vous ? Je n'aurais pas cent francs de tout ce que vous dites ; et, de plus, vous savez le peu de temps qu'on m'a donné.

ACTE II, SCÈNE XI.

GÉRONTE.

Mais que diable allait-il faire dans cette galère ?

SCAPIN.

Oh ! que de paroles perdues ! Laissez-là cette galère, et songez que le temps presse, et que vous courez risque de perdre votre fils. Hélas ! mon pauvre maître, peut-être que je ne te verrai de ma vie, et qu'à l'heure que je parle on t'emmène esclave en Alger ! Mais le ciel me sera témoin que j'ai fait pour toi tout ce que j'ai pu, et que, si tu manques à être racheté, il n'en faut accuser que le peu d'amitié d'un père.

GÉRONTE.

Attends, Scapin, je m'en vais querir cette somme.

SCAPIN.

Dépêchez donc vite, monsieur ; je tremble que l'heure ne sonne.

GÉRONTE.

N'est-ce pas quatre cents écus que tu dis ?

SCAPIN.

Non, cinq cents écus.

GÉRONTE.

Cinq cents écus !

SCAPIN.

Oui.

GÉRONTE.

Que diable allait-il faire dans cette galère ?

SCAPIN.

Vous avez raison : mais hâtez-vous.

GÉRONTE.

N'y avait-il point d'autre promenade ?

SCAPIN.

Cela est vrai ; mais faites promptement.

GÉRONTE.

Ah ! maudite galère !

SCAPIN, *à part*.

Cette galère lui tient au cœur.

GÉRONTE.

Tiens, Scapin, je ne me souvenais pas que je viens justement de recevoir cette somme en or; et je ne croyais pas qu'elle dût m'être sitôt ravie. (*tirant sa bourse de sa poche, et la présentant à Scapin.*) Tiens, va-t'en racheter mon fils.

SCAPIN, *tendant la main.*

Oui, monsieur.

GÉRONTE, *retenant sa bourse, qu'il fait semblant de vouloir donner à Scapin.*

Mais dis à ce Turc que c'est un scélérat.

SCAPIN, *tendant encore la main.*

Oui.

GÉRONTE, *recommençant la même action.*

Un infâme.

SCAPIN, *tendant toujours la main.*

Oui.

GÉRONTE, *de même.*

Un homme sans foi, un voleur.

SCAPIN.

Laissez-moi faire.

GÉRONTE, *de même.*

Qu'il me tire cinq cents écus contre toute sorte de droit.

SCAPIN.

Oui.

GÉRONTE, *de même.*

Que je ne les lui donne ni à la mort ni à la vie.

SCAPIN.

Fort bien.

GÉRONTE, *de même.*

Et que, si jamais je l'attrape, je saurai me venger de lui.

SCAPIN.

Oui.

ACTE II, SCÈNE XII.

GÉRONTE, *remettant sa bourse dans sa poche, et s'en allant.*

Va, va vite requérir mon fils.

SCAPIN, *courant après Géronte.*

Holà, monsieur.

GÉRONTE.

Quoi?

SCAPIN.

Où est donc cet argent?

GÉRONTE.

Ne te l'ai-je pas donné?

SCAPIN.

Non vraiment; vous l'avez remis dans votre poche.

GÉRONTE.

Ah! c'est la douleur qui me trouble l'esprit.

SCAPIN.

Je le vois bien.

GÉRONTE.

Que diable allait-il faire dans cette galère? Ah! maudite galère! traître de Turc, à tous les diables!

SCAPIN, *seul.*

Il ne peut digérer les cinq cents écus que je lui arrache; mais il n'est pas quitte envers moi, et je veux qu'il me paie en une autre monnaie l'imposture qu'il m'a faite auprès de son fils.

SCÈNE XII.

OCTAVE, LÉANDRE, SCAPIN.

OCTAVE.

Hé bien! Scapin, as-tu réussi pour moi dans ton entreprise?

LÉANDRE.

As-tu fait quelque chose pour tirer mon amour de la peine où il est?

SCAPIN, *à Octave.*

Voilà deux cents pistoles que j'ai tirées de votre père.

OCTAVE.

Ah! Que tu me donnes de joie!

SCAPIN, *à Léandre.*

Pour vous, je n'ai pu faire rien.

LEANDRE, *voulant s'en aller.*

Il faut donc que j'aille mourir; et je n'ai que faire de vivre, si Zerbinette m'est ôtée.

SCAPIN.

Holà, holà, tout doucement. Comme diantre vous allez vite!

LEANDRE, *se retournant.*

Que veux-tu que je devienne?

SCAPIN.

Allez, j'ai votre affaire ici.

LEANDRE.

Ah! tu me redonnes la vie.

SCAPIN.

Mais, à condition que vous me permettrez, à moi, une petite vengeance contre votre père, pour le tour qu'il m'a fait.

LEANDRE.

Tout ce que tu voudras.

SCAPIN.

Vous me le promettez devant témoin?

LEANDRE.

Oui.

SCAPIN.

Tenez, voilà cinq cents écus.

LEANDRE.

Allons-en promptement acheter celle que j'adore.

FIN DU SECOND ACTE.

ACTE TROISIÈME.

SCÈNE I.
ZERBINETTE, HYACINTHE, SCAPIN, SILVESTRE.

SILVESTRE.
Oui, vos amans ont arrêté entre eux que vous fussiez ensemble; et nous nous acquittons de l'ordre qu'ils nous ont donné.

HYACINTHE, *à Zerbinette.*
Un tel ordre n'a rien qui ne me soit fort agréable. Je reçois avec joie une compagne de la sorte; et il ne tiendra pas à moi que l'amitié qui est entre les personnes que nous aimons ne se répande entre nous deux.

ZERBINETTE.
J'accepte la proposition, et ne suis point personne à reculer, lorsqu'on m'attaque d'amitié.

SCAPIN.
Et lorsque c'est d'amour qu'on vous attaque?

ZERBINETTE.
Pour l'amour, c'est une autre chose: on y court un peu plus de risque, et je ne suis pas si hardie.

SCAPIN.
Vous l'êtes, que je crois, contre mon maître maintenant; et ce qu'il vient de faire pour vous doit vous donner du cœur pour répondre comme il faut à sa passion.

ZERBINETTE.
Je ne m'y fie encore que de la bonne sorte; et ce n'est pas assez pour m'assurer entièrement, que ce qu'il vient de faire. J'ai l'humeur enjouée, et sans cesse je ris: mais, tout en riant, je suis sérieuse sur de cer-

tains chapitres ; et ton maître s'abusera, s'il croit qu'il lui suffise de m'avoir achetée pour me voir toute à lui. Il doit lui en coûter autre chose que de l'argent ; et pour répondre à son amour de la manière qu'il souhaite, il me faut un don de sa foi, qui soit assaisonné de certaines cérémonies qu'on trouve nécessaires.

SCAPIN.

C'est là aussi comme il l'entend. Il ne prétend à vous qu'en tout bien et en tout honneur ; et je n'aurais pas été homme à me mêler de cette affaire, s'il avait une autre pensée.

ZERBINETTE.

C'est ce que je veux croire, puisque vous me le dites ; mais du côté du père, j'y prévois des empêchemens.

SCAPIN.

Nous trouverons moyen d'accommoder les choses.

HYACINTHE, *à Zerbinette.*

La ressemblance de nos destins doit contribuer encore à faire naître notre amitié ; et nous nous voyons toutes deux dans les mêmes alarmes, toutes deux exposées à la même infortune.

ZERBINETTE.

Vous avez cet avantage au moins, que vous savez de qui vous êtes née, et que l'appui de vos parens, que vous pouvez faire connaître, est capable d'ajuster tout, peut assurer votre bonheur, et faire donner un consentement au mariage qu'on trouve fait. Mais, pour moi, je ne rencontre aucun secours dans ce que je puis être ; et l'on me voit dans un état qui n'adoucira pas les volontés d'un père qui ne regarde que le bien.

HYACINTHE.

Mais aussi avez-vous cet avantage, qu'on ne tente point par un autre parti celui que vous aimez.

ZERBINETTE.

Le changement du cœur d'un amant n'est pas ce qu'on peut le plus craindre. On se peut naturellement croire assez de mérite pour garder sa conquête et ce

ACTE III, SCÈNE I.

que je vois de plus redoutable dans ces sortes d'affaires, c'est la puissance paternelle, auprès de qui tout le mérite ne sert de rien.

HYACINTHE.

Hélas! pourquoi faut-il que de justes inclinations se trouvent traversées! La douce chose que d'aimer, lorsqu'on ne voit point d'obstacles à ces aimables chaînes dont deux cœurs se lient ensemble!

SCAPIN.

Vous vous moquez; la tranquillité en amour est un calme désagréable. Un bonheur tout uni nous devient ennuyeux; il faut du haut et du bas dans la vie; et les difficultés qui se mêlent aux choses réveillent les ardeurs, augmentent les plaisirs.

ZERBINETTE.

Mon dieu! Scapin, fais-nous un peu ce récit, qu'on m'a dit qui est si plaisant, du stratagème dont tu t'es avisé pour tirer de l'argent de ton vieillard avare: tu sais qu'on ne perd point sa peine lorsqu'on me fait un conte, et que je le paie assez bien par la joie qu'on m'y voit prendre.

SCAPIN.

Voilà Silvestre qui s'en acquittera aussi-bien que moi. J'ai dans la tête certaine petite vengeance, dont je vais goûter le plaisir.

SILVESTRE.

Pourquoi, de gaieté de cœur, veux-tu chercher à t'attirer de méchantes affaires?

SCAPIN.

Je me plais à tenter des entreprises hasardeuses.

SILVESTRE.

Je te l'ai déjà dit, tu quitterais le dessein que tu as, si tu m'en voulais croire.

SCAPIN.

Oui; mais c'est moi que j'en croirai.

SILVESTRE.

A quoi diable te vas-tu amuser?

SCAPIN.
De quoi diable te mets-tu en peine ?
SILVESTRE.
C'est que je vois que, sans nécessité, tu vas courir risque de t'attirer une venue de coups de bâton.
SCAPIN.
Hé bien ! c'est au dépens de mon dos, et non pas du tien.
SILVESTRE.
Il est vrai que tu es maître de tes épaules, et tu en disposeras comme il te plaira.
SCAPIN.
Ces sortes de périls ne m'ont jamais arrêté ; et je hais ces cœurs pusillanimes qui, pour trop prévoir les suites des choses, n'osent rien entreprendre.
ZERBINETTE, *à Scapin*.
Nous aurons besoin de tes soins.
SCAPIN.
Allez. Je vous irai bientôt rejoindre. Il ne sera pas dit qu'impunément on m'ait mis en état de me trahir moi-même, et de découvrir des secrets qu'il était bon qu'on ne sût pas.

SCÈNE II.
GÉRONTE, SCAPIN.

GÉRONTE.
Hé bien, Scapin, comment va l'affaire de mon fils ?
SCAPIN.
Votre fils, monsieur, est en lieu de sûreté : mais vous courez maintenant, vous, le péril le plus grand du monde, et je voudrais pour beaucoup que vous fussiez dans votre logis.
GÉRONTE.
Comment donc ?
SCAPIN.
A l'heure que je parle, on vous cherche de toutes parts pour vous tuer.

ACTE III, SCÈNE II.

GÉRONTE.

Moi ?

SCAPIN.

Oui.

GÉRONTE.

Et qui ?

SCAPIN.

Le frère de cette personne qu'Octave a épousée. Il croit que le dessein que vous avez de mettre votre fille à la place que tient sa sœur est ce qui pousse le plus fort à faire rompre leur mariage ; et dans cette pensée, il a résolu hautement de décharger son désespoir sur vous ; et de vous ôter la vie pour venger son honneur. Tous ses amis, gens d'épée comme lui, vous cherchent de tous les côtés, et demandent de vos nouvelles. J'ai vu même de ça et de là des soldats de sa compagnie, qui interrogent ceux qu'ils trouvent, et occupent par pelotons toutes les avenues de votre maison, de sorte que vous ne sauriez aller chez vous, vous ne sauriez faire un pas ni à droite ni à gauche, que vous ne tombiez dans leurs mains.

GÉRONTE.

Que ferai-je, mon pauvre Scapin ?

SCAPIN.

Je ne sais pas, monsieur ; et voici une étrange affaire. Je tremble pour vous depuis les pieds jusqu'à la tête, et... Attendez (*Scapin faisant semblant d'aller voir au fond du théâtre, s'il n'y a personne.*)

GÉRONTE, *en tremblant.*

Hé ?

SCAPIN.

Non, non, non, ce n'est rien.

GÉRONTE.

Ne saurais-tu trouver quelque moyen pour me tirer de peine ?

SCAPIN.

J'en imagine bien un, mais je courrais risque moi, de me faire assommer.

GÉRONTE.

Hé! Scapin, montre-toi serviteur zelé. Ne m'abandonne pas, je te prie.

SCAPIN.

Je le veux bien. J'ai une tendresse pour vous qui ne saurait souffrir que je vous laisse sans secours.

GÉRONTE.

Tu en seras récompensé, je t'assure; et je te promets cet habit-ci, quand je l'aurai un peu usé.

SCAPIN.

Attendez. Voici une affaire que j'ai trouvé fort à propos pour vous sauver. Il faut que vous vous mettiez dans ce sac, et que...

GÉRONTE, *croyant voir quelqu'un.*

Ah!

SCAPIN.

Non, non, non, non, ce n'est personne. Il faut, dis-je, que vous vous mettiez là-dedans; et que vous vous gardiez de remuer en aucune façon. Je vous chargerai sur mon dos, comme un paquet de quelque chose, et je vous porterai ainsi, au travers de vos ennemis, jusque dans votre maison, où, quand nous serons une fois, nous pourrons nous barricader, et envoyer quérir main-forte contre la violence.

GÉRONTE.

L'invention est bonne.

SCAPIN.

La meilleure du monde. Vous allez voir. (*à part*) Tu me paieras l'imposture.

GÉRONTE.

Hé?

SCAPIN.

Je dis que vos ennemis seront bien attrapés. Mettez

ACTE III, SCÈNE II.

vous bien jusqu'au fond ; et surtout prenez garde de ne vous point montrer, et de ne branler pas, quelque chose qui puisse arriver.

GÉRONTE.

Laissez-moi faire ; je saurai me tenir.

SCAPIN.

Cachez-vous. Voici un spadassin qui vous cherche. (*en contrefaisant sa voix.*) Quoi! jé n'aurai pas l'abantage de tué ce Géronte? et quelqu'un, par charité, ne m'enseignera pas où il est? (*à Géronte, avec sa voix ordinaire.*) Ne branlez pas. Cadédis, jé le troubérai, sé cachât-il au centre dé la terre. (*à Géronte, avec son ton naturel.*) Ne vous montrez pas. Oh! l'homme au sac? Monsieur. *Jé té vaille un louis, et m'enseigne où peut être Géronte.* Vous cherchez le seigneur Géronte? *Oui, mordi, jé lé cherche.* Et pour quelle affaire, monsieur? *Pour quelle affaire?* Oui. *Jé beux, cadédis, lé faire mourir sous les coups dé vaton.* Oh! monsieur, les coups de bâton ne se donnent point à des gens comme lui, et ce n'est pas un homme à être traité de la sorte. *Qui? cé fat dé Géronte, cé maraud, cé vélitre?* Le seigneur Géronte, monsieur, n'est ni fat, ni maraud, ni belitre; et vous devriez, s'il vous plaît, parler d'autre façon. *Comment tu mé traites à moi avec cette hauteur?* Je défends, comme je dois, un homme d'honneur qu'on offense. *Est-ce que tu es des amis dé cé Géronte?* Oui, monsieur, j'en suis. *Ah! cadédis, tu es dé ses amis : à la vonne hure.* (*donnant plusieurs coups de bâton sur le sac.*) *Tiens, boilà cé qué jé té vaille pour lui.* (*criant comme s'il recevait les coups de bâton.*) Ah! ah! ah! ah! ah! monsieur! Ah! ah! Monsieur! tout beau! Ah! doucement! Ah! ah! ah! ah! *Va, porté-lui céla dé ma part. Adiusias.* Ah! diable soit le Gascon! Ah!

GÉRONTE, *mettant la tête hors du sac.*

Ah! Scapin, je n'en puis plus.

SCAPIN.

Ah ! monsieur, je suis tout moulu, et les épaules m[e] font un mal épouyantable.

GÉRONTE.

Comment ! c'est sur les miennes qu'il a frappé.

SCAPIN.

Nenni, monsieur; c'était sur mon dos qu'il frappai[t].

GÉRONTE.

Que veux-tu dire ? J'ai bien senti les coups, et [je les] sens bien encore.

SCAPIN.

Non, vous dis-je, ce n'est que le bout du bâton q[ui] a été jusque sur vos épaules.

GÉRONTE.

Tu devais donc te retirer un peu plus loin, po[ur] m'épargner...

SCAPIN, *faisant remettre Géronte dans le sa*[c].
Prenez garde. En voici un autre qui a la mine d'[un] étranger. *Parti, moi courir comme une Basque, et m*[oi] *ne pouvre point troufair de tout le jour sti diable* [de] *Géronte.* Cachez-vous bien. *Dites un peu moi, fou*[s], *monsieur l'homme, s'il ve plaît; fous savoir point* [où] *l'est sti Géronte que moi cherchir ?* Non, monsieur, [je] ne sais point où est Géronte. *Dites-moi-le, fous, fra*[n]*chement ; moi li foulair pas grande chose à lui. L*[à] *seulemente pour li donnair une petite régale sur le* [dos] *d'une douxaine de coups de bâtonne, et de trois* [ou] *quatre petites coups d'épée au trafers de son poitri*[ne.] Je vous assure, monsieur, que je ne sais pas où il est. [Il] *me semble que ji foi remuair quelque chose dans* [le] *sac.* Pardonnez-moi, monsieur. *Li est assurément qu*[el]*que histoire là tetans. Point du tout,* monsieur. *[Moi] j'a foir enfie de tonner ain coup d'épée dans st*[i sac.] Ah ! monsieur, gardez-vous-en bien. *Montrez-le*[-moi] *un peu, fous, ce que c'estre là.* Tout beau, monsie[ur.] Quement, tout beau ! Vous n'avez que faire de voul[oir] \oir ce que je porte. *Et moi je le foulair foir, moi.* V[ous]

ACTE III, SCÈNE II.

ne le verrez point. *Ah! que de badinemente! Ce sont hardes qui m'appartiennent. Montre-moi, fous, te dis-je.* Je n'en ferai rien. *Toi n'en faire rien?* Non. *Moi pailler de ste bâtonne sur les épaules de toi.* Je me moque de cela. *Ah! toi faire le trôle.* (donnant des coups de bâton sur le sac, et criant comme s'il les recevait. (Ah! ah! ah! ah! monsieur! Ah! ah! ah! ah! *Jusqu'au refoir; l'être là un petit leçon pour li apprendre à toi à parler insolentement.* Ah! peste soit du baragouineux! Ah!

GÉRONTE, *sortant sa tête hors du sac.*
Ah! je suis roué.

SCAPIN.
Ah! je suis mort.

GÉRONTE.
Pourquoi diantre faut-il qu'ils frappent sur mon dos?

SCAPIN, *lui remettant la tête dans le sac.*
Prenez garde, voici une demi-douzaine de soldats tous ensemble. (contrefaisant la voix de plusieurs personnes.) *Allons, tâchons à trouver ce Géronte, cherchons partout. N'épargnons point nos pas. Courons toute la ville. N'oublions aucun lieu. Visitons tout. Furetons de tous les côtés. Par où irons-nous? Tournons par-là. Non, par ici. A gauche. A droite. Nenni. Si fait.* (à Géronte, avec sa voix ordinaire.) Cachez-vous bien. *Ah! camarades, voici son valet. Allons, coquin, il faut que tu nous enseignes où est ton maître.* Hé! messieurs, ne me maltraitez point. *Allons, dis-nous où il est. Parle. Hâte-toi. Expédions. Dépêche vite. Tôt.* Hé! Messieurs, doucement. (Géronte met doucement la tête hors du sac, et aperçoit la fourberie de Scapin.) *Si tu ne nous fait trouver ton maître tout à l'heure, nous allons faire pleuvoir sur toi une ondée de coups de bâton.* J'aime mieux souffrir toute chose que de vous découvrir mon maître. *Nous allons t'assommer.* Faites tout ce qu'il vous plaira. *Tu as envie d'être battu!* Je ne trahirai pas mon maître. *Ah! tu en*

veux tâter ! Voilà... Oh ! (Comme il est près de frapper, Géronte sort du sac, et Scapin s'enfuit.)

GÉRONTE, seul.

Ah ! infâme ! Ah ! traître ! Ah ! scélérat ! C'est ainsi que tu m'assassines !

SCÈNE III.

ZERBINETTE, GÉRONTE.

ZERBINETTE, riant sans voir Géronte.
Ah ! je veux prendre un peu l'air.

GÉRONTE, à part, sans voir Zerbinette.
Tu me le paieras, je te jure.

ZERBINETTE, sans voir Géronte.
Ah ! ah ! ah ! ah ! la plaisante histoire ! et la bonne dupe que ce vieillard !

GÉRONTE.
Il n'y a rien de plaisant à cela, et vous n'avez que faire d'en rire.

ZERBINETTE.
Quoi ? que voulez-vous dire, monsieur ?

GÉRONTE.
Je veux dire que vous ne devez pas vous moquer de moi.

ZERBINETTE.
De vous !

GÉRONTE.
Oui.

ZERBINETTE.
Comment ! Qui songe à se moquer de vous ?

GÉRONTE.
Pourquoi venez-vous ici pour me rire au nez ?

ZERBINETTE.
Cela ne vous regarde point, et je ris toute seule d'un conte qu'on vient de me faire, le plus plaisant qu'on puisse entendre. Je ne sais pas si c'est parce que je suis

intéressée dans la chose ; mais je n'ai jamais trouvé rien de si drôle qu'un tour qui vient d'être joué par un fils à son père, pour en attrapper de l'argent.

GÉRONTE.

Par un fils à son père pour en attraper de l'argent ?

ZERBINETTE.

Oui. Pour peu que vous me pressiez, vous me trouverez assez disposée à vous dire l'affaire ; et j'ai une démangeaison naturelle à faire part des contes que je sais.

GÉRONTE.

Je vous prie de me dire cette histoire.

ZERBINETTE.

Je le veux bien. Je ne risquerai pas grand'chose à vous la dire, et c'est une aventure qui n'est pas pour être long-temps secrète. La destinée a voulu que je me trouvasse parmi une bande de ces personnes qu'on appelle Egyptiens, et qui, rôdant de province en province, se mêlent de dire la bonne fortune, et quelquefois de beaucoup d'autres choses. En arrivant dans cette ville, un jeune homme me vit, et conçut pour moi de l'amour. Dès ce moment il s'attache à mes pas ; et le voilà d'abord comme tous les jeunes gens, qui croient qu'il n'y a qu'à parler, et qu'au moindre mot qu'ils nous disent leurs affaires sont faites : mais il trouva une fierté qui lui fit un peu corriger ses premières pensées. Il fit connaître sa passion aux gens qui me tenaient, et il les trouva disposés à me laisser à lui, moyennant quelque somme. Mais le mal de l'affaire était que mon amant se trouvait dans l'état où l'on voit très-souvent la plupart des fils de famille, c'est-à-dire, qu'il était un peu dénué d'argent. Il a un père qui, quoique riche, est un avaricieux fieffé, le plus vilain homme du monde. Attendez. Ne me saurais-je souvenir de son nom ? Ah ! aidez-moi un peu : ne pouvez-vous me nommer quelqu'un de cette ville qui soit connu pour être avare au dernier point ?

28*

GÉRONTE.

Non.

ZERBINETTE.

Il y a à son nom du ron... ronte. O..... Oronte. Non. Gé.... Géronte. Oui, Géronte, justement ; voilà mon vilain, je l'ai trouvé, c'est ce ladre-là que je dis. Pour venir à notre conte, nos gens ont voulu aujourd'hui partir de cette ville; et mon amant m'allait perdre, faute d'argent, si, pour en tirer de son père, il n'avait trouvé du secours dans l'industrie d'un serviteur qu'il a. Pour le nom du serviteur, je le sais à merveille ; il s'appelle Scapin : c'est un homme incomparable : et il mérite toutes les louanges que l'on peut donner.

GÉRONTE, *à part.*

Ah ! coquin que tu es !

ZERBINETTE.

Voici le stratagème dont il s'est servi pour attraper sa dupe. Ah ! ah ! ah ! ah ! je ne saurais m'en souvenir, que je ne rie de tout mon cœur. Ah ! ah ! ah ! Il est allé trouver ce chien d'avare, ah ! ah ! ah ! et lui a dit qu'en se promenant sur le port avec son fils, hi ! hi ! ils avaient vu une galère turque, où on les avait invités d'entrer ; qu'un jeune Turc leur y avait donné la collation ; ah ! que tandis qu'ils mangeaient, on avait mis la galère en mer, et que le Turc l'avait renvoyé lui seul à terre dans un esquif, avec ordre de dire au père de son maître qu'il emmenait son fils en Alger, s'il ne lui envoyait tout à l'heure cinq cents écus. Ah ! ah ! ah ! Voilà mon ladre, mon vilain, dans de furieuses angoisses, et la tendresse qu'il a pour son fils fait un combat étrange avec son avarice. Cinq cents écus qu'on lui demande sont justement cinq cents coups de poignard qu'on lui donne. Ah ! ah ! ah ! il ne peut se résoudre à tirer cette somme de ses entrailles ; et la peine qu'il souffre lui fait trouver cent moyens ridicules pour ravoir son fils. Ah ! ah ! ah ! il veut envoyer la justice en mer après la galère du Turc. Ah ! ah ! ah ! Il sollicite son valet des aller offrir à tenir la place de son

ACTE III, SCÈNE IV.

fils, jusqu'à ce qu'il ait amassé l'argent qu'il n'a pas envie de donner. Ah! ah! ah! Il abandonne, pour faire les cinq cents écus, quatre ou cinq vieux habits qui n'en valent pas trente. Ah! ah! ah! Le valet lui fait comprendre à tous coups l'impertinence de ses propositions, et chaque réflexion est douloureusement accompagnée d'un mais que diable allait-il faire dans cette galère? Ah! maudite galère! Traître de Turc! Enfin, après plusieurs détours, après avoir long-temps gémi et soupiré... Mais il me semble que vous ne riez point de mon conte. Qu'en dites-vous?

GÉRONTE.

Je dis que le jeune homme est un pendard, un insolent, qui sera puni par son père du tour qu'il lui a fait; que l'Egyptienne est une mal avisée, une impertinente, de dire des injures à un homme d'honneur qui saura lui apprendre à venir ici débaucher les enfans de famille; et que le valet est un scélérat, qui sera par Géronte envoyé au gibet avant qu'il soit demain.

SCÈNE IV.

ZERBINETTE, SILVESTRE.

SILVESTRE.

Où est-ce donc que vous vous échappez? savez-vous bien que vous venez de parler là au père de votre amant?

ZERBINETTE.

Je viens de m'en douter, et je me suis adressée à lui-même, sans y penser, pour lui conter son histoire.

SILVESTRE.

Comment, son histoire?

ZERBINETTE.

Oui: j'étais toute remplie du conte, et je brûlais de le redire. Mais qu'importe? Tant pis pour lui. Je ne vois pas que les choses pour nous en puissent être ni pis ni mieux.

SILVESTRE.

Vous aviez grande envie de babiller; et c'est avoir bien de la langue, que de ne pouvoir se taire de ses propres affaires.

ZERBINETTE.

N'aurait-il pas appris cela de quelque autre ?

SCÈNE V.

ARGANTE, ZERBINETTE, SILVESTRE.

ARGANTE, *derrière le théâtre.*

HOLA, Sylvestre.

SILVESTRE, *à Zerbinette.*

Rentrez dans la maison. Voilà mon maître qui m'appelle.

SCÈNE VI.

ARGANTE, SILVESTRE.

ARGANTE.

Vous vous êtes donc accordés, coquins, vous vous êtes accordés, Scapin, vous et mon fils, pour me fourber! et vous croyez que je l'endure.

SILVESTRE.

Ma foi, monsieur, si Scapin vous fourbe, je m'en lave les mains, et vous assure que je n'y trempe en aucune façon.

ARGANTE.

Nous verrons cette affaire, pendard, nous verrons cette affaire; et je ne prétends pas qu'on me fasse passer la plume par le bec.

SCÈNE VII.

GÉRONTE, ARGANTE, SILVESTRE.

GÉRONTE.

AH! seigneur Argante, vous me voyez accablé de disgrace.

ACTE III, SCÈNE VII.

ARGANTE.
Vous me voyez aussi dans un accablement horrible.

GÉRONTE.
Le pendard de Scapin, par une fourberie, m'a attrapé cinq cents écus.

ARGANTE.
Le même pendard de Scapin, par une fourberie aussi, m'a attrapé deux cents pistoles.

GÉRONTE.
Il ne s'est pas contenté de m'attraper cinq cents écus, il m'a traité d'une manière que j'ai honte de dire. Mais il me la paiera.

ARGANTE.
Je veux qu'il me fasse raison de la pièce qu'il m'a jouée.

GÉRONTE.
Et je prétends faire de lui une vengeance exemplaire.

SILVESTRE, *à part.*
Plaise au ciel que, dans tout ceci, je n'aie point ma part !

GÉRONTE.
Mais ce n'est pas encore tout, seigneur Argante, et un malheur nous est toujours l'avant-coureur d'un autre. Je me réjouissais aujourd'hui de l'espérance d'avoir ma fille, dont je faisais toute ma consolation ; et je viens d'apprendre de mon homme qu'elle est partie il y a long-temps de Tarente, et qu'on y croit qu'elle a péri dans le vaisseau où elle s'embarqua.

ARGANTE.
Mais pourquoi, s'il vous plaît, la tenir à Tarente, et ne vous être pas donné la joie de l'avoir avec vous ?

GÉRONTE.
J'ai eu mes raisons pour cela ; et des intérêts de famille m'ont obligé jusqu'ici à tenir fort secret ce second mariage. Mais que vois-je ?

SCÈNE VIII.

ARGANTE, GÉRONTE, NÉRINE, SILVESTRE.

GÉRONTE.

Ah ! te voilà, nourrice !

NÉRINE, *se jetant aux genoux de Géronte.*

Ah ! seigneur Pandolphe, que...

GÉRONTE.

Appelle-moi Géronte, et ne te sers plus de ce nom : les raisons ont cessé qui m'avaient obligé à le prendre parmi vous à Tarente.

NÉRINE.

Las ! que ce changement de nom nous a causé de troubles et d'inquiétudes dans les soins que nous avons pris de vous venir chercher ici !

GÉRONTE.

Où est ma fille et sa mère ?

NÉRINE.

Votre fille, monsieur, n'est pas loin d'ici ; mais, avant que de vous la faire voir, il faut que je vous demande pardon de l'avoir mariée, dans l'abandonnement où, faute de vous rencontrer, je me suis trouvée avec elle.

GÉRONTE.

Ma fille mariée !

NÉRINE.

Oui, monsieur.

GÉRONTE.

Et avec qui ?

NÉRINE.

Avec un jeune homme nommé Octave, fils d'un certain seigneur Argante.

GÉRONTE.

O ciel !

ARGANTE.

Quelle rencontre !

GÉRONTE.
Mène-nous, mène-nous promptement où elle est.
NÉRINE.
Vous n'avez qu'à entrer dans ce logis.
GÉRONTE.
Passez devant. Suivez-moi, suivez-moi, seigneur Argante.
SILVESTRE, *seul.*
Voilà une aventure qui est tout-à-fait surprenante.

SCÈNE IX.
SCAPIN, SILVESTRE.

SCAPIN.
Hé bien ! Sylvestre, que font nos gens ?
SILVESTRE.
J'ai deux avis à te donner. L'un, que l'affaire d'Octave est accommodée : notre Hyacinthe s'est trouvée la fille du seigneur Géronte ; et le hasard a fait ce que la prudence des pères avait délibéré. L'autre avis, c'est que les deux vieillards font contre toi des menaces épouvantables, et surtout le seigneur Géronte.
SCAPIN.
Cela n'est rien. Les menaces ne m'ont jamais fait mal : et ce sont des nuées qui passent bien loin sur nos têtes.
SILVESTRE.
Prends garde à toi ; les fils se pourraient bien raccommoder avec les pères, et toi demeurer dans la nasse.
SCAPIN.
Laisse-moi faire, je trouverai moyen d'apaiser leur courroux ; et...
SILVESTRE.
Retire-toi ; les voilà qui sortent.

SCÈNE X.

GÉRONTE, ARGANTE, HYACINTHE, ZERBINETTE, NÉRINE, SILVESTRE.

GÉRONTE.

Allons, ma fille, venez chez moi. Ma joie aurait été parfaite si j'avais pu voir votre mère avec vous.

ARGANTE.

Voici Octave tout à propos.

SCÈNE XI.

ARGANTE, GÉRONTE, OCTAVE, HYACINTHE, ZERBINETTE, NÉRINE, SILVESTRE.

ARGANTE.

Venez, mon fils, venez vous réjouir avec nous de l'heureuse aventure de votre mariage. Le ciel....

OCTAVE.

Non, mon père, toutes vos propositions de mariage ne serviront de rien. Je dois lever le masque avec vous, et l'on vous a dit mon engagement.

ARGANTE.

Oui. Mais tu ne sais pas...

OCTAVE.

Je sais tout ce qu'il faut savoir.

ARGANTE.

Je te veux dire que la fille du seigneur Géronte....

OCTAVE.

La fille du seigneur Géronte ne me sera jamais de rien.

GÉRONTE.

C'est elle...

OCTAVE, *à Géronte.*

Non, monsieur, je vous demande pardon : mes résolutions sont prises.

SILVESTRE, *à Octave.*

Écoutez.

ACTE III, SCÈNE XI.

OCTAVE.

Non, tais-toi, je n'écoute rien.

ARGANTE, à Octave.

Ta femme...

OCTAVE.

Non, vous dis-je, mon père; je mourrai plutôt que de quitter mon aimable Hyacinthe. Oui, vous avez beau faire, la voilà celle à qui ma foi (*traversant le théâtre pour se mettre à côté d'Hyacinthe.*) est engagée; je l'aimerai toute ma vie, et je ne veux point d'autre femme.

ARGANTE.

Hé bien! c'est elle qu'on te donne. Quel diable d'étourdi qui suit toujours sa pointe.

HYACINTHE, *montrant Géronte.*

Oui, Octave, voilà mon père que j'ai trouvé; et nous nous voyons hors de peine.

GÉRONTE.

Allons chez moi, nous serons mieux qu'ici pour nous entretenir.

HYACINTHE, *montrant Zerbinette.*

Ah! mon père, je vous demande par grace que je ne sois point séparée de l'aimable personne que vous voyez. Elle a un mérite qui vous fera concevoir de l'estime pour elle, quand il sera connu de vous.

GÉRONTE.

Tu veux que je tienne chez moi une personne qui est aimée de ton frère, et qui m'a dit tantôt au nez mille sottises de moi-même?

ZERBINETTE.

Monsieur, je vous prie de m'excuser. Je n'aurais pas parlé de la sorte, si j'avais su que c'était vous; et je ne vous connaissais que de réputation.

GÉRONTE.

Comment! que de réputation

HYACINTHE.

Mon père, la passion que mon frère a pour elle n'a rien de criminel, et je réponds de sa vertu.

GÉRONTE.

Voilà qui est fort bien. Ne voudrait-on point que je mariasse mon fils avec elle ? une fille inconnue, qui fait le métier de coureuse !

SCÈNE XII.

ARGANTE, GÉRONTE, LÉANDRE, OCTAVE, HYACINTHE, ZERBINETTE, NÉRINE, SILVESTRE.

LÉANDRE.

Mon père, ne vous plaignez point que j'aime une inconnue sans naissance et sans bien. Ceux de qui je l'ai rachetée viennent de me découvrir qu'elle est de cette ville, et d'honnête famille; que ce sont eux qui l'y ont dérobée à l'âge de quatre ans : et voici un bracelet qu'ils m'ont donné, qui pourra nous aider à trouver ses parens.

ARGANTE.

Hélas ! à voir ce bracelet, c'est ma fille que je perdis à l'âge que vous dites.

GÉRONTE.

Votre fille ?

ARGANTE.

Oui ; ce l'est ; et j'y vois tous les traits qui m'en peuvent rendre assuré.

HYACINTHE.

O Ciel ! que d'aventures extraordinaires !

SCÈNE XIII.

ARGANTE, GÉRONTE, LÉANDRE, OCTAVE, HYACINTHE, ZERBINETTE, NÉRINE, SILVESTRE, CARLE.

CARLE.

Ah ! messieurs, il vient d'arriver un accident étrange

ACTE III, SCÈNE XIV.

GÉRONTE

Quoi ?

CARLE.

Le pauvre Scapin...

GÉRONTE.

C'est un coquin que je veux faire pendre.

CARLE.

Hélas ! monsieur, vous ne serez pas en peine de cela. En passant contre un bâtiment, il lui est tombé sur la tête un marteau de tailleur de pierre, qui lui a brisé l'os et découvert toute la cervelle. Il se meurt, et il a prié qu'on l'apportât ici pour vous pouvoir parler avant que de mourir.

ARGANTE.

Où est-il ?

CARLE.

Le voilà.

SCÈNE XIV.

ARGANTE, GÉRONTE, LÉANDRE, OCTAVE, HYACINTHE, ZERBINETTE, NÉRINE, SCAPIN, SILVESTRE, CARLE.

SCAPIN, *apporté par deux hommes, et la tête entourée de linge, comme s'il avait été blessé.*

Ah ! ah ! messieurs, vous me voyez... ah ! vous me voyez dans un étrange état !... Ah ! je n'ai pas voulu mourir, sans venir demander pardon à toutes les personnes que je puis avoir offensées. Ah ! oui, messieurs, avant que de rendre le dernier soupir, je vous conjure de tout mon cœur de vouloir me pardonner tout ce que je puis vous avoir fait, et principalement le seigneur Argante et le seigneur Géronte. Ah !

ARGANTE.

Pour moi, je te pardonne ; va, meurs en repos.

SCAPIN, *à Géronte.*

C'est vous, monsieur, que j'ai le plus offensé par les coups de bâton que...

GÉRONTE.

Ne parle point davantage, je te pardonne aussi.

SCAPIN.

Ç'a été une témérité bien grande à moi, que les coups de bâton que...

GÉRONTE.

Laissons cela.

SCAPIN.

J'ai, en mourant, une douleur inconcevable des coups de bâton que...

GÉRONTE.

Mon dieu ! tais-toi.

SCAPIN.

Les malheureux coups de bâton que je vous...

GÉRONTE.

Tais-toi, te dis-je ; j'oublie tout.

SCAPIN.

Hélas ! quelle bonté ! mais est-ce de bon cœur, monsieur, que vous me pardonnez ces coups de bâton que...

GÉRONTE.

Hé ! oui. Ne parlons plus de rien ; je te pardonne tout, voilà qui est fait.

SCAPIN.

Ah ! monsieur, je me sens tout soulagé depuis cette parole.

GÉRONTE.

Oui, mais je te pardonne à la charge que tu mourras.

SCAPIN.

Comment, monsieur ?

GÉRONTE.

Je me dédis de ma parole, si tu réchappes.

SCAPIN.

Ah ! ah voilà mes faiblesses qui me reprennent.

ARGANTE.

Seigneur Géronte, en faveur de notre joie, il faut le lui pardonner sans condition.

GÉRONTE.

Soit.

ARGANTE.

Allons souper ensemble, pour mieux goûter notre plaisir.

SCAPIN.

Et moi, qu'on me porte au bout de la table, en attendant que je meurs.

FIN DU TOME CINQUIÈME.

TABLE

DES PIÈCES CONTENUES DANS CE VOLUME.

	Pages
Monsieur de Pourceaugnac..............	5
Les Amans magnifiques................	79
Le Bourgeois gentilhomme............	149
Les Fourberies de Scapin.............	269

Fin de la table du tome cinquième.

www.ingramcontent.com/pod-product-compliance
Lightning Source LLC
Chambersburg PA
CBHW050758170426
43202CB00013B/2479